御纂周易折中

影印本

㈡

（清）李光地 撰

九州出版社
JIUZHOUPRESS

【本册目录】

序卦傳
有天地然後有萬物有萬物然後有男女有男女然後有夫婦有夫婦然後有父子有父子然後有君臣有君臣然後有上下有上下然後禮義有所錯

御纂周易折中

下經一

䷞ 艮下兌上

程傳咸序卦有天地然後有萬物有萬物然後有男女有男女然後有夫婦有夫婦然後有父子有父子然後有君臣有君臣然後有上下有上下然後禮義有所錯。天地萬物之本夫婦人倫之始所以上經首乾坤下經首咸繼以恆也天地二物故二卦分爲天地之道男女交合而成夫婦故咸與恆皆二體合爲夫婦之義咸感也以說爲主恆常也以正爲本而說之道自有正也正之道固有說焉巽而動剛柔皆應說也咸之爲卦兌上艮下少女少男也男女相感之深莫如少者故二少爲咸也艮體篤實止爲誠慤之義男志篤實以下交

咸之九四當心位心者感之君則四卦主也然九五當背位爲咸中之艮感中

雜卦傳

咸速也

女心說而上應男感之先也。集說丘氏富國曰咸二少男先以誠感則女說而應也。相交者夫婦之始也。所以論交感之情故以男下女爲象男下於女婚姻之道成矣。恆二長相承者夫婦之終也。所以論處家之道故以男尊女卑爲象女下於男居室之倫正矣。損雖二少而男不下女則咸感之義微益雖二長而女居男上則恆久之義悖此下經所以不首損益而首咸恆與。

之止是謂動而能靜則五尤卦主也

咸亨利貞取女吉。

【本義】咸交感也。兌柔在上艮剛在下而交相感應。又艮止則感之專。兌說則應之至。又艮以少男下於兌之少女。男先於女。得男女之正。婚姻之時。故其卦爲咸。其占亨而利正。取女則吉。蓋感有必通之理。然不以正。則失其亨而所爲皆凶矣。【程傳】咸感也。不曰感者。咸有皆義。男女交相感也。物之相感莫如男女。而少復甚焉。凡君臣上下以至萬物，皆有相感之道。物之相感，則有亨通之理。君臣能相感，則君臣之道通；上下能相感，則上下之志通；以至父子夫婦親戚朋友，皆情意相感，則和順而亨通。事物皆然，故感有亨之理也。利貞，相感之道利在於正也。不以正，則入於惡矣。如夫婦之以淫姣，君臣之以媚說，上下之以邪僻，皆相感之不以正也。取女吉，以卦才言也。卦有柔上剛下，二氣感應相與。止而說，男下女之義，以此義取女，則得正而吉也。

集說 胡氏炳文曰：咸，感也。不曰感而曰咸，咸，皆也。無心之感也。無心於感者，無所不通也。感則必通，而利在於正，況言感之道如此，取女吉，專言取女者當如是也。

彖曰：咸，感也。

本義 釋卦名義。

集說 劉氏牧曰：卦以咸名，而彖傳以感釋其義者，聖人之微旨，欲明感物之無心也。

○張子曰。萬物本一。故一能合異。以其能合異。故謂之感。若非有異則無合。天地乾坤陰陽也。二端故有感。本一故能合。○丘氏富國曰。咸者感也。所以感者心也。無心者不能感。故咸加心而爲感。有心於感者。亦不能咸。感。故感去心而爲咸。咸。皆也。唯無容心於感。然後無所不感。聖人以咸名卦。而彖以感釋之。所以互明其旨也。○王氏應麟曰。咸之感無心。感以虛也。兌之說無言。說以誠也。

柔上而剛下。二氣感應以相與。止而說。男下女。是以亨利貞取女吉也。

本義 以卦體卦德卦象釋卦辭。或以卦變言柔上剛下之義。曰咸自旅來。柔上居六。剛下居五也。亦通

程傳 咸之義感也。在卦則柔爻上而剛爻下。柔上變剛而成兌。剛下變柔而成艮。陰陽相交。爲男女交感

之義。又兌女在上。艮男居下。亦柔上剛下也。陰陽二氣相感相應而和合。是相與也。止而說。止於說。為堅慤之意。艮止於下。篤誠相下也。兌說於上。和說相應也。以男下女。和之至也。相感之道如此。是以能亨通而得正。取女如是則吉也。卦才如此。大率感道利於正也。

集說 王氏肅曰。山澤以氣通。男女以禮感。男而下女。初婚之所以為禮。取女之所以為吉也。○馮氏當可曰。柔上剛下。感應相與。所以為亨。止而說。所以利貞。男下女。所以取女吉也。○王氏申子曰。止而說者。謂艮止不動而意氣自相和說。乃所謂感。不止而動。則是出於作為。非感也。故六爻皆欲其靜。○蔡氏淸曰。卦體卦德卦象三段意。皆歸於咸之一字。內而所謂亨利貞取女吉者。義蓋從此而出。故本義以通釋卦名卦辭。

天地感而萬物化生。聖人感人心而天下和平。

觀其所感，而天地萬物之情可見矣。

本義 極言感通之理。程傳 既言男女相感之義，復推極感道，以盡天地之理、聖人之用。天地二氣交感而化生萬物，聖人至誠以感億兆之心而天下和平。天下之心所以和平，由聖人感之也。觀天地交感化生萬物之理，與聖人感人心致和平之道，則天地萬物之情可見矣。感通之理，知道者默而觀之可也。

集說 張子曰：能通天下之志者，爲能感人心。聖人同乎人而無我，故和平天下，莫盛於感人心。○鄭氏汝諧曰：天地萬物雖異位，其氣則一；聖人億兆雖異勢，其誠則一。觀其所感而其情可見者，感生於情也。情出於正，然後知感通之理。○張氏清子曰：寂然不動，性也；感而遂通，情也。於其所感而觀之，而天地萬物之情可得而見矣。

象曰：山上有澤，咸。君子以虛受人。

本義 山上有澤，以虛而通也。

程傳 澤性潤下，土性受潤，澤在山上，而其漸潤通徹，是二物之氣相感通也。君子觀山澤通氣之象，而虛其中以受於人。夫人中虛則能受，實則不能入矣。虛中者，无我也。中无私主，則无感不通。以量而容之，擇合而受之，非聖人有感必通之道也。

集說 崔氏憬曰：山高而降，澤下而升，山澤通氣，咸之象也。○呂氏大臨曰：澤居下而山居高，然山能出雲而致雨者，山內虛而澤氣通也。故君子居物之上，物情交感者，亦以虛受也。○郭氏雍曰：唯虛故受，受故能感，不能感者，以不能受也；不能受者，以不能虛故也。○胡氏炳文曰：以虛受人，無心之感也。○陳氏琛曰：山上有澤，澤以潤而感乎山，山以虛而受其感，咸之象也。君子體之，則虛其心以受人之感焉。蓋心無私主，有感皆通，若有一毫私意自蔽，則先入者為主，而感應之機窒矣。雖有所受，未必其所當受，而所當受者，反以為不合而不之受矣。○何氏楷曰：六爻之中，一言思三言志思何可廢而至於朋從則非虛志何可無而末而外而隨人則非虛極而言之天地以虛而感物聖人以虛而感人心三才之道盡於是矣○吳氏曰愼曰虛者感之貞也天地之常以其心普萬物而無心聖人之常以其情順萬事而無情者虛而已君子之學廓然大公物來順應所謂以虛受人也

初六咸其拇

本義 拇足大指也咸以人身取象感於最下咸拇之象也感之尚淺欲進未能故不言吉凶此卦雖主於感然六爻皆宜靜而不宜動也

程傳 初六在下卦之下與四相感以微故如處初其感未深豈能動於人故如人拇之動未足以進也拇足大指人之相感有淺深輕重之異識其時勢則所處不失其宜矣

集說 朱子語類問咸內卦艮止也何以皆說動曰艮雖是止然咸有交感之義都是要動所以都說動卦體雖說動然才

動便不吉。○蔡氏清曰。咸其拇。辭意若曰感以其拇也。諸爻皆同。○又曰。本義云此卦雖主於感。然六爻皆宜靜而不宜動。此即以虛受人之理。大傳曰。寂然不動。感而遂通天下之故。程子曰。廓然而大公。物來而順應。周子所謂主靜。朱子所謂鑑空衡平。及先儒所謂無心之感者。皆謂此也。

象曰。咸其拇。志在外也。

程傳初志之動。感於四也。故曰在外。志雖動而感未深。如拇之動。未足以進也。集說虞氏翻曰。志在外。謂四也。○孔氏穎達曰。與四相應。所感在外。○俞氏琰曰。初與四感應以相與。則志之所之在於外矣。

六二。咸其腓。凶。居吉。

本義腓。足肚也。欲行則先自動。躁妄而不能固守者也。二當其處。又以陰柔不能固守。故取其象。然有中正之德能居其所故程傳二以陰在下與五爲應故設其占動凶而靜吉也程傳咸腓之戒腓足肚行則先動足乃舉之非如腓之自動也二若不守道待上之求而如腓之動則躁妄自失所以凶也安其居而不動以待上之求則得進退之道而吉也二中正之人以其在咸而應五故爲此戒復云居吉若安其分不自動則吉也

集說王氏弼曰咸道轉進離拇升腓腓體動躁者也感物以躁凶之道也由躁故凶居則吉矣處不乘剛故可以居而獲吉

象曰雖凶居吉順不害也

程傳二居中得正所應又中正其才本善以其在咸之時質柔而上應故戒以先動求君則凶居以自守則吉象復明之云非戒之不得相感唯順理則不害謂守道不先動也

集說顧氏象德曰雖凶而居則

吉者。蓋能順理以為感。不為躁動害也。居非專靜。特不安動而已。

九三咸其股。執其隨。往吝。

本義股隨足而動。不能自專者也。執者主當持守之意。下二爻皆欲動者。三亦不能自守而隨之。往則吝矣。故其象占如此。程傳九三以陽居剛。有剛陽之才。而為主於內。居下之上。是宜自得於正道。以感於物。而乃應於上六。陽好上而說陰。上居感說之極。故三感而從之。股者。在身之下。足之上。不能自由。隨身而動者也。故以為象。言九三不能自主。隨物而動。如股然。其所執守者。隨於物也。剛陽之才。感於所說而隨之。如此而往。可羞吝也。集說王氏宗傳曰。九三處下體之上。所謂股也。止也。故曰咸其股。夫股隨上體而動者也。以剛過之才。非能止也。故曰咸其股。夫股隨上體而動者也。以剛過之才。

躁動而失正矣故曰往吝

案執其隨本義以爲隨下二爻程傳以爲隨上然隨之爲義取於鴈行相從則以三爲隨四者近是證之隨卦初剛隨二柔五剛隨上柔可見也蓋四者心位也心動則形隨之而三直股位與四相近而相承故有咸其股執其隨之象證之艮卦以三爲心位六二亦曰不拯其隨可見也夫心固身之主也然心動而形輒隨之亦非制外養中之道推之人事則如臣子之詭隨容順皆是也以三之德不中正故如此

象曰咸其股亦不處也志在隨人所執下也

本義言亦者因前二爻皆欲動而云也二爻陰躁其動也宜九三陽剛居止之極宜靜而動可吝之甚也

程傳云亦者蓋象辭本不與易相比自作一處故諸爻之象辭意有相續者此言亦者承上爻辭也上云

繫辭下傳
易曰憧憧往來朋從爾思子曰天下何思何慮天下同歸而殊塗一致而百慮天下何思何慮日往則月來月往則日來日月相推而明生焉寒往則暑來暑往則寒

咸其拇志在外也雖凶居吉順不害也咸其股亦不處也前二陰爻皆有感而動三雖陽爻亦然故云亦不處也不處謂動也有剛陽之質而不能自主志反在於隨人是所操執者卑下之甚也

九四貞吉悔亡憧憧往來朋從爾思

本義九四居股之上脢之下又當三陽之中心之象咸之主也心之感物當正而固乃得其理今九四乃以陽居陰爲失其正而不能固故因占設戒以爲能正而固則吉而悔亡若憧憧往來不能正固而累於私感則但其朋類從之不復能及遠矣

程傳感者人之動也故皆就人身取象拇取在下而動之微腓取先動股取其隨九四无所取直言感之道不言咸其心感乃心也四在中而居上當心之位故爲感之主而言感之道貞正則吉而悔亡感不以正則有悔也又四說體居陰而應初故戒於貞感之道无所不通有所私係則

來寒暑相推而歲成焉往者屈也來者信也屈信相感而利生焉尺蠖之屈以求信也龍蛇之蟄以存身也精義入神以致用也利用安身以崇德也過此以往未之或知也窮神知化德之盛也

害於感通乃有悔也聖人感天下之心如寒暑雨暘无不通无不應者亦貞而已矣貞者虛中无我之謂也憧憧往來朋從爾思夫貞一則所感无不通若往來憧憧然用其私心以感物則思之所及者有能感而動所不及者不能感也是其朋類則從其思也以有係之私心既主於一隅一事豈能廓然无所不通乎繫辭曰天下何思何慮天下同歸而殊塗一致而百慮天下何思何慮夫子因咸極論感通之道夫以思慮之私心感物所感狹矣天下之理一也塗雖殊而其歸則同慮雖百而其致則一雖物有萬殊事有萬變統之以一則无能違也故貞其意則窮天下无不感通焉故曰天下何思何慮用其思慮之私心豈能无所不感也日往則月來月往則日來日月相推而明生焉寒往則暑來暑往則寒來寒暑相推而歲成焉往者屈也來者信也屈信相感而利生焉此以往來屈信明感應之理屈則有信信則有屈所謂感應也故日月相推而明生寒暑相推而歲則

成功用由是而成故曰屈信相感而利生焉感動也有感必有應凡有動皆爲感感則必有應所應復爲感感復有應所以不已也尺蠖之屈以求信也龍蛇之蟄以存身也精義入神以致用也利用安身以崇德也過此以往未之或知也前云屈信之理矣復取物以明之尺蠖之行先屈而後信蓋不屈則无信信而後有屈觀尺蠖則知感應之理矣龍蛇之藏所以存息其身而後能奮迅也不蟄則不能奮矣動息相感乃屈信也君子潛心精微之義入於神妙所以致其用也潛心精微積也致用施也積與施乃屈信也利用安身以崇德也承上文致用而言利其施用安處其身所以崇大其德業也所爲合理則事正而身安聖人能事盡於此矣故云過此以往未之或知也窮神知化德之盛也既云過此以往未之或知更以此語終之云窮極至神之妙知化育之道德之至盛也无加於此矣

集說

程子曰天地之常以其心普萬物而無心聖人之常以其情順萬事

御纂周易折中

而無情。故君子之學，莫若廓然而大公，物來而順應。故曰貞吉悔亡。憧憧往來，朋從爾思。○楊氏時曰：九四脢之下，股之上，心之位也。不言心，心無不該，不可以位言也。○朱子語類問咸九四傳說虛心貞一處，全似敬。曰：蓋嘗有此語，曰敬，心之貞也。○問憧憧往來，朋從爾思，莫是此感彼應，憧憧是添一箇心否。曰：往來固是感應，憧憧是一心方欲感他，一心又欲他來應。如正其義，便欲謀其利；明其道，便欲計其功。又如赤子入井之時，此心方怵惕，要去救他，又欲他父母道我好，這便是憧憧之病。○又云：憧憧往來，朋從爾思，聖人未嘗不教人思，只是不可憧憧，這便是私了。感應自有箇自然底道理，何必思他。若是義理，却不可不思。○問往來是心中憧憧然往來，猶言往來於懷否。曰：非也。又問是憧憧於往來之間否。曰：亦非也。只是對那日往則月來底說。那個是自然之往來，此憧憧者，是加私意不好底往來。憧憧只是加一箇忙迫底心，不能順自然之理，方往時又便要來方來時又便要往只是一箇忙○問憧憧往來如霸者以私心感人便要人應自然往來如王者我感之也無心而感其應我也無心而應周徧公溥無所私係曰也是如此又問此以私而感彼非以私而應只是應之者有限量否曰也是以私而應如我以私惠及人少間被我之恩者則以我爲恩不被我之惠者則不以我爲恩矣○胡氏炳文曰寂然不動心之體感而遂通心之用憧憧往來已失其寂然不動之體安能感而遂通天下之故貞吉悔亡無心之感也何思何慮之有憧憧往來私矣○林氏希元曰以憧憧往來反觀九四之貞只是往來付之無心爾蓋盡吾所感之道而人之應與否皆所不計也此便是正而固憧憧往來是把箇往來放在心上切切然不能放下故曰何思何慮言其不消如此○又曰貞者施己之感不必人之應也惟不必人之應則不私己之感其應者亦感其不應者亦感無一人之不感亦無一人之不應故吉而悔亡憧憧往來者

施己之感，必人之應也；惟必人之應，則私己之感，應者則感，不應者則不感，而其應之亦惟其感者，即應不感者則不應矣。故朋從爾思，蓋憧憧往來，思也。朋則思之所及者，以其思之所及，故從而目之曰朋，猶云朋黨也。

象曰：貞吉悔亡，未感害也。憧憧往來，未光大也。

本義　感害，言不正而感則有害也。　程傳　貞則吉而悔亡，未爲私感所害也。係私應則害於感矣。憧憧往來，以私心相感，感之道狹矣，故云未光大也。　集說　陸氏九淵曰：感九四一爻，聖人以其當心之位，其言感通爲尤至，曰貞吉悔亡，而象以爲未感害也，蓋未爲私感所害，則心之本然，無適而不正，無感而不通。曰憧憧往來，朋從爾思，而象以爲未光大也，蓋憧憧往來之私心，其所感必狹，從其思者，獨其私朋而已。聖人之洗心，其諸以滌去憧憧往來之私，而全其本然之正也與，此所以退藏於密，而能同乎民，交乎物，而不墮於膠焉溺焉之一偏者也。

九五咸其脢无悔。

本義脢背肉在心上而相背不能感物而无私係九五適當其處故取其象而戒占者以能如是則雖不能感物而亦可以无悔也。程傳九居尊位當以至誠感天下而應二比上若係二而說上則偏私淺狹非人君之道豈能感天下乎脢背肉也與心相背而所不見也言能背其私心感非其所見而說者則得人君感天下之正而无悔也。集說孔氏穎達曰馬融云脢背也鄭康成云脢脊肉也王肅云脢在背而夾脊諸說不同大體皆在心上。○王氏宗傳曰上六處咸之末以口舌爲容悅之道五或以其近已也比而說之脢背肉也與心相背者也戒之使背其心之所向則無親狎之悔矣。

象曰。咸其脢。志末也。

本義 志末。謂不能感物。 程傳 戒使背其心而咸脢者。爲其存心淺末。係二而說上。感於私欲也。

集說 李氏鼎祚曰。末猶上也。五比於上。故咸其脢。志末者。謂五志感於上也。○朱氏震曰。卦以初爲本。上爲末。○王氏宗傳曰。謂五有咸其脢之象者。以其志意之所向。在於一卦之末。故欲咸其脢以背去之也。○何氏楷曰。謂五志在與上相感也。繫辭曰。其初難知。其上易知。本末也。大過彖傳本末弱。末指上六可知矣。

上六。咸其輔頰舌。

本義 輔頰舌。皆所以言者。而在身之上。上六以陰居說之終。處感之極。感人以言。而无其實。又兌爲口舌。故其象如此。凶咎可知。 程傳 上陰柔而說體。爲說之主。又居感之極。是其欲感物之極也。故不能以至誠感物。而發見於口舌之閒。小人女子之常態也。豈能動於人乎。不直云口。而云輔頰舌。亦猶今人謂口過曰唇吻。曰頰舌也。輔頰舌。皆所用以言也。

集說 王氏弼曰。輔頰舌者。所以爲語之具也。咸其輔頰舌。則滕口說也。憧憧往來。猶未光大。況在滕口。薄可知也。○郭氏忠孝曰。易稱近取諸身。獨咸艮二卦言之爲詳。而其成終有特異。豈非咸極於說。艮終於止耶。觀艮其輔言有序。爲可知矣。

象曰。咸其輔頰舌。滕口說也。

本義 滕騰通用。 程傳 唯至誠爲能感人。乃以柔說騰揚於口舌言說。豈能感於人乎。 集說 王氏弼曰。咸道轉末。故在口舌言語而已。

總論 鄭氏汝諧曰。卦言感應之理。六爻皆不純乎吉。何也。卦合而言之。天地感而萬物化生。

聖人感人心而天下和平咸之全也六爻之所感不同咸之偏也自初至上皆以人身爲象圖於有我安能無所不感乎○易氏祓曰咸感也感以心爲主而偏體皆所感之一初咸其拇二咸其腓三咸其股五咸其脢上咸其輔頰舌皆感其偏體者也所感出於心故皆以咸字明之九四在上下之閒其位在心故不言咸而言所感之道○丘氏富國曰咸六爻以身取象上卦象上體下卦象下體初在下體之下爲拇二在下體之中爲腓三在下體之上爲股此下卦三爻之序也四在上體之下爲心五在上體之中爲脢上在上體之上爲口此上卦三爻之序也○龔氏煥曰咸以人身取象與艮卦相類但咸感艮止感者動而止者靜故咸諸爻不如艮吉多而凶少

䷟ 巽下震上

繫辭下傳
恆德之固也 恆雜而不厭 恆以一德

序卦傳
夫婦之道不可以不久也故受之以恆恆者久也

雜卦傳
恆久也

程傳恆序卦夫婦之道不可以不久也故受之以恆恆久也咸夫婦之道夫婦終身不變者也故咸之後受之以恆也咸少男在少女之下以男下女是男女交感之義恆長男在長女之上男尊女卑夫婦居室之常道也論交感之情則少爲親切論尊卑之序則長當謹正故兌艮爲咸而震巽爲恆也男在女上男動於外女順於內人理之常故爲恆也又剛上柔下雷風相與巽而動剛柔相應皆恆之義也

恆亨无咎利貞利有攸往

本義恆常久也爲卦震剛在上巽柔在下震雷巽風二物相與巽順震動爲巽而動二體六爻陰陽相應四者皆理之常故爲恆其占爲能久於其道則亨而无咎然又必利於守正則乃爲得所常久之道而利有所往也 程傳恆者常久也恆之道可以亨通恆而能亨乃无咎也恆而不可以亨非可恆之道也爲有咎矣

恆者常也中則常矣卦惟二五居中而六五之柔中尤不如九二之剛中則二卦主也

如君子之恒於善。可恒之道也。小人恒於惡。失可恒之道也。恒所以能亨。由貞正也。故云利貞。夫所謂恒。謂可恒久之道。非守一隅而不知變也。故利於有往。惟其有往。故能恒也。一定則不能常矣。又常久之道。何往不利。

集說 朱子語類云。恒是箇一條物事。徹頭徹尾不是尋常字。古字作恆。其說象一隻船兩頭靠岸。可見徹頭徹尾。○徐氏幾曰。恒有二義。有不易之恒。有不已之恒。利貞者。不易之恒也。利有攸往者。不已之恒也。合而言之。乃常道也。倚於一偏。則非道矣。

○林氏希元曰。惟其不易。所以不已。

彖曰。恒。久也。剛上而柔下。雷風相與。巽而動。剛柔皆應。恒。

本義 以卦體卦象卦德釋卦名義。或以卦變言剛上柔下之義。曰恒自豐來。剛上居二。柔下居初也。亦通。

程傳　恒者長久之義也卦才有此四者成恒之義也剛上而柔下謂乾之初上居於四坤之初下居於初剛爻上而柔爻下也二爻易處則成震巽震上巽下亦剛上而柔下也剛處上而柔居下乃恒道也雷風相與雷震則風發二者相須交助其勢故云相與乃其常也巽而動下巽順上震動為以巽而動天地造化恒久不已者順動而已巽而動常久之道也動而不順豈能常也剛柔皆應一卦剛柔之爻皆相應剛柔相應理之常也此四者恒之道也卦所以為恒也

集說　鄭氏汝諧曰咸與恒皆剛柔相應咸不著其義恒則曰剛柔皆應咸無心恒有位也有位而剛柔相應其理也無心而剛柔相應其私也能識時義之變易斯可言易矣

恒亨无咎利貞久於其道也天地之道恒久而不已也

本義恒固能亨且无咎矣。然必利於正，乃爲久於其道。不正則久非其道矣。天地之道，所以常久，亦以正而已矣。 程傳恒之道可致亨而无過咎，但所恒宜得其正，失正則非可恒之道也。故曰久於其道。其道，可恒之正道也。不恒其德，與恒於不正，皆不能亨而有咎也。天地之所以不已，蓋有恒久之道。人能恒於可恒之道，則合天地之理也。

利有攸往，終則有始也。

本義久於其道，終也。利有攸往，始也。動靜相生，循環之理，然必靜爲主也。 程傳天下之理，未有不動而能恒者也。動則終而復始，所以恒而不窮。凡天地所生之物，雖山嶽之堅厚，未有能不變者也。故恒非一定之謂也，一定則不能恒矣。唯隨時變易，乃常道也。故云利有攸往，明理之如是，懼人之泥於常也。 集說朱氏震曰易窮則變變則通通則久恆非一定而不變也隨時變易其恆不動故利有攸往○朱子語類云恆非一定之謂一定則不能恆矣體之常所以爲用之變用之變乃所以爲體之常○趙氏汝楳曰所貴於攸往者謂事雖有終我行不已則終者復有始所以體天地之道也

日月得天而能久照四時變化而能久成聖人久於其道而天下化成觀其所恆而天地萬物之情可見矣

本義極言恆久之道 程傳此極言常理日月陰陽之精氣耳唯其順天之道往來盈縮故能久照而不已得天順天理也四時陰陽之氣耳往來變化生成萬物亦以得天故常久不已聖人以常久之道行之有

常而天下化之以成美俗也觀其所恆謂觀日月之久照四時之久成聖人之道所以能常久之理觀此則天地萬物之情理可見矣天地常久之道天下常久之理非知道者孰能識之

集說蘇氏軾曰非其至情者久則厭矣朱子語類云物各有箇情有箇人在此決定是有箇惻隱羞惡是非辭讓之情性只是箇物事情却多般或起或滅然而頭面却只一般長長恁地這便是觀其所恆而天地萬物之情可見之義龔氏煥曰利貞久於其道體常也利有攸往終則有始盡變也體常而後能盡變盡變亦所以體常天地萬物所以常久者以其能盡變也陳氏琛曰即其恆久之理而觀之則天地萬物之情可見矣蓋大氣渾淪充塞太極爲之綱維主張氣有參差而理無不一故天高地下萬物散殊不特其聲色貌象常久如此而其德性功用亦亘萬古而不易少有變易則爲怪異不祥矣此可見天地萬物之情皆有恆也

案釋利貞云久於其道則居所不遷之謂也釋利有攸往云終則有始則動靜不窮之謂也然兩義並行初不相悖動靜雖不窮而所謂居所不遷者未嘗變也然則天地之道恆久不已與終則有始之義一而已矣下文天地日月即根此意而申明之日月得天而能久照者恆久不已也四時變化而能久成者終則有始也日月爲之體四時爲之用四時者日月之所爲合之皆天地之道也聖人久於其道如日月之得天而久照化天下而成之如四時之變化而久成此恆道之大者也推而廣之則凡在天地之閒者其情皆可見

象曰雷風恆君子以立不易方

程傳君子觀雷風相與成恆之象以常久其德自立於大中常久之道不變易其方所也集說呂氏大臨曰雷風雖若非常其所以相與則恆○胡氏炳文曰雷風雖變而有不變者存體雷風之變者爲我之不

變者。善體雷風者也。

案說此象者。用烈風雷雨弗迷。說震象者。用迅雷風烈必變。皆非也。雷風者。天地之變而不失其常也。立不易方者。君子之歷萬變而不失其常也。洊雷者。天地震動之氣也。恐懼脩省者。君子震動之心也。

初六。浚恆。貞凶。无攸利。

本義 初與四為正應。理之常也。然初居下而在初。未可以深有所求。四震體而陽性。上而不下。又為二三所隔。應初之意。異乎常矣。初之柔暗。不能度勢。又以陰居巽下。為巽之主。其性務入。故深以常理求之。浚恆之象也。占者如此。則雖正亦凶。而无所利矣。程傳 初居下而四為正應。柔暗之人。能守常而不能度勢。四震體而陽性。以剛居高。志上而不下。又為二三所隔。應初之志。異乎常矣。而初乃求望之深。是知常而不知變也。

浚深之也浚恆謂求恆之深也守常而不度勢求望於上之深堅固守此凶之道也泥常如此无所往而利矣世之責望故素而致悔吝者皆浚恆者也志旣上求之深是不能恆安其處者也柔微而不恆安其處亦致凶之道凡卦之初終淺與深微與盛之地也在下而求深亦不知時矣

集說 陸氏希聲曰常之爲義貴久於其道日以浸深初爲常始宜以漸爲常而體巽性躁遽求深入是失久於其道之義不可以爲常故貞凶○胡氏瑗曰天下之事必皆有漸在乎積日累久而後能成其功是故爲學旣久則道業可成聖賢可到爲治旣久則敎化可行堯舜可至若是之類莫不由積日累久而後至固非驟而及也初六居下卦之初爲事之始責其長久之道求遠之效是猶爲學之始欲亟至於周孔爲治之始欲化及於堯舜不能積久其事而求常道之深故於貞正之道見其凶也无攸利者以此而往必無所利孔子曰欲速則不達是也○王氏宗傳曰初巽之主

也。當恆之初而以深入爲恆。故曰浚恆。猶之造事也。未嘗有一日之勞。而遽求其事成。猶之爲學也。未嘗有一日之功。而遽求其造道。夫造事而欲其有所成。爲學而欲其有所造。固所當然。然望之太深。責之太遽。俱不免於無成而已。故凶而无攸利也。○王氏申子曰。恆久也。天下可久之事。豈一朝夕所能致者。初六質柔而志剛。爲質柔故昧於遠見。志剛故欲速不達。處恆之初。是方爲可久之計者。而遽焉求深。故曰浚恆。非急暴而不能恆則必苟且而不可恆矣。貞固守此以爲恆。取凶之道也。何所利哉。

案此爻義。陸氏胡氏二王氏俱與傳義異。於卦義尤爲精切可從。蓋凡事漸則能入。不漸則不能入矣。孟子所謂其進銳者其退速也。

象曰。浚恆之凶。始求深也。

程傳居恒之始而求望於上之深是知常而不知度勢之甚也所以凶陰暗不得恒之宜也

集說朱氏震曰初居巽下以深入爲恒上居震極以震動爲恒在始而求深在上而好動皆凶道也○郭氏雍曰進道有漸而後可入在恒之初浚而深求非其道也○王氏申子曰可恒之道以入而成始而求深是施諸己則欲速不達施諸人則責之太遽者也故凶○蘇氏濬曰凡人用功之始立志太銳取效太急便有欲速助長之病故曰始求深孟子言深造必以道正是此意

九二悔亡

本義以陽居陰本當有悔以其久中故得亡也程傳在恒之義居得其正則常道也九陽爻居陰位非常理也處非其常本當有悔而九二以中德而應於五五復居中以中而應中其處與動皆得中也是能恒

久於中也。能恆久於中。則不失正矣。中重於正。中則正矣。正不必中也。九二以剛中之德而應於中。德之勝也。足以亡其悔矣。人能識重輕之勢。則可以言易矣。

集說 程氏迥曰。大壯九二。解初六。及此爻。皆不著其所以然。蓋以爻明之也。

案恆者。常也。中則常矣。卦惟此爻以剛居中。大壯之壯。戒於太過。而四陽爻惟二得中。解利西南。貴處後也。而卦惟初六爲最後。此皆合乎卦義而甚明者。故直繫以吉占。而辭可畧也。

象曰。九二悔亡。能久中也。

程傳所以得悔亡者。由其能恆久於中也。人能恆久於中。豈止亡其悔。德之善也。

集說 胡氏炳文曰。九二。獨提能久中。諸爻不中。故不久可見。

九三不恆其德或承之羞貞吝

本義位雖得正然過剛不中志從於上不能久於其所故爲不恆其德或承之羞之象或者不知其何人之辭承奉也言人皆得奉而進之不知其所自來也貞吝者正而不恆爲可羞吝申戒占者之辭

程傳三陽爻居陽位處得其位是其常處也乃志從於上六不惟陰陽相應風復從雷於恆處而不處不恆之人也其德不恆則羞辱或承之矣或承之謂有時而至也貞吝固守不恆以爲恆豈不可羞吝乎

集說蘇氏軾曰咸恆無完爻以中者用之可以悔亡以不中者用之無常之人也故九三不恆其德○王氏申子曰人之爲德過乎中則不能恆三過乎中矣且以剛居剛而處巽之極過剛則躁巽則不果是無恆者也

案易所最重者中故卦德之不善者過乎中則愈甚睽歸妹之類是也卦德之善者過乎中則不能守矣復中

孚之類是也。況恆者，庸也，常也。惟中故庸，未有失其中而能常者也。三上之爲不恆、振恆者以此。

象曰：不恆其德，无所容也。

程傳：人既无恆，何所容處？當處之地，既不能恆，處非其據，豈能恆哉？是不恆之人，无所容處其身也。

案：此无所容，與離四相似，皆謂德行無常度，自若无所容，非人不容之也。

九四：田无禽。

本義：以陽居陰，久非其位，故爲此象。占者田无所獲，而凡事亦不得其所求也。程傳：以陽居陰，處非其位。處非其所，雖常何益？人之所爲，得其道則久而成功；不得其道，則雖久何益？故以田爲喻，言九之居四，雖使恆久，如田獵而无禽獸之獲，謂徒用力而无功也。集說：胡氏瑗曰：常久之道，必本於中正。九四以陽居陰。是不正也。位不及中。是不中也。不中不正。不常之人也。以不常之人。爲治則教化不能行。撫民則膏澤不能下。是猶田獵而无禽可獲也。

案浚恆者。如爲學太銳而不以序。求治太速而不以漸也。田无禽者。如學不衷於聖而失其方。治不準於王而乖其術也。如此則雖久何益哉。韓愈與侯生釣魚之詩。卽此田无禽之喻也。

象曰。久非其位。安得禽也。

程傳處非其位。雖久何所得乎。以田爲喻。故云安得禽也。集說王氏弼曰。恆非其位。雖勞無獲也。

案爻既以田爲喻。則非處非其位也。乃所往者非其位耳。謂所動而施爲者。不得其方也。

六五。恆其德。貞婦人吉。夫子凶。

本義以柔中而應剛中。常久不易。正而固矣。然乃婦人之道。非夫子之宜也。故其象占如此。**程傳**五應於二。以陰柔而應陽剛。居中而所應又中。陰柔之正也。故恆久其德。則爲貞也。夫以順從爲恆者。婦人之道。在婦人則爲貞。故吉。若丈夫而以順從於人爲恆。則失其剛陽之正。乃凶也。五君位而不以君道言者。如六五之義。在丈夫猶凶。況人君之道乎。在它卦六居君位而應剛。未爲失也。在恆故不可耳。君道豈可以柔順爲恆也。**集說**朱子語類問恆其德貞婦人吉夫子凶。德指六子之義。曰。固是如此。然須看得象占分明。六五有恆其德貞之象。占者若婦人則吉。夫子則凶。大抵看易須是曉得象占分明。所謂吉凶者。非爻之能吉凶。爻有此象。而占者視其德而有吉凶耳。○丘氏富國曰。二以陽居陰。五以陰居陽。皆位不當而得中者也。在二則悔亡。而五有夫子凶之戒者。蓋二以剛中爲常。而五以柔中爲常也。以剛處常。能常者也。以柔爲常。則是婦人之道。非夫子所尚。此六五所以有從婦之凶。

象曰。婦人貞吉。從一而終也。夫子制義。從婦凶也。

程傳如五之從二。在婦人則爲正而吉。婦人以從爲正。以順爲德。當終守於從一。夫子則以義制者也。從婦人之道。則爲凶也。

集說項氏安世曰。九二以剛中爲常。故悔亡。六五以柔中爲恆。在二可也。在五則夫也。父也。君也。而可乎。婦人從夫則吉。夫子從婦則凶矣。○楊氏啟新曰。爻辭只曰婦人吉。象傳又添一貞字。明恆其德貞。爲婦人之貞也。

上六。振恆。凶。

本義振者動之速也上六居恆之極處震之終恆極則不常震終則過動又陰柔不能固守居上非其所安故有振恆之象而其占則凶也 程傳六居恆之極在震之終恆極則不常震終則動極以陰居上非其安處又陰柔不能堅固其守皆不常之義也故爲振恆以振爲恆也振者動之速也如振衣如振書抖擻運動之意在上而其動无節以此爲恆其凶宜矣 集說王氏弼曰夫靜爲躁君安爲動主故安者上之所處也靜者可久之道也處卦之上居動之極以此爲恆無施而得也 ○王氏申子曰振者運動而無常也居恆之終處震之極恆終則變而不能恆震極則動而不能止故有振恆之象在上而動無恆其凶宜矣

象曰振恆在上大无功也

程傳居上之道必有恆德乃能有功若躁動不常豈能有所成乎居上而不恆其凶甚矣象又言其不能

有所成立，故曰大无功也。

集說　王氏安石曰：終乎動，以動爲恆者也。以動爲恆而在物上，其害大矣。○王氏申子曰：此所謂天下本無事，庸人自擾之。其好功生事之過乎？故聖人折之曰大无功，言振擾於守恆之時，決無所成也。

總論　丘氏富國曰：恆，中道也。中則能恆，不中則不恆矣。恆卦六爻，無上下相應之義，惟以二體而取中焉，則恆之義見矣。初在下體之下，四在上體之下，皆未及乎恆者，故泥常而不知變，是以初浚恆，四田无禽也。三在下體之上，上在上體之上，皆已過乎恆者，故好變而不知常，是以三不恆而上振恆也。惟二五得上下體之中，知恆之義者。而五位剛爻柔，以柔中爲恆，故不能制義，而但爲婦人之吉。二位柔爻剛，以剛中爲恆，而居位不當，亦不能盡守常之義，故特言悔亡而已。恆之道，豈易言哉！○李氏舜臣曰：咸恆二卦，其彖甚善，而六爻之

序卦傳

物不可以久居其所。故受之以遯。遯者退也。

雜卦傳

遯則退也。

義鮮有全吉者。蓋以爻而配六位。則陰陽得失。承乘逆順之理。又各不同故也。

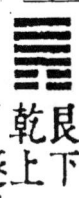

䷠ 艮下乾上

程傳 遯。序卦。恆者久也。物不可以久居其所。故受之以遯。遯者退也。夫久則有去。相須之理也。遯所以繼恆也。遯退也。避也。去之之謂也。爲卦天下有山。天在上之物。陽性上進。山高起之物。形雖高起。體乃止。物有上陵之象。而止不進。天乃上進而去之。下陵而上去。是相違遯。故爲遯去之義。二陰生於下。陰長將盛。陽消而退。小人漸盛。君子退而避之。故爲遯也。

遯亨。小利貞。

本義 遯。退避也。爲卦二陰浸長。陽當退避。故爲遯。六月之卦也。陽雖當遯。然九五當位。而下有六二之應。

遯之爲遯以二陰。則初二成卦之主也。然處之盡善者惟九五。則九五又主卦之主也。故彖傳

若猶可以有爲但二陰浸長於下則其勢不可以不遯故其占爲君子能遯則身雖退而道亨小人則利於守正不可以浸長之故而遂侵迫於陽也小謂陰柔小人也此卦之占與否之初二兩爻相類

程傳遯者陰長陽消君子遯藏之時也君子退藏以伸其道道不屈則爲亨故遯所以有亨也在事亦有由遯避而亨者雖小人道長之時君子知幾退避固善也然事有不齊與時消息无必同也陰柔方長而未至於甚盛君子尚有遲遲致力之道不可大貞而尚利小貞也

集說朱子易說問遯小利貞本義謂小人也彖易中小字未有以爲小人者如小利有攸往與小貞吉之類皆大小之小耳曰經文固無此例以彖傳推之則是指小人而言今當且依經而存傳耳

案小利貞之義傳義說各不同據易例則似傳說爲長蓋至於三陰之否則直曰不利君子貞矣遯猶未至於

曰剛當位而應與時行也

否但當遯避以善處之不可過甚以激成其勢故曰小利貞也

彖曰遯亨遯而亨也剛當位而應與時行也

本義以九五一爻釋亨義**程傳**小人道長之時君子遯退乃其道之亨也君子遯藏所以伸道也此言處遯之道自剛當位而應以下則論時與卦才尚有可爲之理也雖遯之時君子處之未有必遯之義五以剛陽之德處中正之位又下與六二以中正相應雖陰長之時如卦之才尚當隨時消息苟可以致其力无不至誠自盡以扶持其道未必於遯藏而不爲故曰與時行也**集說**孔氏穎達曰此釋遯之所以得亨通之義小人之道方長君子非遯不通故曰遯而亨也○又曰釋所以能遯而致亨之由良由九五以剛而當其位有應於二非爲否亢遯不否亢即是相時而動所以遯而得亨○郭氏忠孝曰聖人進退皆道無入而不自

得。雖遯亦亨也。與時行者。時止則止。時行則行。是爲遯之義也。○朱子語類問遯亨遯而亨也。分明是說能遯便亨。更說剛當位而應與時行也。是如何。曰。此其所以遯而亨也。陰方微。爲他剛當位而應。所以能知時而遯。是能與時行。不然。便是與時背也。○吳氏曰愼曰。非以剛當位而應爲猶可亨。惟其當位而應。能順時而遯。所以亨也。與時行。謂時當遯而遯。

小利貞。浸而長也。

本義以下二陰。釋小利貞。集說胡氏瑗曰。君子所以不得大有爲於世。而惟小利於貞者。蓋以下之羣陰浸長。而小人之黨漸盛也。○朱氏震曰。二陰浸長。方之於否。不利君子貞。固有閒矣。然不可大貞。利小貞而已。先儒謂居小官。幹小事。其害未甚。我志猶行。蓋遯非疾世避俗。長往不反之謂也。去留遲速。惟時而已。非不忘乎君。不離乎羣。消息盈虛。循天而行者。豈能盡遯之時義。○張氏淸子曰。二陽爲臨。二陰爲遯。遯者臨之反對也。臨之彖曰。剛浸而長。遯之彖則不曰柔浸而長。而止曰浸而長。

遯之時義大矣哉。

本義　陰方浸長。處之爲難。故其時義爲尤大也。程傳　當陰長之時。不可大貞。而尚小利貞者。蓋陰長必以浸漸。未能遽盛。君子尚可小貞其道。所謂小利貞。扶持使未遂亡也。遯者陰之始長。君子知微。故當深戒。而聖人之意未便遽已也。故有與時行小利貞之教。聖賢之於天下。雖知道之將廢。豈肯坐視其亂而不救。必區區致力於未極之間。強此之衰。艱彼之進。圖其暫安。苟得爲之。孔孟之所屑爲也。王允謝安之於漢晉是也。若有可變之道。可亨之理。更不假言也。此處遯時之道也。故聖人贊其時義大矣哉。或久或速。其義皆大也。

集說郭氏雍曰遯之小利貞猶之小事吉不知者遂以爲小而不思也故孔子明其大而後知小利貞小事吉者有大用存焉

象曰天下有山遯君子以遠小人不惡而嚴

本義天體无窮山高有限遯之象也嚴者君子自守之常而小人自不能近。程傳天下有山山下起而乃止天上進而相違是遯避之象也君子觀其象以避遠乎小人遠小人之道若以惡聲厲色適足以致其怨忿惟在乎矜莊威嚴使知敬畏則自然遠矣。集說石氏介曰不惡而嚴外順而內正也尚惡則小人憎不嚴則正道消○張子曰惡讀爲憎惡之惡遠小人不可示以惡也惡則患及之又焉能遠嚴之爲言敬小人而遠之之意也○楊氏時曰天下有山其藏疾也無所拒然亦終莫之陵也此君子遠小人不惡而嚴之象也。○郭氏雍曰。君子當遯之時。畏小人之害。志在遠之而已。遠之之道何如。不惡其人而嚴其分是也。孔子曰。疾之已甚。亂也。不惡則不疾矣。○俞氏琰曰。君子觀象以遠小人。豈有他哉。不過危行言遜而已。遜其言則不惡。不使之怨也。危其行則有不可犯之嚴。不使之不遯也。此君子遠小人之道也。

案天下有山。以山喻小人。以天喻君子。似未切。蓋天下有山。山之高峻極於天也。山之高峻者。未嘗絕人而自不可攀躋。故有不惡而嚴之象。楊氏之說。蓋是此意。

初六。遯尾厲。勿用有攸往。

本義 遯而在後。尾之象。危之道也。占者不可以有所往。但晦處靜俟。可免災耳。程傳 它卦以下為初。遯者。往遯也。在前者先進。故初乃為尾。尾在後之物也。遯而在後。不及者也。是以危也。初以柔處微。既已後矣。

不可往也。往則危矣。微者易於晦藏。往既有危。不若不往之无災也。

集說　陸氏績曰。陰氣已至於二。而初在其後。故曰遯尾也。避難當在前而在後。故厲。往則與災難會。故勿用有攸往。○孔氏穎達曰。遯尾厲者。爲遯之尾。最在後遯者也。小人長於內。應出外以避之。而最在卦內。是遯之爲後。故曰遯尾厲也。危厲既至。則當危行言遜。勿用更有所往。○朱子語類問遯尾厲勿用有攸往者。言不可有所往。但當晦處靜俟耳。此意如何。曰。程傳作不可往。謂不可去也。言遯已後矣。不可往。往則危。往既危。不若不往之無災。某竊以爲不然。遯而在後。尾也。既已危矣。豈可更不往乎。若作占辭看。尤分明。○王氏申子曰。遯往遯也。故遯以初爲後。在前者見幾先遯。初柔而不能決。止而不能行。故遯而在後。危厲之象也。既已處後。然位居卑下。不往卽遯也。若又有所進往。則危厲益甚矣。○楊氏啟新曰。卦中以二陰爲小人。至爻中則均退避之君子。蓋皆遯爻。則發遯義也。

御纂周易折中

案易例多取初爻爲居先。何獨遯而取在後之義。曰。因卦義而變者也。初於序則先。然於位則內也。遯者遠出之義也。故以外卦爲善。初居最內。豈非在後者乎。或曰。明夷之初九居內。何以爲先幾乎。曰。明夷則以上卦爲內。以上六爲主故也。是以六四入左腹而六五當內難也。如是則初爻爲最遠。與遯之義正相反也。

象曰。遯尾之厲。不往何災也。

程傳見幾先遯。固爲善也。遯而爲尾危之道也。往旣有危。不若不往而晦藏。可免於災。處危故也。古人處微下隱亂世而不去者多矣。

案程傳以不遯爲免災。朱子以晦處勿有所行爲免災。故朱子嘗欲劾韓侂冑。占得此爻而止。

六二。執之用黃牛之革。莫之勝說。

本義以中順自守。人莫能解。必遯之志也。占者固守。亦當如是。程傳二與五爲正應。雖在相違遯之時。二以中正順應於五。五以中正親合於二。其交自固。黃中色。牛順物。革堅固之物。二五以中正順道相與。其固如執係之以牛革也。莫之勝說。謂其交之固。不可勝言也。在遯之時。故極言之。集說吳氏綺曰。六二居人臣之位。任國家之責。不當遯者也。故六二不言遯。○龔氏煥曰。五爻皆言遯。惟六二不言者。二上與五應。雖當遯時。固結而不可遯者也。故有執用黃牛之革之象。謂其有必遯之志。似未必然。○蔡氏淸曰。就隱遯上說。如何見是中順。蓋收斂其德。不形於外。不危言激論。不矯矯伸節。惟知自守而已。此之謂中順。附錄孔氏穎達曰。處中居內。非遯之人也。旣非遯之人。便爲所遯之主。物皆棄己而遯。何以執固留之。惟有中和厚順之道。可以固而安之也。能用此道。則無能勝己解脫而去。

案此爻傳義說亦不同。吳氏龔氏則暢程傳之說。謂六二爲五正應。如肺腑之臣。義不可去。箕子所謂我不顧行遯是也。蔡氏則申本義之說。謂處遯以中順之道。如所謂危行言遜者。亦與不惡而嚴之義合。至孔氏則別爲一說。謂其能羈縻善類而不使去。執。如雅詩執我仇仇之執。於經文執之兩字語氣。亦自恰合也。故竝存其說。

象曰。執用黃牛。固志也。

程傳上下以中順之道相固結。其心志甚堅。如執之以牛革也。

集說侯氏行果曰。上應貴主。志在輔時。不隨物遯。獨守中直。堅如革束。執此之志。莫之勝說。殷之父師。當此爻矣。○蔡氏清曰。謂自固其志。不可榮以祿。

附錄孔氏穎達曰。固志者。堅固遯者之志。使不去已也。

九三係遯有疾厲畜臣妾吉。

本義下比二陰。當遯而有所係之象。有疾而危之道也。然以畜臣妾則吉。蓋君子之於小人。惟臣妾則不必其賢而可畜耳。故其占如此。程傳陽志說陰。三與二切比。係乎二者也。遯貴速而遠。有所係累。則安能速且遠也。害於遯矣。故爲有疾也。遯而不速。是以危也。臣妾小人女子。懷恩而不知義。親愛之則忠其上。係戀之私恩。懷小人女子之道也。故以畜養臣妾則得其心爲吉也。然君子之待小人。亦不如是也。三與二非正應。以暱比相親。非待君子之道。若以正則雖係不得爲有疾。蜀先主之不忍棄士民是也。雖危爲无咎矣。集說孔氏穎達曰。九三無應於上。與二相比。處遯之世而意有所係。故曰係遯。遯之爲義。宜遠小人。既係於陰。卽是有疾憊而致危厲也。親於所近。係在於下。施之於人。畜養臣妾則可矣。大事則凶。故曰畜臣妾吉。○胡氏瑗曰爲遯之道在乎遠去九三居內卦之上切比六二之陰不能超然遠遯是有疾病而危厲者也畜臣妾吉者言九三既不能遠遯然畜羣小以臣妾之道卽得其吉蓋臣妾至賤者也可以遠則遠之可以近則近之如此則吉可獲也○蘇氏濬曰畜臣妾吉示之以待小人之道見其不可繫也蓋小人之易親如臣妾之易以惑人畜之法止有不惡而嚴嚴以杜其狎侮之奸而不惡以柔其忿戾之氣用畜臣妾之法以畜之庶可以免疾憊而吉耳

案孔子曰惟女子與小人爲難養也近之則不遜遠之則怨然則不遠不近之閒豈非不惡而嚴之義乎故當遯之時有所係而未得去者待小人以畜臣妾之道則可矣胡氏蘇氏說明白

象曰係遯之厲有疾憊也畜臣妾吉不可大事

也。

程傳 遯而有係累。必以困憊致危。其有疾乃憊也。蓋力亦不足矣。以此暱愛之心。畜養臣妾則吉。豈可以當大事乎。

集說 張氏清子曰。當遯而係。故有疾而厲。至於憊乏也。惟當以剛自守。止下二陰而畜之以臣妾之道。然後獲吉。又豈可當大事乎。

案不可大事。言未可直行其志。危言危行也。與象小貞吉。大象不惡而嚴之意。皆相貫。

九四。好遯。君子吉。小人否。

本義 下應初六。而乾體剛健。有情好而能絕之以遯之象也。惟自克之君子能之。而小人不能。故占者君子則吉。而小人否也。

程傳 四與初為正應。是所好愛者也。君子雖有所好愛。義苟當遯則去而不疑。所謂克已復禮。以道制欲。是以吉也。小人則不能以義處暱於所好。牽於所私。至於陷辱其身而不能已。故在小人則否也。否。不善也。四乾體能剛斷者。聖人以其處陰而有係。故設小人之戒。恐其失於正也。

集說

張子曰。有應於陰。不惡而嚴。故曰好遯。小人暱於事幾。不忿怒成仇。則私溺爲慮矣。○朱氏震曰。好者情之所好也。君子剛決以義斷之。舍所好而去。故吉。否者。不能然也。此爻與初六相應處陰而有所係。故陳小人之戒以佐君子之決。

案好者。惡之反也。好遯。言其不惡也。從容以遯。而不爲忿戾之行。孟子曰。予豈若是小丈夫然哉。怒悻悻然見於其面。正好遯之義也。小人否者。即孟子所謂小丈夫者也。○又案君子吉。小人否。若以小人與君子相敵者言之。則否字解如泰否之義。謂好遯者身退道亨。在君子固吉矣。然豈小人之福哉。自古君子退避。則小人亦不旋踵而覆敗。是君子之遯者。非君子之凶。乃君子之吉。而致君子之遯者。非小人之泰。乃小人之否也。此義與剝上小人剝廬之指正同。蓋易雖不爲小人謀。而未嘗不爲小人戒也。本義以小利貞爲戒小人之辭。似與此意亦合。

象曰。君子好遯。小人否也。

程傳 君子雖有好而能遯。不失於義。小人則不能勝其私意。而至於不善也。

集說 俞氏琰曰。爻辭云好遯君子吉小人否。爻傳不及吉字。蓋謂惟君子爲能好遯。小人則不能好遯也。既好遯。則遯而亨。其吉不假言矣。

九五。嘉遯。貞吉。

本義剛陽中正。下應六二。亦柔順而中正。遯之嘉美者也。占者如是而正則吉矣。程傳九五中正。遯之嘉美者也。處得中正之道。時止時行。乃所謂嘉美也。故爲貞正而吉。九五非无係應。然與二皆以中正自處。是其心志及乎動止。莫非中正而无私係之失。所以爲嘉也。在彖則槪言遯時。故云與時行。小利貞。尚有濟遯之意。於爻至五。遯將極矣。故惟以中正處遯言之。遯非人君之事。故不主君位言。然人君之所避遠。乃遯也。亦在中正而已。集說龔氏煥曰。嘉遯貞吉。即彖傳所謂遯而亨也。五當位而應。與時偕行者也。

案此爻雖不主君位。然居尊則亦臣之位高者也。凡功成身退者。人臣之道。故伊尹曰。臣罔以寵利居成功。豈非遯之嘉美者乎。嘉之義比好又優矣。

象曰。嘉遯貞吉。以正志也。

程傳志正則動必由正所以爲遯之嘉也居中得正而應中正是其志正也所以爲吉人之遯也止也唯在正其志而已矣。集說張子曰居正處中能正其志故獲貞吉。案君子之志不在寵利故進以禮而退以義所謂正志也。

上九肥遯无不利。

本義以剛陽居卦外下无係應遯之遠而處之裕者也故其象占如此肥者寬裕自得之意。程傳肥者充大寬裕之意遯者惟飄然遠逝无所係滯之爲善上九乾體剛斷在卦之外矣又下无所係是遯之遠而无累可謂寬綽有餘裕也遯者窮困之時也善處則爲肥矣其遯如此何所不利。集說王氏弼曰最處外極無應於內超然絕去心無疑顧憂患不能累繒繳不能及是以肥遯无不利也○姜氏寶曰四之好不如五之嘉。五之嘉不如上之肥。上與二陰無應無係。故肥。肥者疾憊之反也。

象曰。肥遯无不利。无所疑也。

程傳其遯之遠。无所疑滯也。蓋在外則已遠。无應則无累。故爲剛決无疑也。 集說侯氏行果曰。最處外極。無應於內。心無疑戀。超世高舉。安時無悶。故肥遯无不利。 趙氏汝楳曰。四陽之中。三係於陰。四五應於陰。皆不能不自疑。至上則疑慮盡亡。蓋无有不利者矣。 李氏心傳曰。无所疑也。此及升之九三並言之。此決於退。彼決於進。時之宜耳。

總論項氏安世曰。下三爻艮也。主於止。故爲不往。爲執。爲係遯。上三爻乾也。主於行。故爲好遯。爲嘉遯。爲肥遯也。

繫辭下傳
上古穴居而野處後世聖人易之以宮室上棟下宇以待風雨蓋取諸大壯

序卦傳
物不可以終遯故受之以大壯

雜卦傳
大壯則止

䷡ 乾下震上

程傳大壯序卦遯者退也物不可以終遯故受之以大壯遯爲違去之義壯爲進盛之義遯者陰長而陽遯也大壯陽之壯盛也衰則必盛消息相須故既遯則必壯大壯所以次遯也爲卦震上乾下乾剛而震動以剛而動大壯之義也剛陽大也陽長已過中矣大者壯盛也又雷之威震而在天上亦大壯之義也

大壯之爲壯以四陽而九四當四陽之上則四卦主也

大壯利貞

本義大謂陽也四陽盛長故爲大壯二月之卦也陽壯則占者吉亨不假言但利在正固而已程傳大壯之道利於貞正也大壯而不得其正強猛之爲耳非君子之道壯盛也

彖曰大壯大者壯也剛以動故壯

本義釋卦名義。以卦體言則陽長過中。大者壯也。以卦德言則乾剛震動。所以壯也。程傳所以名大壯者。謂大者壯也。陰爲小。陽爲大。陽長以盛。是大者壯也。下剛而上動。以乾之至剛而動。故爲大壯。爲大者壯。與壯之大也。集說項氏安世曰。剛則不爲物欲所橈。故其動也壯。使以血氣而動。安得壯乎。

案大者。謂陽也。大者壯。謂四陽盛長也。此句正釋名卦之義。剛以動故壯一句。非正釋卦名。乃推明卦之善以起辭義耳。凡曰故者皆同義。順以說故聚。明以動故豐是也。

大壯利貞。大者正也。正大而天地之情可見矣。

本義釋利貞之義而極言之。程傳大者既壯則利於貞正。正而大者道也。極正大之理則天地之情可見矣。天地之道常久而不已者。至大至正也。正大之理。學者默識心通可也。不云大正而云正大。恐疑爲一事也。

集說 朱子語類問如何見天地之情曰正大便見得天地之情天地只是正大未嘗有些子邪處。○胡氏炳文曰心未易見故疑其辭曰復其見天地之心乎。情則可見矣故直書之孟子養氣之論自此而出。大者壯也。卽是其爲氣也至大至剛。大者正也。卽是以直養而無害。

象曰。雷在天上。大壯。君子以非禮弗履。

本義 自勝者強。

程傳 雷震於天上大而壯也君子觀大壯之象以行其壯君子之大壯者莫若克己復禮古人云自勝之謂強中庸於和而不流中立而不倚皆曰強哉矯赴湯火蹈白刃武夫之勇可能也至於克己復禮則非君子之大壯不可能也故云君子以非禮弗履。

集說 張子曰克己反禮壯莫盛焉。○朱子語類云雷在天上是甚生威嚴人之克己須是如雷在天上方能克去非禮。○項氏安世曰君子所以養其剛大者。亦曰非禮勿履而已。

初九。壯于趾。征凶有孚。

本義趾在下而進動之物也。剛陽處下。而當壯時。壯於進者也。故有此象。居下而壯於進。其凶必矣。故其占又如此。

程傳初陽剛乾體而處下。壯於進者也。在下而用壯。壯于趾也。趾在下而進動之物。九在下用壯而不得其中。夫以剛處壯。雖居上。猶不可行。況在下乎。故征則其凶有孚。孚。信也。謂以壯往則得凶可必也。

集說王氏弼曰。在下而壯。故曰壯于趾也。居下而用剛壯。以斯而進。窮凶可必也。故曰征凶有孚。○王氏申子曰。卦雖以剛壯爲義。然爻義皆貴於用柔。蓋以剛而動。剛不可過也。趾在下而主於行。初乾體而居剛用剛。是壯於行而不顧者也。在上猶爲過。況在下乎。其凶必矣。

象曰。壯于趾。其孚窮也。

本義言必窮困。程傳在最下而用壯以行。可必信其窮困而凶也。集說王氏申子曰。居下而用壯。任剛而決行。信乎其窮而凶也。

九二。貞吉。

本義以陽居陰。已不得其正矣。然所處得中。則猶可因以不失其正。故戒占者使因中以求正。然後可以得吉也。程傳二雖以陽剛當大壯之時。然居柔而處中。是剛柔得中。不過於壯。得貞正而吉也。或曰。貞非以九居二爲戒乎。曰。易取所勝爲義。以陽剛健體當大壯之時。處得中道。无不正也。在四則有不正之戒。人能識時義之輕重。則可以學易矣。集說王氏弼曰。居得中位。以陽居陰。履謙不亢。是以貞吉。○易氏祓曰。爻貴得位。大壯則以陽居陰爲吉。蓋慮其陽剛之過於壯也。故二與四皆言貞吉。

象曰。九二貞吉。以中也。

程傳所以貞正而吉者。以其得中道也。中則不失正。況陽剛而乾體乎。

集說孔氏穎達曰。以其居中履謙。行不違禮。故得正而吉也。

案卦言大壯利貞。惟九二剛德則爲大。健體則爲壯。而居中則爲處壯之貞。乃卦之主也。故傳言以中。明大壯之貞在於中也。

九三。小人用壯。君子用罔。貞厲。羝羊觸藩。羸其角。

本義過剛不中。當壯之時。是小人用壯。而君子則用罔也。罔无也。視有如无。君子之過於勇者也。如此則雖正亦危矣。羝羊剛壯喜觸之物。藩籬也。羸困也。貞厲之占。其象如此。

程傳九三以剛居陽而處壯。又當乾體之終。壯之極者也。極壯如此。在小人則爲用壯。在君子則爲用罔。小人尚力。故用其壯勇。君子志剛。故用罔。罔无也。猶云蔑也。以其至剛蔑視於事而无所忌憚也。君子小人以地言。如君子有勇而无義爲亂。剛柔得中。則不折不屈。施於天下而无不宜。苟剛之太過。則无和順之德。多傷莫與。貞固守此則危道也。凡物莫不用其壯。齒者齧。角者觸。蹄者踶。羊壯於首。羝爲喜觸。故取爲象。羊喜觸藩籬。以藩籬當其前也。蓋所當必觸。喜用壯如此。必羸困其角矣。猶人尚剛壯。所當必用。必至摧困也。三壯甚如此而不至凶。何也。曰如三之爲。其往足以致凶。而方言其危。故未及於凶也。凡可以致凶而未至者。則曰厲也。

集說京氏房曰壯一也。小人用

之。君子有而不用。○劉氏牧曰。罔。不也。君子尚德而不用壯。若固其壯則危矣。○胡氏瑗曰。九三處下卦之上。當乾健之極。以陽居陽。是強壯之人也。以小人乘此則必恃剛強陵犯於人。雖至壯極而不已。是用壯者也。君子則不然。雖壯而不矜。雖大而不伐。罔而不用其壯也。小人居強壯之時。動則過中。進則不顧。是猶剛很之羊。雖藩在前。亦觸突而進。以至反羸其角。凶之道也。○郭氏雍曰。剛至三而壯矣。小人務勝人。故喜壯而用之。君子務勝己之私。是以勿用壯於外也。以用壯爲正則危矣。羊很喜觸。用壯之象也。觸藩羸角。用壯而厲也。君子用罔者。君子罔以壯爲用也。先儒或爲羅網之罔。失之矣。○項氏安世曰。既曰小人用壯。又曰君子用罔。勸戒備矣。又曰貞厲。羝羊觸藩羸其角者。恐人以用剛居剛爲得正也。

案京氏以下諸家說用罔。與傳義異。以夫子小象文意參之。諸說近是。

象曰：小人用壯，君子罔也。

本義 小人以壯敗。君子以罔困。程傳 在小人則爲用其強壯之力，在君子則爲用罔。志氣剛強，蔑視於事，靡所顧憚也。集說 項氏安世曰：君子用罔，說者不同。然觀爻辭之例，如小人吉、大人否亨，君子吉、小人否，婦人吉、夫子凶，皆是相反之辭。又象辭曰小人用壯，君子罔也，全與君子好遯，小人否也句法相類。詩書中罔字與弗字、勿字、毋字通用，皆禁止之義也。○楊氏簡曰：九三益進，勢雖壯，君子之心未嘗以爲意焉。唯小人則自嘉己勢之壯，而益肆益壯，是謂小人用壯。罔，無也。言君子之所用異乎小人之用也，故曰小人用壯，君子罔也。○龔氏煥曰：大壯本以四陽盛長而得名，九三又以陽居陽而過剛，壯而又壯者也。用壯如此，是小人之所爲，而非君子之道，故曰君子用罔。象釋之曰小人用壯，君子罔也。語意與遯九四君子好遯，小人否也同。蓋遯之九四。即大壯九三之反對。皆君子小人並言。○俞氏琰曰。孔子恐後世疑爻辭有兩用字。以爲小人之用與君子同。故特去其一。

九四貞吉悔亡。藩決不羸。壯于大輿之輹。

本義貞吉悔亡。與咸九四同占。藩決不羸。承上文而言也。決開也。三前有四。猶有藩焉。四前二陰。則藩決矣。壯于大輿之輹。亦可進之象也。以陽居陰。不極其剛。故其象占如此。**程傳**四陽剛長盛。壯已過中。壯之甚也。然居四爲不正。方君子道長之時。豈可有不正也。故戒以貞。貞則吉而悔亡。蓋方道長之時。小失則害亨進之勢。是有悔也。若在他卦。重剛而居柔。未必不爲善也。大過是也。藩所以限隔也。藩籬決開。不復羸困其壯也。高大之車。輪輹強壯。其行之利可知。故云壯于大輿之輹。輹輪之要處也。車之敗常在折輹。輹壯則車強矣。

云壯于輹謂壯於進也輹與輻同

集說

王氏弼曰未有違謙越禮而能全其壯者也故陽爻皆以居陰位為美○鄭氏汝諧曰居四陽之終其壯易過故必正吉則悔亡羣陽竝進非二陰之所能止藩決不羸其道通也壯于大輿之輹其行健也○朱子語類云九二貞吉只是自守而不進九四却是有可進之象蓋以陽居陰不極其剛而前遇二陰有藩決之象所以為進非如九二前有三四二陽隔之不得進也○俞氏琰曰爻剛位柔不極其壯故因占設戒曰貞吉悔亡三以九四之剛在前如藩籬之障而不能進故觸而受羸四以六五之柔在前如藩籬剖破而無俟乎觸故不羸曰藩決不羸而不及羊承九三之辭也

象曰藩決不羸尚往也

程傳 剛陽之長必至於極四雖已盛然其往未止也以至盛之陽用壯而進故莫有當之藩決開而不羸

困其力也尚往。**集說**項氏安世曰九四以剛居柔有能其進不已也正之吉無過剛之悔貞吉悔亡四字既盡之矣又曰藩決不羸壯于大輿之輹者恐人以居柔爲不進也故以尚往明之

六五喪羊于易无悔

本義卦體似兌有羊象焉外柔而內剛者也獨六五以柔居中不能抵觸雖失其壯然亦无所悔矣故其象占如此易容易之易言忽然不覺其亡也或作疆場之場亦通漢食貨志場作易**程傳**羊羣行而喜觸以象諸陽竝進四陽方長而竝進五以柔居上若以力制則難勝而有悔惟和易以待之則羣陽无所用其剛是喪其壯於和易也如此則可以无悔五以位言則正以德言則中故能用和易之道使羣陽雖壯无所用也

集說朱子語類云喪羊于易不若作疆場之易漢食貨志疆場之場正作易蓋後面有喪牛于易亦同此

義。今本義所注，只是從前所說如此，只且仍舊耳。○胡氏炳文曰：旅上九喪牛于易，牛性順，上九以剛居極，不覺失其所謂順。此曰喪羊于易，羊性剛，六五以柔居中，不覺失其所謂剛，自失其壯，故爻獨不言壯。

案：壯之道貴乎得中。九二方壯之時，以剛處中，壯之正也。至六五則壯已過矣，又以柔處中，則無所用其壯矣，故雖喪羊而无悔。

象曰：喪羊于易，位不當也。

程傳：所以必用柔和者，以陰柔居尊位故也。若以陽剛中正得尊位，則下无壯矣。以六五位不當也，故設喪羊于易之義。然大率治壯不可用剛，夫君臣上下之勢，不相侔也。苟君之權足以制乎下，則雖有強壯跋扈之人，不足謂之壯也。必人君之勢有所不足，然後謂之治壯，故治壯之道不可以剛也。

集說：王氏安石

曰剛柔者所以立本變通者所以趨時方其趨時則位正當而有咎凶位不當而無悔者有矣大壯之時得中而處之以柔能喪其很者也

案位當位不當易例多借爻位以發明其德與時地之相當不相當也此位不當不止謂以陰居陽不任剛壯而已蓋謂四陽已過矣則五所處非當壯之位也於是而以柔中居之故爲喪羊于易

上六羝羊觸藩不能退不能遂无攸利艱則吉

本義壯終動極故觸藩而不能退然其質本柔故又不能遂其進也其象如此其占可知然猶幸其不剛故能艱以處則尚可以得吉也**程傳**羝羊但取其用壯故陰爻亦稱之六以陰處震終而當壯極其過可知如羝羊之觸藩籬進則礙身退則妨角進退皆不可也才本陰柔故不能勝己以就義是不能退也陰柔之

人雖極用壯之心，然必不能終其壯，有摧必縮，是不能遂也。其所爲如此，无所往而利也。陰柔處壯，不能固其守，若遇艱困，必失其壯，失其壯，則反得柔弱之分矣，是艱則得吉也。用壯則不利，知艱而處柔則吉也。居壯之終，有變之義也。

集說　朱子語類云：上六取喻甚巧，蓋壯終動極，無可去處，如羝羊之角掛於藩上，不能退遂。然艱則吉者，畢竟有可進之理，但必艱始吉耳。○易氏祓曰：三前有四，故爲觸藩；四前遇陰，故爲藩決；上六前無滯礙，而亦言觸藩者，處一卦之窮也。不能退者，在衆爻之上；不能遂者，亢而不可前進也。然能艱則吉，此易之所以備勸戒也。

案：五與上皆陰爻，而當陽壯已過之時。五猶曰喪羊，而上反曰羝羊觸藩，何也？蓋易者像也，羊之觸也以角，卦似兌，有羊象，而上六適當角位，故雖陰爻而亦云觸藩也。陰柔不至於羸角，但不能退、不能遂而已。艱則吉者知其難而不敢輕易以處之也。故可進則進，不可進則退，雜卦謂大壯則止是也。

象曰：不能退，不能遂，不詳也。艱則吉，咎不長也。

程傳 非其處而處，故進退不能，是其自處之不詳慎也。艱則吉，柔遇艱難，又居壯終，自當變矣，變則得其分，過咎不長，乃吉也。**集說** 胡氏炳文曰：臨六三、壯上六皆无攸利，皆曰咎不長，蓋六三之憂、上六之艱，不貴無過而貴改過也。○俞氏琰曰：人之處事，以爲易則不詳審，以爲艱則詳審，向也既以不詳審而致咎，今詳審而不輕率，則其咎不長也。

總論 項氏安世曰：有以事理得中爲正者，有以陰陽當位爲正者。剛以柔濟之，柔以剛濟之，使不失其正，此事理之正也。以剛處剛，以柔處柔，各當其位，此爻位之正也。大壯之時義，其所謂利貞者，利守事理之正，不以爻位言也是故九二九四六五三爻不當位而皆利初九九三上六三爻當位而皆不利又於九二九四爻辭明言貞吉於初九九三爻辭明言征凶貞厲聖人猶恐其未明也又以小象釋之於九二則曰九二貞吉以中也明正吉以中而不以位也於六五則曰位不當也亦明无悔在中不在位也易之時義屢遷如此

䷢ 坤下
離上

序卦傳物不可以終壯故受之以晉晉者進也

雜卦傳晉晝也

程傳晉序卦物不可以終壯故受之以晉晉者進也物也爲卦離在坤上明出地上也日出於地升而益明故爲晉晉進而光明盛大之意也凡物漸盛爲進故彖云晉進也卦有有德者有无德者隨其宜也乾坤之外云元亨者固有也云利貞者所不足而可以有功也有不同者革漸是也隨卦可見晉之盛而无德者无用有也晉之明盛故更不言亨順乎大明无用戒正也

晉以明出地上成卦六五為離之主當中天之位則五卦主也

晉。康侯用錫馬蕃庶。晝日三接。

本義 晉。進也。康侯。安國之侯也。錫馬蕃庶。晝日三接。言多受大賜。而顯被親禮也。蓋其爲卦。上離下坤。有日出地上之象。順而麗乎大明之德。又其變自觀而來。爲六四之柔進而上行以至於五。占者有是三者。則亦當有是寵也。

程傳 晉爲進盛之時。大明在上。而下體順附。諸侯承王之象也。故爲康侯。康侯者。治安之侯也。上之大明。而能同德以順附。治安之侯也。故受其寵數。錫之馬衆多也。車馬。重賜也。蕃庶。衆多也。不惟錫與之厚。又見親禮。晝日之中。至於三接。言寵遇之至也。晉。進盛之時。上明下順。君臣相得。在上而言。則進於明盛。在臣而言。則進升高顯。受其光寵也。

集說 郭氏雍曰。晉卦取名之義。與大有畧相類。大有火在天上。君道也。晉明出地上。臣道也。以人臣之進。獨備一卦之義。則臣之道至大者。非康侯安足以當之。

故彖傳曰柔進而上行

案易有晉升漸三卦，皆同爲進義而有別。晉如日之方出，其義最優；升如木之方生，其義次之；漸如木之既生而以漸高大，其義又次。觀其彖辭，皆可見矣。

彖曰：晉，進也。

本義 釋卦名義。集說 俞氏琰曰：晉以日之進言，與升漸木之進不同。日出地上，其明進而盛；升漸雖亦有進義，而無明盛之象。

明出地上，順而麗乎大明，柔進而上行，是以康侯用錫馬蕃庶，晝日三接也。

本義 以卦象、卦德、卦變釋卦辭。程傳 晉，進也，明進而盛也。明出於地，益進而盛，故爲晉。所以不謂之進者進謂前進不能包明盛之義明出地上離在坤上也坤麗於離以順麗於大明順德之臣上附於大明之君也柔進而上行凡卦離在上者柔居君位多云柔進而上行噬嗑睽鼎是也六五以柔居君位明而順麗爲能待下寵遇親密之義是以爲康侯用錫馬蕃庶晝日三接也大明之君安天下者也諸侯能順附天子之明德是康民安國之侯也故謂之康侯是以享寵錫而見親禮晝日之間三接見於天子也不曰公卿而曰侯天子治於上者也諸侯治於下者也在下而順附於大明之君諸侯之象也

集說 崔氏憬曰雖一卦名晉而五爻爲主故言柔進而上行也○郭氏雍曰順而麗乎大明柔進而上行康侯之德也其德柔順而明故下能康一國之民而爲之主上能致王者之寵而錫馬蕃庶晝日三接也○項氏安世曰三女之卦獨離柔在上爲得尊位大中而行之故謂之上行巽在六四例謂之上合上同兑在上六例謂之上窮皆不得爲上行也○主

氏申子曰六十四卦離上者八專取六五一爻以爲成卦之主者二晉大有也大有曰柔得尊位大中而上下應之晉則曰柔進而上行是專以康侯之晉者當此一卦之義矣○吳氏曰愼曰晉咸彖傳文意正同卦彖數句在卦名之下卦辭之上是既用以釋卦名而即以之釋卦辭故用是以二字接下

案離之德爲麗爲明是明與麗皆離也順而麗乎大明蓋以順德爲本而爲大明所附麗則明者離而麗者亦離矣若曰以順而附麗於大明則麗字乃爲坤所借用其義不亦贅乎火之爲物不能孤行也必有所附倚人心之明不可孤行也必有所附離曰畜牝牛者明附於順也睽旅之彖亦然皆以說止爲上而明附之也此文義之誤不可不正

象曰明出地上晉君子以自昭明德

本義昭明之也。程傳昭明之也。傳曰：昭德塞違，昭其度也。君子觀明出地上而益明盛之象，而以自昭其明德。去蔽致知，昭明德於己也；明明德於天下，昭明德於外也。明明德在己，故云自昭。集說胡氏炳文曰：至健莫如天，君子以之自强；至明莫如日，君子以之自昭。○俞氏琰曰：明德，君子固有之德也。自昭者，自有此德而自明之也。人德本明，人欲蔽之，不能不少昏昧，其本然之明固未嘗息。知所以自明，則本然之明如日之出地，而其昭著初無增損也。大學所謂明明德，所謂自明，與此同旨。

初六，晉如摧如，貞吉。罔孚，裕无咎。

本義以陰居下，應不中正，欲進見摧之象。占者如是而能守正則吉。設不爲人所信，亦當處以寬裕，則无咎也。程傳初居晉之下，進之始也。晉如，升進也。摧如，抑退也。於始進而言，遂其進，不遂其進，惟得正則吉也。罔孚者，在下而始進，豈遽能深見信於上？苟上未見信，則當安中自守，雍容寬裕，无急於求上之信也。苟欲信之心切，非汲汲以失其守，則悻悻以傷於義矣。皆有咎也。故裕則无咎，君子處進退之道也。○集說 王氏安石曰：初六以柔進，君子也。度禮義以進退者也。常人不見孚，則或急於進以求有爲，或急於退則懟上之不知。孔子曰：我待價者也。此罔孚而裕於進也。孟子久於齊，此罔孚而裕於退也。○朱子語類問：初六晉如摧如象也，貞吉占辭，曰罔孚裕无咎，又是解上兩句，恐貞吉説不明，故又曉之。○胡氏炳文曰：進之初，人多有未信者，然摧如在彼，而吾不可以不正。罔孚在人，而吾不可以不裕。貞與裕皆戒辭也。

象曰：晉如摧如，獨行正也。裕无咎，未受命也。

本義 初居下位，未有官守之命。程傳 无進无抑，唯獨行正道也。寬裕則无咎者，始欲進而未當位故也。君子之於進退，或遲或速，唯義所當，未嘗不裕也。聖人恐後之人不達寬裕之義，居位者廢職失守以爲裕，故特云初六裕則无咎者，始進未受命當職任故也。若有官守，不信於上而失其職，一日不可居也。然事非一概，久速唯時，亦容有爲之兆者。

集說 劉氏曰：君子之於正，不可以人之不見知而改其度。○張氏振淵曰：獨行正，是原所以見摧之故。大凡君子處世，枉己易合，直道難容。惟正所以見摧，然安可因摧而自失其正。正與爻互相發明。

案：未受命，與臨九二同。臨、晉皆君子道長向用之卦也。然君子無急於乘勢趨時之意，當其臨也，至誠感物，如忘其勢；當其進也，守道優游，若將終身然。故一則曰未順命，一則曰未受命。

六二：晉如愁如，貞吉。受茲介福，于其王母。

本義 六二中正上无應援故欲進而愁占者如是而能守正則吉而受福于王母也王母指六五蓋享先妣之吉占而凡以陰居尊者皆其類也

程傳 六二在下上无應援以中正柔和之德非强於進者也故於進爲可憂愁謂其進之難也然守其貞正則當得吉故云晉如愁如貞吉王母祖母也謂陰之至尊者指六五也二以中正之道自守雖上无應援不能自進然其中正之德久而必彰上之人自當求之蓋六五大明之君與之同德必當求之加之寵祿受介福于王母也介大也

集說 胡氏炳文曰小過六二曰過其妣彼言祖妣即此言王母也

案二五相應者也以陰應陽以陽應陰則有君臣之象以陰應陰則有妣婦之象不曰母而曰王母者禮重昭穆故孫祔於祖則孫婦祔於祖姑蓋以昭穆相配易爻以相配喻相應也此明其爲王母而小過只言妣蒙上

過其祖之文爾。六五卦之主而二應之故有受福之義

象曰受茲介福以中正也。

程傳受茲介福以中正之道也人能守中正之道久而必亨況大明在上而同德必受大福也 集說楊氏時曰六二以柔順處乎衆陰而獨無應是不見知也故晉如愁如然居中守正素位而行鬼神其福之矣詩曰靖共爾位好是正直神之聽之介爾景福此之謂也。何氏楷曰爾雅云父之妣爲王母小過六二遇妣卽此言王母二五德同位應二受介福以其履中得正也

六三衆允悔亡。

本義三不中正宜有悔者以其與下二陰皆欲上進是以爲衆所信而悔亡也 程傳以六居三不得

中正宜有悔咎而三在順體之上順之極者也三陰皆順上者也是三之順上與衆同志衆所允從其悔所以亡也有順上向明之志而衆允從之何所不利或曰不由中正而與衆同得爲善乎曰衆所允者必至當也況順上之大明豈有不善也是以悔亡蓋亡其不中正之失矣古人曰謀從衆則合天心

集說吳氏曰慎曰初罔孚未信也三衆允見信也信於下斯信於上故弗信乎友弗獲於上矣

象曰衆允之志上行也

程傳上行上順麗於大明也上從大明之君衆志之所同也

集說李氏過曰初之罔孚衆未允也二之愁如猶有悔也三德乎於衆進得所願而悔亡也

九四晉如鼫鼠貞厲

本義 不中不正，以竊高位，貪而畏人，蓋危道也，故爲鼫鼠之象。占者如是，雖正亦危也。**程傳** 以九居四，非其位也。非其位而居之，貪據其位者也。貪處高位，既非所安，而又與上同德，順麗於上，三陰皆在已下，勢必上進，故其心畏忌之。貪而畏人者，鼫鼠也，故云晉如鼫鼠。貪於非據，而存畏忌之心，貞固守此，其危可知。言貞厲者，開有改之道也。

集說 項氏安世曰：晉之道，以順而麗乎大明，以柔進而上行，皆主乎順者也。三雖不正，以其能順，故得其志而上行。四雖已進乎上，以其失柔順之道，故如鼫鼠之窮而不得遂也。

案：此卦以彖辭觀之，則九四以一陽而近君，康侯之位也。參之爻義，反不然者，蓋卦義所主在柔，則剛正與時義相反。當晉時，居高位而失靜正之道，乖退讓之節，貪而畏人，則非鼫鼠而何？貞厲者，戒其以持祿保位爲常，而不知進退之義也。

象曰。鼫鼠貞厲。位不當也。

程傳 賢者以正德宜在高位。不正而處高位。則爲非據。貪而懼失。則畏人。固處其地。危可知也。

集說 陸氏希聲曰。履非其位。固其寵祿。鼫鼠之志。竊食黍稷而已。

六五。悔亡。失得勿恤。往吉。无不利。

本義 以陰居陽。宜有悔矣。以大明在上。而下皆順從。故占者得之。則其悔亡。又一切去其計功謀利之心。則往吉而无不利也。然亦必有其德。乃應其占耳。

程傳 六以柔居尊位。本當有悔。以大明而下皆順附。故其悔得亡也。下旣同德順附。當推誠委任。盡衆人之才。通天下之志。勿復自任其明。恤其失得。如此而往。則吉而无不利也。六五大明之主。不患其不能明照。患其用明之過。至於察察。失委任之道。故戒以失得勿恤也。

夫私意偏任不察則有蔽盡天下之公豈當復用私察也集說劉氏牧曰陽爲躁動陰爲靜止三五陽位以陰居之能節其動故爻辭不稱晉而皆曰悔亡○石氏介曰以道自任得之自是失之自是曾不以介意小人患得患失恤也○胡氏炳文曰事有不必憂者勿恤寬之之辭也有不當憂者勿恤戒之之辭也此曰失得勿恤戒辭明矣蓋當晉之時易有患得患失之心才柔又易有失得之累大明在上用其明於所當爲不當用其明於計功謀利之私也

案彖辭言康侯之被遇而傳以柔進上行釋之則聖人之意以此爻當康侯而爲卦主明矣蓋凡卦皆有主其合於彖辭者是也九四高位而爻辭不善如此則彖辭之義誠非六五不足以當之晉如鼫鼠者患得患失鄙夫之行也失得勿恤者竭誠盡忠君子之志也

象曰失得勿恤往有慶也

程傳以大明之德得下之附推誠委任則可以成天下之大功是往而有福慶也

上九晉其角維用伐邑厲吉无咎貞吝

本義角剛而居上上九剛進之極有其象矣占者得之而以伐其私邑則雖危而吉且无咎然以極剛治小邑雖得其正亦可吝矣 程傳角剛而居上之物上九以剛居卦之極故取角為象以陽居上剛之極也在晉之上進之極也剛極則有强猛之過進極則有躁急之失以剛而極於進失中之甚也无所用而可維獨用於伐邑則雖厲而吉且无咎也伐四方者治外也伐其居邑者治內也言伐邑謂內自治也人之自治剛極則守道愈固進極則遷善愈速如上九者以之自治則雖傷於厲而吉且无咎也嚴厲非安和之道而於自治

則有功也復云貞吝以盡其義極於剛進雖自治有功然非中和之德故於貞正之道爲可吝也不失中正爲貞

集說

張子曰無可進而進惟伐邑於內則可矣如君子則知止也○王氏宗傳曰晉之上九晉至於角無所復進矣惟能自反自克而內自治焉則知危厲自警而獲吉矣此所以無剛進之咎也○朱子語類看伯豐與廬陵問答內晉卦伐邑說曰晉上九貞吝不在克治正以其克治之難而言其合下有此吝耳貞吝之義只云貞固守此則吝不應於此獨云於正道爲吝也○項氏安世曰晉好柔而惡剛故九四上九皆以厲言之四進而非其道故爲鼫鼠上已窮而猶晉故爲晉其角○陸氏振奇曰當晉之時聖人最喜用柔而不用剛故四陰吉悔亡二陽厲且吝也

案晉其角者是知進而不知退者也知進而不知退者危道也然亦有時事使然而進退甚難者惟內治其私

反身無過如居家則戒子弟馭僮僕居官則杜交私嚴假託皆伐邑之謂也如此則雖危而吉无咎矣苟以進爲常縱未至於危也寧無愧於心乎

象曰維用伐邑道未光也

程傳維用伐邑既得吉而无咎復云貞吝者其道未光大也以正理言之尤可吝也夫道既光大則无不中正安有過也今以過則自治雖有功矣然其道未光大故亦可吝聖人言盡善之道

案道未光乃推原所以伐邑之故蓋進之極則於道必未光也如勢位重則有居成功之嫌爵祿羈則失獨行願之志故必克治其私然後高而不危免於亢悔也其五之中未光同

總論丘氏富國曰晉進也柔進而上行也故卦專主柔進爲義六爻四柔二剛六五一柔自四而升已進

序卦傳
進必有所傷故受之以明夷夷者傷也

雜卦傳
明夷誅也

者也故往吉无不利下坤三柔皆欲進者而九四以剛間之故有晉如鼫鼠之象○趙氏汝騰曰下三爻皆柔順而坤體故初二吉三悔亡四上以陽不當位故厲且吝惟五以柔明居尊位故往吉无不利也○龔氏煥曰晉卦諸爻皆以進爲義初二三五柔之進四與上剛之進也四陰二陽陰多吉而陽多厲者晉以柔順爲善剛强則躁矣故彖傳曰順而麗乎大明柔進而上行卦之得名其亦以柔爲主與

䷣ 離下坤上

程傳明夷序卦晉者進也進必有所傷故受之以明夷夷者傷也夫進之不已必有所傷理自然也明夷所以次晉也爲卦坤上離下明入地中也反晉成明夷故義與晉正相反晉者明盛之卦明君在上羣賢並進之時也明夷昬暗之卦暗君在上明者見傷之時也日入於地中明傷而昬暗也故爲明夷

明夷以日入地中成卦而上六積土之厚夷人

明夷利艱貞

本義夷傷也爲卦下離上坤日入地中明而見傷之象故爲明夷又其上六爲暗之主六五近之故占者利於艱難以守正而自晦其明也。程傳君子當明夷之時利在知艱難而不失其貞正也在昏暗艱難之時而能不失其正所以爲明君子也。集說孔氏穎達曰時雖至暗不可隨世傾邪故宜艱難堅固守其貞正之德○李氏舜臣曰易卦諸爻噬嗑之九四大畜之九三曰利艱貞未有一卦全體以利艱貞爲義者此蓋覩君子之明傷爲可懼而危辭以戒之其時可知也○胡氏炳文曰以二體則離明也傷之者坤以六爻則初至五皆明也傷之者上上爲暗主而五近之故本義從彖傳以利艱貞爲五

彖曰明入地中明夷。

之明者也成卦之主也六二六五皆秉中順之德明而見夷者也主卦之主也故彖傳曰文王以之箕子以之

本義以卦象釋卦名。集說孔氏穎達曰。此就二象以釋卦名。此及晉卦皆彖象同辭也。

內文明而外柔順。以蒙大難。文王以之。

本義以卦德釋卦義。蒙大難。謂遭紂之亂而見囚也。程傳明入於地。其明滅也。故爲明夷。內卦離。離者文明之象。外卦坤。坤者柔順之象。爲人內有文明之德。而外能柔順也。昔者文王如是。故曰文王以之。當紂之昏暗。乃明夷之時。而文王內有文明之德。外柔順以事紂。蒙犯大難。而內不失其明聖。而外足以遠禍患。此文王所用之道也。集說王氏申子曰。明夷一卦。大抵主商之末造言之。故曰文王以之。

利艱貞。晦其明也。內難而能正其志。箕子以之。

本義以六五一爻之義釋卦辭。內難謂爲紂近親。在其國內。如六五之近於上六也。程傳明夷之時利於處艱戹而不失其貞正謂能晦藏其明也不晦其明則被禍患不守其正則非賢明箕子當紂之時身處其國内切近其難故云内難然箕子能藏晦其明

集說

而自守其正志箕子所用之道也故曰箕子以之

胡氏炳文曰六五爻辭曰箕子之明夷利貞釋彖兼文王發之蓋羑里演易處之甚從容可見文王之德佯狂受辱處之極艱難可見箕子之志然此一時也文王因而發伏羲之易箕子因而發大禹之疇聖賢之於患難自繫斯文之會蓋有天意存焉○俞氏琰曰大難謂羑里之囚也其難關繫天下之大民命之所寄故曰大難内難謂家難也其難關繫一家之内宗社之所寄也箕子爲紂之近親故曰内難

象曰明入地中明夷君子以涖衆用晦而明

程傳明所以照君子无所不照然用明之過則傷於察太察則盡事而无含弘之度故君子觀明入地中

之象於涖衆也不極其明察而用晦然後能容物和衆衆親而安是用晦乃所以爲明也若自任其明无所不察則已不勝其忿疾而无寬厚含容之德人情睽疑而不安失涖衆之道適所以爲不明也古之聖人設前旒屏樹者不欲明之盡乎隱也

集說 孔氏穎達曰冕旒垂目黈纊塞耳無爲清靜民化不欺若運其聰明顯其智慧民即逃其密網姦詐愈生豈非藏明用晦反得其明也○張子曰不任察而不失其治也○林氏希元曰用晦而明不是以晦爲明亦不是晦其明蓋雖明而用晦雖用晦而明也用晦而明只是不盡用其明蓋盡用其明則傷於太察而无含弘之道惟明而用晦則既不汶汶而暗亦不察察而明雖无所不照而有不盡照者此古先帝王所以涖衆之術也○何氏楷曰晦其明謂藏明於晦晦而明謂生明於晦意實相發

初九明夷于飛垂其翼君子于行三日不食有

攸往主人有言。

本義飛而垂翼見傷之象占者行而不食所如不合時義當然不得而避也

程傳初九明體而居明夷之初見傷之始也九陽明上升者也故取飛象昏暗在上傷陽之明使不得上進是于飛而傷其翼也翼見傷故垂朶凡小人之害君子害其所以行者君子于行三日不食君子明照見事之微雖始有見傷之端未顯也君子則能見之矣故行去避之君子于行謂去其祿位而退藏也三日不食言困窮之極也事未顯而處甚艱非見幾之明不能也夫知幾者君子之獨見非衆人所能識也故明夷之始其見傷未顯而去之則世俗孰不疑怪故有所往適則主人有言也然君子不以世俗之見怪而遲疑其行也若俟衆人盡識則傷已及而不能去矣此薛方所以爲明而揚雄所以不獲其去也或曰傷至於垂翼傷已明矣何得衆人猶未識也曰初

傷之始也。云垂其翼，謂傷其所以飛爾。其事則未顯也。君子見幾，故亟去之。世俗之人未能見也，故異而非之也。如穆生之去楚，申公、白公且非之，況世俗之人乎？但譏其責小禮，而不知穆生之去，避胥靡之禍也。當其言曰：不去，楚人將鉗我於市。雖二儒者亦以爲過甚之言也。又如袁閎於黨事未起之前，名德之士方鋒起，而獨潛身土室，故人以爲狂生，卒免黨錮之禍。所往而人有言，何足怪也。

集說　蘭氏廷瑞曰：陽剛之君子，居明夷之始，戢翼避禍，見幾先避。　項氏安世曰：垂其翼，不言夷之，未傷也；夷于左股，言已傷也。說者以垂其翼爲傷翼，非也。斂翼而下，飛者避禍之象也。　丘氏富國曰：初體離明，去上最遠，見傷即避，有飛而垂翼之象。君子知幾，義當速去，蓋可以不食，而不可以不去，去重於食故也。　俞氏琰曰：居明夷之初，不敢高飛，遂垂斂其翼以向下，此見幾之明，不待難作而蚤避者也。夫知幾而早去，此君子獨見，士人固不識也，豈得無言。

象曰君子于行義不食也

本義唯義所在不食可也程傳君子遯藏而困窮義當然也唯義之當然故安處而无悶雖不食可也集說王氏申子曰義所不食則于飛攸往義所當行亦明矣去之可不速乎此伯夷太公之事

六二明夷夷于左股用拯馬壯吉

本義傷而未切救之速則免矣故其象占如此程傳六二以至明之才得中正而體順順時自處處之至善也雖君子自處之善然當陰闇小人傷明之時亦不免爲其所傷但君子自處有道故不能深相傷害終能違避之耳足者所以行也股在脛足之上於行之用爲不甚切左又非便用者手足之用以右爲便唯蹶張用左蓋右立爲本也夷于左股謂傷害其行而不甚切也雖然亦必自免有道拯用壯健之馬則獲免之速

而吉也君子為陰闇所傷其自處有道故其傷不甚自拯有道故獲免之疾用拯之道不壯則被傷深矣故云馬壯則吉也二以明居陰闇之下所謂吉者得免傷害而已非謂可以有為於斯時也

集說 王氏宗傳曰六二文明之主也以六居二柔順之至文王以之

案明夷與豐卦畧相似然豐者明中之昏明夷則昏極而不復明也兩卦皆以上六為昏之主六二為明之主既為明之主豈可不以救昏為急故此之夷于左股者與豐二之往得疑疾同也此之用拯馬壯者與豐二之有孚發若同也蓋未至於豐三之折其右肱則猶有可為之理也

象曰六二之吉順以則也

程傳 六二之得吉者以其順處而有法則也則謂中正之道能順而得中正所以處明傷之時而能保其

吉。項氏安世曰明夷之下三爻惟六二有救之之

也。**集說**誠上三爻惟六五無去之之心皆中順之臣也

○王氏申子曰以柔順處之而不失其中

正之則昔者文王用明夷之道其如是乎

九三明夷于南狩得其大首不可疾貞

本義以剛居剛又在明體之上而屈於至闇之下正與上六闇主爲應故有向明除害得其首惡之象然不可以亟也故有不可疾貞之戒成湯起於夏臺文王興於羑里正合此爻之義而小事亦有然者

程傳九三離之上明之極也又處剛而進上六坤之上闇之極也至明居下而爲下之上至闇在上而處窮極之地正相敵應將以明去闇者也斯義也其湯武之事乎南在前而明方也狩畋而去害之事也南狩謂前進而除害也當克獲其大首大首謂闇之魁首上六也三與上正相應爲至明克至闇之象不可疾貞謂誅其元惡舊

染汙俗，未能遽革，必有其漸，革之遽則駭懼而不安。故酒誥云「惟殷之迪諸臣惟工，乃湎于酒，勿庸殺之，姑惟教之」，至於旣久，尚曰「餘風未殄」，是漸漬之俗不可以遽革也。故曰不可疾，貞正之不可急也。上六雖非君位，以其居上而暗之極，故爲暗之主，謂之大首。

集說　胡氏炳文曰：二之救難可速也，三之除害不可速也，故有不可疾貞之戒。

象曰：南狩之志，乃大得也。

程傳　夫以下之明除上之暗，其志在去害而已，如商周之湯武，豈有意於利天下乎？得其大首，是能去害而大得其志矣。志苟不然，乃悖亂之事也。

六四：入于左腹，獲明夷之心，于出門庭。

本義 此爻之義未詳竊疑左腹者幽隱之處獲明夷之心于出門庭者得意於遠去之義言筮而得此者其自處當如是也蓋離體爲至明之德坤體爲至闇之地下三爻明在闇外故隨其遠近高下而處之不同六四以柔正居闇地而尚淺故猶可以得意於遠去五以柔中居闇地而已迫故爲内難正志以晦其明之象上則極乎闇矣故爲自傷其明以至於闇而又足以傷人之明蓋下五爻皆爲君子獨上一爻爲闇君也

程傳 六四以陰居陰而在陰柔之體處近君之位是陰邪小人居高位以柔邪順於君者也六五明夷之君位傷明之主也四以柔邪順從之以固其交夫小人之事君未有由顯明以道合者也必以隱僻之道自結於上右當用故爲明顯之所左不當用故爲隱僻之所人之手足皆以右爲用世謂僻所爲僻左是左者隱僻之所也四由隱僻之道深入其君故云入于左腹入腹謂其交深也其交之深故得其心凡奸邪之見信於其君皆

由奪其心也不奪其心能无悟乎于出門庭既信之於心而後行之於外也邪臣之事暗君必先蠱其心而後能行於外。

集說 楊氏時曰腹坤象也坤體之下故曰左腹尊右故也獲明夷之心所謂求仁而得仁也此微子之明夷也○朱子語類云明夷下三爻皆說明夷是明而見傷者六四說者却以爲奸邪之臣先蠱惑其君心而後肆行於外下三爻皆說明夷是好底何獨此爻却作不好說以意觀之六四居闇地尚淺猶可以得意而遠去故雖入於幽隱之處猶能獲明夷之心于出門庭也上六不明晦則是合下已是不明○胡氏炳文曰初二三在暗外至四則將入暗中然比之六五則四尚淺也猶可得意於遠去獲明夷之心者微子之自靖于出門庭者微子之行遯也

象曰。入于左腹。獲心意也。

程傳入于左腹謂以邪僻之道入于君而得其心意也得其心所以終不悟也

六五箕子之明夷利貞

本義居至闇之地近至闇之君而能正其志箕子之象也貞之至也利貞以戒占者程傳五爲君位乃常也然易之取義變動隨時上六處坤之上而明夷之極陰暗傷明之極者也五切近之聖人因以五爲切近至暗之人以見處之之義故不專以君位言上六陰暗傷明之極故以爲明夷之主五切近傷明之主若顯其明則見傷害必矣故當如箕子之自晦藏則可以免於難箕子商之舊臣而同姓之親可謂切近於紂矣若不自晦其明被禍可必也故佯狂爲奴以免於害雖晦藏其明而內守其正所謂內難而能正其志所以謂之仁與明也若箕子可謂貞矣以五陰柔故爲之戒云利貞謂宜如箕子之貞固也若以君道言義亦如是人君

有當舍晦之時亦外晦
其明而內正其志也

象曰箕子之貞明不可息也

程傳箕子晦藏不失其貞固雖遭患難其明自存不可
滅息也若逼禍患遂失其所守則是亡其明乃滅
息也古之人如揚雄者是也　集說蘇氏軾曰六五之於上六正之則
勢不敵救之則力不能去之則義不可此最難處者也如箕子而後可箕
子之處於此身可辱也而明不可息也

上六不明晦初登于天後入于地

本義以陰居坤之極不明其德以至於晦始則處高位
以傷人之明終必至於自傷而墜厥命故其象如
此而占亦在其中矣　程傳上居卦之終爲明夷之主又爲明夷之
極上至高之地明在至高本當遠照明

既夷傷故不明而反昏晦也本居於高明當及遠初登于天也乃夷傷其明而昏暗後入于地也上明夷之終又坤陰之終明傷之極者也

集說 蘇氏軾曰六爻皆晦也而所以晦者不同自五以下明而晦者也若上六不明而晦者也故曰不明晦○胡氏炳文曰下三爻以明夷爲句首四五明夷之辭在句中上六不曰明夷而曰不明晦蓋惟上六不明而晦所以五爻之明皆爲其所夷也

象曰初登于天照四國也後入于地失則也

本義 照四國以位言

程傳 初登于天居高而明則當照及四方也乃被傷而昏暗是後入于地失明之道也失則失其道也

集說 胡氏炳文曰則者不可踰之理失則所以爲紂順則所以爲文王

總論 蘇氏軾曰力能救則救之六二之用拯是也力能正則正之九三之南狩是也既不能救又不能正

序卦傳
傷於外者必反其家故受之以家人
雜卦傳
家人內也

則君子不敢辭其辱以私便其身六五之箕子是也君子居明夷之世有責必有以塞之無責必有以全其身而不失其正初九六四無責於斯世故近者則入腹獲心于出門庭而遠者則行不及食也

䷤ 離下 巽上

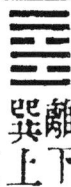

程傳 家人序卦夷者傷也傷於外者必反於家故受之以家人夫傷困於外則必反於內家人所以次明夷也家人者家內之道父子之親夫婦之義尊卑長幼之序正倫理篤恩義家人之道也卦外巽內離為風自火出火熾則風生風生自火自內而出也自內而出由家而及於外之象二與五正男女之位於內外為家人之道明於內而巽於外處家之道也夫人有諸身者則能施於家行於家者則能施於國至於天下治治天下之道蓋治家之道也推而行之於外耳故取自內而出之象為家人之義也文中子書以明內齊外為義古今

家人以九五六二為主故彖傳曰女正位乎內男正位乎外

善之非取象之意也。所謂齊乎巽。言萬物潔齊於巽方。非巽有齊義也。如戰乎乾。乾非有戰義也。

家人。利女貞。

本義家人者。一家之人。卦之九五六二。外內各得其正。故爲家人。利女貞者。欲先正乎內也。內正則外无不正矣。程傳家人之道。利在女正。女正則家道正矣。夫夫婦婦而家道正。獨云利女貞者。夫正者身正也。女正者家正也。女正則男正可知矣。集說楊氏時曰。家人者。治家人之道也。齊家自夫婦始。舜觀刑于二女。文王刑于寡妻。至于兄弟。利女貞者。言家道之本也。○林氏希元曰。所正雖在女。所以正之者則在夫。蓋主家之人也。

彖曰。家人。女正位乎內。男正位乎外。男女正天地之大義也。

本義以卦體九五六二釋利女貞之義 程傳家以卦才而言陽居五在外也陰居二處內也男女各得其正位也尊卑內外之道正合天地陰陽之大義也 集說孔氏穎達曰此因二五得正以釋家人之義幷明女貞之旨。○吳氏曰愼曰先言女正位乎內釋利女貞也。

家人有嚴君焉父母之謂也。

本義亦謂二五 程傳家人之道必有所尊嚴而君長者謂父母也雖一家之小无尊嚴則孝敬衰无君長則法度廢有嚴君而後家道正家者國之則也 集說王氏申子曰父道固主乎嚴母道尤不可以不嚴猶國有尊嚴之君長也無尊嚴則孝敬衰無君長則法度廢故家人一卦大要以剛嚴爲尚

父父子子。兄兄弟弟。夫夫婦婦。而家道正。正家而天下定矣。

本義 上父。初子。五三夫。四二婦。五兄。三弟。以卦畫推之。又有此象。 程傳 父子兄弟夫婦各得其道。則家道正矣。推一家之道。可以及天下。故家正則天下定矣。 集說 俞氏琰曰。彖辭舉其端。故但言利女貞。彖傳極其全。故兼言男女之正。而又以父子兄弟夫婦推廣而備言之。○林氏希元曰。正家而天下定。猶云人人親其親。長其長。而天下平。不作正家之效說。

案六十四卦。六爻剛柔皆得位者。惟既濟而已。此外則中四爻得位者。三卦。家人蹇漸也。然家人名義。獨取於風火之卦者。一則風自火出。爲風化有原之象。二則蹇漸之中爻雖得位。而初上不皆陽爻。凡易取類。上爻有

父之象故蠱卦下五爻皆曰父母至上爻則變其文也
初爻有子之象故蠱曰有子觀曰童觀隨漸曰小子中
孚曰其子皆指初爻也二爲女正位乎內母道也五爲
男正位乎外父道也然必初上皆陽然後父子之象備
又必三陽四陰各得其位然後兄弟夫婦秩然於一卦
之中矣彖傳先舉二五始明其爲男女之正繼明其爲
父母之嚴以兩爻爲卦主也然後悉推家人以切卦位
既以盡正家之義又以見家人之象推配於爻畫皆獨
此卦爲合也本
義精且當矣

象曰風自火出家人君子以言有物而行有恆

本義身脩則家治矣**程傳**正家之本在正其身正身之道一言一動不可易也君子觀風自火出之
象知事之由內而出故所言必有物所行必有恆也物
謂事實恆謂常度法則也德業之著於外由言行之謹

於內也言愼行脩則身正而家治矣。集說孔氏穎達曰物事也言必有事即口無擇言行必有常即身無擇行正家之義脩於近小言之與行君子樞機出身加人發邇化遠故舉言行以爲之誡○楊氏時曰言忠信則有物行篤敬則有常○胡氏炳文曰風自火出一家之化自吾言行出皆由內及外自然薫蒸而成者也○俞氏琰曰齊家之道自脩身始此風自火出所以爲家人之象也君子知風之自於是齊家以脩身爲本而脩身以言行爲先言必有物而无妄行必有恒而不改物謂事實言而誠實則有物不誠實則無物也恒謂常度行而常久則有恒不常久則無恒也

初九。閑有家。悔亡。

本義初九以剛陽處有家之始能防閑之其悔亡矣戒占者當如是也。程傳初家道之始也閑謂

防閑法度也。治其有家之始，能以法度爲之防閑，則不至於悔矣。治家者治乎衆人也，苟不閑之以法度，則人情流放，必至於有悔，失長幼之序，亂男女之别，傷恩義，害倫理，无所不至。能以法度閑之於始，則无是矣，故悔亡也。九，剛明之才，能閑其家者也。不云无悔者，羣居必有悔，以能閑故亡耳。

集說 王氏弼曰：凡教在初而法在始，家瀆而後嚴之，志變而後治之，則悔矣。處家人之初，爲家人之始，故必閑有家，然後悔亡也。○胡氏炳文曰：初之時當閑，九之剛能閑。顏之推曰：教子嬰孩，教婦初來。

象曰：閑有家，志未變也。

本義 志未變而豫防之。

程傳 閑之於始，家人志意未變動之前也。正志未流散變動而閑之，則不傷恩，不失義，處家之善也，是以悔亡。志變而後治，則所傷多矣，乃有悔也。

集說 蘇氏軾曰：志閑焉則志變

矣及其未變而閑之故悔亡。楊氏簡曰治家之道當防閑其初及其心志未變而閑之以禮邪僻之意無由而興矣。

六二无攸遂在中饋貞吉。

本義 六二柔順中正女之正位乎內者也故其象占如此 程傳 人之處家在骨肉父子之間大率以情勝禮以恩奪義惟剛立之人則能不以私愛失其正理故家人卦大要以剛為善初三上是也六二以陰柔之才而居柔不能治於家者也故无攸遂无所為而可也夫以英雄之才尚有溺情愛而不能自守者況柔弱之人其能勝妻子之情乎如二之才若為婦人之道則其正也以柔順處中正婦人之道也故在中饋則得其正而吉也婦人居中而主饋者也故云中饋。集說 孔氏穎達曰六二履中居位以陰應陽盡婦人之義也婦人之道巽順爲常無所必遂其所職主在於家中饋食供祭而已得婦人之正故曰无攸遂在中饋貞吉○王氏宗傳曰无攸遂宗不敢有所專也婦人之職不過奉祭祀饋飲食而已此外無他事也詩曰無非無儀惟酒食是議采蘩以供祭祀爲不失職采蘋以供祭祀爲能循法度推而上之推而下之其職守莫不皆然是之謂貞而吉也○易氏祓曰六二柔順得位與九五相應女正位乎內者也此爻正所以發明利女貞之義

象曰六二之吉順以巽也。

程傳二以陰柔居中正能順從而卑巽者也故爲婦人之貞吉也

案六二六四之爲順同順者女之貞也四位高故曰順在位二位卑故曰順以巽

九三家人嗃嗃悔厲吉婦子嘻嘻終吝

本義以剛居剛而不中。過乎剛者也。故有嗃嗃嚴厲之象。如是則雖有悔厲而吉也。嘻嘻者嗃嗃之反。吝之道也。占者各以其德爲應。故兩言之。

程傳嗃嗃未詳字義。然以文義及音意觀之。與嗷嗷相類。又若急束之意。九三在內卦之上。主治乎內者也。以陽居剛而不中。雖得正而過乎剛者也。治內過剛則傷於嚴急。故家人嗃嗃然治家過嚴。不能无傷。故必悔於嚴厲。骨肉恩勝。嚴過故悔也。雖悔於嚴厲。未得寬猛之中。然而家道齊肅。人心祇畏。猶爲家之吉也。若婦子嘻嘻。則終至羞吝矣。在卦非有嘻嘻之象。蓋對嗃嗃而言。謂與其失於放肆。寧過於嚴也。嘻嘻笑樂无節也。自恣无節則終至敗家。可羞吝也。蓋嚴謹之過。雖於人情不能无傷。然苟法度立。倫理正。乃恩義之所存也。若嘻嘻无度。乃法度之所由廢。倫理之所由亂。安能保其家乎。嘻嘻之甚則致敗家之凶。但云吝者。可吝之甚則至於凶。故未遽言凶也。

集說朱子語類問易傳云。正家之道

在於正倫理篤恩義今欲正倫理則有傷恩義欲篤恩義又有乖於倫理如何曰須是於正倫理處篤恩義篤恩義而不失倫理方可○胡氏炳文曰嗃嗃以義勝情雖悔厲而吉嘻嘻以情勝義終吝悔自凶而吉吝自吉而凶九三以剛居剛若能嚴於家人者比乎二柔又若易昵於婦子者三其在吉凶之閒乎故悔吝之占兩言之

象曰家人嗃嗃未失也婦子嘻嘻失家節也

程傳雖嗃嗃於治家之道未爲甚失若婦子嘻嘻是无禮法失家之節家必亂矣　集說王氏弼曰以陽處陽剛嚴者也處下體之極爲一家之長者也行與其慢寧過乎恭家與其瀆寧過乎嚴是以家人雖嗃嗃悔厲猶得其道婦子嘻嘻乃失其節也

六四。富家大吉。

本義陽主義。陰主利。以陰居陰而在上位。能富其家者也。**程傳**六以巽順之體而居四。得其正位。居得其正。爲安處之義。巽順於事而由正道。能保有其富者也。居家之道。能保有其富。則爲大吉也。四高位而獨云富者。於家而言。高位。家之尊也。能有其富。是能保其家也。吉孰大焉。

案四在他卦。臣道也。在家人卦。則亦妻道也。夫主教一家者也。婦主養一家者也。老子所謂教父食母是也。自二之在中饋。進而至於四之富家。則內職舉矣。

象曰。富家大吉。順在位也。

程傳以巽順而居正位。正而巽順。能保有其富者也。富家之大吉也。**集說**俞氏琰曰。禮運云。父子篤。

兄弟睦夫婦和家之肥也豈以多財爲吉哉以順居之則滿而不溢可以保其家而長守其富吉孰大焉

九五王假有家勿恤吉

本義假至也如假于大廟之假有家猶言有國也九五剛健中正下應六二之柔順中正王者以是至於其家則勿用憂恤而吉可必矣蓋聘納后妃之吉占而凡有是德者遇之皆吉也　**程傳**九五男而在外剛而處陽居尊而中正又其應順正於內治家之至正至善者也王假有家五君位故以王言假至也極乎有家之道也夫王者之道脩身以齊家家正而天下治矣自古聖王未有不以恭己正家爲本故有家之道既至則不憂勞而天下治矣勿恤而吉也五恭己於外二正家於內內外同德可謂至矣　**集說**楊氏文煥曰閑有家閑之於其始假有家則假之於其終也　丘氏富國曰三五陽剛皆主治家者也三剛而不中失之過嚴

未免有悔厲之失。五剛而得中，威而能愛，盡乎治家之道者，故人無不化，可以勿憂恤而吉也。或曰：治家之道尚嚴，在家以嚴正爲吉，五以相愛爲義，何也？曰：嚴以分言，正家之義也；愛以情言，假家之義也。假有感格之義，故以相愛言之。○龔氏煥曰：假與格同，猶奏假無言、昭假烈祖之假，謂感格也。九五以陽剛中正居尊位，爲有家之主，盛德至善，所以感格乎家人之心者至矣。王者家大人衆，其心難一，有未假者，勿用憂恤而自吉也。蓋初之閑有家，是以法度防閑之；至王假有家，則躬行有以感化之矣。○何氏楷曰：舜格于文祖，公假于太廟，格假互用可證。身範既端，故能感格其家，使父父子子、兄兄弟弟、夫夫婦婦各得其所，以相敦睦，正家而天下定，故不待憂恤而吉也。○游氏曰：九五尊位，故以王言。假者，感格之義，王假有廟，其義同也。

案：假字訓感格，諸説皆有明證，可從。何氏之説，於象傳之義尤爲浹洽也。

象曰王假有家交相愛也

本義程子曰夫愛其內助婦愛其刑家。程傳王假有家之道者非止能使之順從而已必致其心化誠合夫愛其內助婦愛其刑家交相愛也能如是者文王之妃乎若身脩法立而家未化未得爲假有家之道也。集說郭氏雍曰父父子子兄兄弟弟夫夫婦婦同大順而無逆焉者交相愛之義也。龔氏煥曰交相愛則一家之父子兄弟夫婦長幼莫不相愛非特夫婦而已也

上九有孚威如終吉

本義上九以剛居上在卦之終故言正家久遠之道占者必有誠信嚴威則終吉也 程傳上卦之終家道之成也故極言治家之本治家之道非至誠不能也故必中有孚信則能常久而衆人自化爲善不由至

誠已且不能常守也況欲使人乎故治家以有孚爲本治家者在妻孥情愛之間慈過則无嚴恩勝則掩義故家之患常在禮法不足而瀆慢生也長失尊嚴少忘恭順而家不亂者未之有也故必有威嚴則能終吉保家之終在有孚威如二者而已故於卦終言之

集說

王氏弼曰家道可終惟信與威○蘇氏軾曰凡言終者其始未必然也婦子嘻嘻其始可樂威如之吉其始苦之○王氏申子曰家人之終家道成也故極言齊家久遠之道齊家之道以誠爲本以嚴爲用不誠則上下相欺衆事不立不嚴則禮法不存瀆慢易生如此而家道齊者未之有也故家人之終以孚威二者言之是二者保家道之終吉者也○何氏楷曰治家觀於身下五爻未及正身之義故於此爻足其意蓋探本之論與大象言有物行有恆相表裏

象曰威如之吉反身之謂也

本義謂非作威也。反身自治，則人畏服之矣。

程傳治家之道，以正身爲本，故云反身之謂。爻辭謂治家當有威嚴，而夫子又復戒云當先嚴其身也。威嚴不先行於己，則人怨而不服，故云威如而吉者，能自反於身也。孟子所謂身不行道，不行於妻子也。

集說朱氏震曰：威非外求，反諸身而已。反身則正，正則誠，誠則不怒而威。後世不知所謂威嚴者，正其身也，或不正而尚威怒，則父子相夷，愈不服矣，安得吉。○郭氏雍曰：象明言有物，而行有常，而此又言反身之謂者，家人之道，所以成始成終者，脩身而已。○趙氏汝楳曰：爻於初言閑，三言嗃嗃，上言威，聖人慮後世以爲威嚴有餘，而親睦不足，故特釋之以反身，謂威如者，非嚴厲以爲威，反求諸己而已。

總論吳氏曰愼曰：家人之道，男以剛嚴爲正，女以柔順爲正。初曰閑，三曰厲，上曰威，男子之道也。二四象

繫辭下傳
弦木爲弧剡木爲矢弧矢之利以威天下蓋取諸睽
序卦傳
家道窮必乖故受之以睽睽者乖也
雜卦傳
睽外也

傳皆曰順婦人之道也五剛而中非不嚴也嚴而泰也

☲☱ 兌下離上

程傳睽序卦家道窮必乖故受之以睽睽者乖也家道窮則睽乖離散理必然也故家人之後受之以睽也爲卦上離下兌離火炎上兌澤潤下二體相違睽之義也又中少二女雖同居而所歸各異是其志不同行也亦爲睽義

睽小事吉

本義睽乖異也爲卦上火下澤性相違異中女少女志不同歸故爲睽然以卦德言之內說而外明以卦變言之則自離來者柔進居三自中孚來者柔進居五自家人來者兼之以卦體言之則六五得中而下應九

睽以六五九二爲主故彖傳曰柔進而上行得中而應乎剛

二之剛是以其占不可大事而小事尚有吉之道也。程傳睽者睽乖離散之時非吉道也以卦才之善雖處睽時而小事吉也。集說程子曰小事吉者止是方睽之時猶足以致小事之吉不成終睽而已須有濟睽之道。○趙氏汝楳曰睽蓋人情事勢之適然聖人自有御時之方小事吉者就其睽異之中有以善處之則亦吉也其屯之小貞洪範之作內之時乎。○何氏楷曰業已睽矣不可以忿疾之心驅迫之也惟不爲已甚徐徐轉移此合睽之善術也故曰小事吉小事猶言以柔爲事非大事不吉而小事吉之謂

案小事吉之義以爻義見惡人遇巷噬膚之類觀之則趙氏何氏之說是也蓋周旋委曲就其易者爲之皆小事吉之義。

彖曰。睽。火動而上。澤動而下。二女同居。其志不

同行

本義 以卦象釋卦名義 程傳 彖先釋睽義次言卦才終言合睽之道而贊其時用之大火之性動而上澤之性動而下二物之性違異故爲睽義中少二女雖同居其志不同行亦爲睽義女之少也同處長則各適其歸其志異也言睽者本同也本不同則非睽也

案二女同居之卦多矣獨於睽革言之者以其皆非長女也凡家有長嫡則有所統率而分定其不同行不相得而至於乖異變易者無長嫡而分不定之故爾

說而麗乎明柔進而上行得中而應乎剛是以小事吉。

本義以卦德卦變卦體釋卦辭。程傳卦才如此所以小事吉也兌說也離麗也又爲明故爲說順而附麗於明凡離在上而彖欲見柔居尊者則曰柔進而上行晉鼎是也方睽乖之時六五以柔居尊位有說順麗明之善又得中道而應剛雖不能合天下之睽成天下之大事亦可以小濟是於小事吉也五以明而應剛不能致大吉何也曰五陰柔雖應二而睽之時相與之道未能深固故二必遇主于巷五噬膚則无咎也天下睽散之時必君臣剛陽中正至誠協力而後能合也集說何氏楷曰易無樂乎柔主也而獨離居外體者每稱焉乾下離上曰大有曰柔得尊位大中而上下應之艮下離上曰旅曰柔得中乎外而順乎剛離下離上曰離曰柔麗乎中正故亨震下離上曰噬嗑曰柔得中而上行坤下離上曰晉曰柔進而上行兌下離上曰睽巽下離上曰鼎皆曰柔進而上行得中而應乎剛坎下離上曰未濟猶曰柔得中也下卦兌說上卦柔中皆以小心行柔道者。彖之所謂小事吉者。此耳。

案此彖言卦之善。與鼎畧同。鼎曰元亨。而此卦但曰小事吉者。當睽之時故也。凡釋卦名畢。則文義畧斷。而特舉卦辭釋之。其與此卦之義相似者。則革卦釋名辭之例。尤爲顯著也。今釋卦名。而文意不斷。直連釋辭之義。而總結之。蓋明乎當睽之時。有此數善。是以小事吉。亦惟因睽之時。故有此數善。而惟小事吉也。凡彖傳名辭之義不分者。皆此類。

天地睽而其事同也。男女睽而其志通也。萬物睽而其事類也。睽之時用大矣哉。

本義　極言其理而贊之。

程傳　推物理之同。以明睽之時用。乃聖人合睽之道也。見同之爲同者。世

俗之知也。聖人則明物理之本同，所以能同天下而和
合萬類也。以天地男女萬物明之，天高地下，其體睽也。
然陽降陰升，相合而成化育之事則同也。男女異質，睽
也。而相求之志則通也。生物萬殊，睽也。然而得天地之
和，稟陰陽之氣則相類也。物雖異而理本同，故天下之
大，羣生之衆，睽散萬殊，而聖人爲能同之。處睽之時，合
睽之用，其事至大，故云大矣哉。

集說 趙氏汝楳曰：天地不睽，則淸濁淆瀆；男女不睽，則外內無別；萬物不睽，則生化雜糅。睽者其體，合者其用。

象曰：上火下澤，睽。君子以同而異。

本義 二卦合體，而性不同。

程傳 上火下澤，二物之性違異，所以爲睽離之象。君子觀睽異之象，於大
同之中而知所當異也。夫聖賢之處世，在人理之常，莫
不大同，於世俗所同者，則有時而獨異。蓋於秉彝則同

矣。於世俗之失則異也。不能大同者，亂常拂理之人也。不能獨異者，隨俗習非之人也。要在同而能異耳。中庸曰和而不流是也。

集說 荀氏爽曰：火性炎上，澤性潤下，故曰睽也。大歸雖同，小事當異，百官殊職，四民異業，文武並用，威德相反，共歸於治，故曰君子以同而異也。○項氏安世曰：同象兌之說，異象離之明。

初九，悔亡。喪馬勿逐，自復。見惡人，无咎。

本義 上无正應，有悔也。而居睽之時，同德相應，其悔亡矣。故有喪馬勿逐而自復之象。然亦必見惡人，然後可以辟咎，如孔子之於陽貨也。

程傳 九居卦初，睽之始也。在睽乖之時，以剛動於下，有悔可知。所以得亡者，九四在上，亦以剛陽睽離无與，自然同類相合。同是陽爻，同居下，又當相應之位。二陽本非相應者，以在睽故合也。上下相與，故能亡其悔也。在睽諸爻皆有應，夫合則有睽，本異則何睽。惟初與四雖非應，而同德相與故相遇。馬者所以行也。陽上行者也。睽獨无與則不能行。是喪其馬也。四既與之合則能行矣。是勿逐而馬復得也。惡人與己乖異者也。見者與相通也。當睽之時。雖同德者相與。然小人乖異者至衆。若棄絶之。不幾盡天下以仇君子乎。如此則失含弘之義。致凶咎之道也。又安能化不善而使之合乎。故必見惡人則无咎也。古之聖王所以能化奸凶爲善良。革仇敵爲臣民者。由弗絶也。

集說

鄭氏汝諧曰。居睽之初。在卦之下。必安靜以俟之。寬裕以容之。睽斯合矣。喪馬勿逐。久則自復。安靜以俟之也。睽而無應。無非戾於己者。拒絶之則愈戾。故寬裕以容之也。合睽之道。莫善於斯。○項氏安世曰。喪馬勿逐自復。往者不追也。見惡人无咎。來者不拒也。此君子在下無應之時。處睽之道也。見與迫斯可見之見同。非往見之也。若往見。則違勿逐之戒矣。○王氏申子曰。方睽之時。其睽未深。馬之失也未遠。惡人睽閒之情未甚也。失馬逐之。則愈逐愈遠。惡人激之。則愈激愈睽故勿逐而聽其自復見之而可以免咎也處睽之初其道當如此不然睽終於睽矣。何氏楷曰靜以俟之遜以接之泊然若不見其睽者夫惟不見其睽而後睽可合。

案此爻所謂不立同異者也不求同故喪馬勿逐不立異故見惡人然惟居初處下其睽未甚者用此道爲宜耳立此心以爲之本然後隨所處而變通也此爻悔亡乃因無應程子所謂合則有睽本異則何睽者是也與六五悔亡詞同而義異

象曰見惡人以辟咎也

程傳睽離之時人情乖違求和合之且病其不能得也若以惡人而拒絕之則將衆仇於君子而禍咎至矣故必見之所以免避怨咎也无怨咎則有可合之道。

九二遇主于巷无咎。

本義 二五陰陽正應居睽之時乖戾不合必委曲相求而得會遇乃爲无咎故其象占如此。程傳 二與五正應爲相與者也然在睽乖之時陰陽相應之道衰而剛柔相戾之意勝學易者識此則知變通矣故二五雖正應當委曲以相求也二以剛中之德居下上應六五之君道合則志行成濟睽之功矣而居睽離之時其交非固二當委曲求於相遇覬其得合也故曰遇主于巷必能合而後无咎君臣睽離其咎大矣巷者委曲之途也遇者會逢之謂也當委曲相求期於會遇與之合也所謂委曲者以善道宛轉將就使合而已非枉已屈道也。集說 張氏清子曰在睽之時惟九二獨遇六五之主故曰遇主于巷象所謂得中而應乎剛者指此爻也○蔣氏悌生曰初九與九四同德相遇二與五爲正應亦曰遇小象釋六三亦曰遇剛蓋當乖離之時相求相合在禮雖簡而於情則甚切至。

案春秋之法備禮則曰會禮不備則曰遇睽卦皆言遇小事吉之意也又禮君臣賓主相見皆由庭以升堂巷者近宮垣之小巷故古人謂循牆而走則謙卑之義也謙遜謹密巽以入之亦小事吉之意也。

象曰遇主于巷未失道也。

本義 本其正應非有邪也。程傳 當睽之時君心未合賢臣在下竭力盡誠期使之信合而已至誠以感動之盡力以扶持之明義理以致其知杜蔽惑以誠其意如是宛轉以求其合也遇非枉道迎逢也巷非邪僻由徑也故夫子特云遇主于巷未失道也未非必也非必謂失道也。

集說 王氏申子曰處上下睽離之時不得不委曲以求合故曰未失道言於正道未爲失也。

六三見輿曳其牛掣其人天且劓无初有終。

本義六三上九正應而三居二陽之間後爲二所曳前爲四所掣而當睽之時上九猜狠方深故又有髡劓之傷然邪不勝正終必得合故其象占如此

程傳陰柔於平時且不足以自立況當睽離之際乎三居二剛之間處不得其所安其見侵陵可知矣三以正應在上欲進與上合志而四阻於前二牽於後車牛所以行之具也輿曳牽於後也牛掣阻於前也在後者牽曳之矣當前者進者之所力犯也故重傷於上爲四所傷也其人天且劓天髡首也劓截鼻也三從正應而四隔止之三雖陰柔處剛而志行故力進以犯之是以傷也天而又劓言重傷也三不合於二與四睽之時自无合也義適合居剛守正之道也其於正應則睽極有終合之理始爲二陽所厄是无初也後必得合是有終也掣從制從手執止之義也

集說胡氏瑗曰天當作而

字古文相類後人傳寫之誤也然謂而者在漢法有罪髡其鬢髮曰而又周禮梓人爲筍簴作而亦謂髡其鬢髮也

象曰見輿曳位不當也无初有終遇剛也

程傳以六居三非正也非正則不安又在二陽之間所以有如是艱戹由位不當也无初有終者終必與上九相遇而合乃遇剛也不正而合未有久而不離者也合以正道自无終睽之理故賢者順理而安行知者知幾而固守

集說胡氏瑗曰无初有終遇剛也者言初爲上之見疑然終則知巳之誠而與之應是六三所遇得剛明之人也

案爻有兩喻而象傳偏舉者舉其重者也此舉見輿曳以乘剛也困三舉據于蒺藜亦以乘剛也易例乘剛之

危最甚

九四睽孤遇元夫交孚厲无咎

本義睽孤謂无應遇元夫謂得初九交孚謂同德相信然當睽時故必危厲乃得无咎占者亦如是也

程傳九四當睽時居非所安无應而在二陰之間是睽離孤處者也以剛陽之德當睽離之時孤立无與必以氣類相求而合是以遇元夫也夫陽稱元善也初九當睽之初遂能與同德而亡睽之悔處睽之至善者也故目之為元夫猶云善士也四則過中為睽已甚不若初之善也四與初皆以陽處一卦之下居相應之位當睽乖之時各无應援自然同德相親故會遇也同德相遇必須至誠相與交孚各有孚誠也上下二陽以至誠相合則何時之不能行何危之不能濟故雖處危厲而无咎也當睽離之時孤居二陰之間處不當位危且

有咎也以遇元夫而交孚故得无咎也。**集說**孔氏穎達曰元夫謂初九也處於卦始故云元。○王氏申子曰四居近臣之位獨立无與幸有初九同德君子與之相遇四能交之以誠則睽不孤矣然當睽之時必危厲以處之乃得无咎

案四亦無應者也然居大臣之位則孤立無黨乃正其宜故以睽孤爲无咎若元夫則非其所親厚者故雖遇之而交孚不害其爲淡然而寡合史稱諸葛亮法正趨尚不同而以公義相取者是也。

象曰交孚无咎志行也。

程傳初四皆陽剛君子當睽乖之時上下以至誠相交協志同力則其志可以行不止无咎而已卦辭但言无咎夫子又從而明之云可以行其志救時之睽也蓋以君子陽剛之才而至誠相輔何所不能濟也唯有

君子則能行其志矣。

六五。悔亡。厥宗噬膚。往何咎。

本義 以陰居陽悔也居中得應故能亡之厥宗指九二噬膚言易合。六五有柔中之德故其象占如是。

程傳 六以陰柔當睽離之時而居尊位有悔可知然而下有九二剛陽之賢與之爲應以輔翼之故得悔亡厥宗其黨也謂九二正應也噬膚噬齧其肌膚而深入之也當睽之時非入之者深豈能合也五雖陰柔之才二輔以陽剛之道而深入之則可往而有慶復何過咎之有以周成之幼稚而興盛王之治以劉禪之昏弱而有中興之勢蓋由任聖賢之輔而姬公孔明所以入之者深也。

集說 孔氏穎達曰宗主也謂二也。

王氏申子曰睽之諸爻皆言睽獨二五不言睽而言合。膚者睽之淺噬則合之深君臣之合如此可以往而有

爲何咎之有　龔氏煥曰睽與同人所謂宗皆以其應言也然同人于宗則吝而睽厥宗噬膚則无咎者處同人之世則欲其公不可以有私應處睽之世則欲其合不可以無正應時義有不同也　胡氏炳文曰噬嗑六二曰噬膚睽六五以九二爲厥宗噬膚睽二變即噬嗑也或曰二至上有噬嗑象二五剛柔得中故五以二爲宗其合也如噬膚之易二以五爲主其合也有于巷之遭宗親之也上當以情親下也主尊之也下當以分嚴上也

案睽之時小事吉者逕情直行則難合委曲巽入則易通也如食物然齧其體骨則難而噬其膚則易九二遇我乎巷是厥宗之來噬膚也我往合之睽者不睽矣此其所以悔亡也何咎之有

象曰厥宗噬膚往有慶也

程傳　爻辭但言厥宗噬膚則可以往而无咎象復推明其義言人君雖已才不足若能信任賢輔使以其道深入於已則可以有爲是往而有福慶也

集說　項氏安世曰二以五爲主而委曲以入之巷雖曲而通諸道遇主于巷將以行道非爲邪也五以二爲宗而親之二五以中道相應當睽之時其間也微而易合如膚之柔噬之則入豈獨无咎又將有慶二五陰陽正應故其辭如此○何氏楷曰厥宗既噬膚矣往則有相合之慶蓋決之也

上九睽孤見豕負塗載鬼一車先張之弧後說之弧匪寇婚媾往遇雨則吉

本義　睽孤謂六三爲二陽所制而已以剛處明極睽極之地又自猜很而乖離也見豕負塗見其汚也載

鬼一車以无爲有也張弧欲射之也說弧疑稍釋也匪寇婚媾知其非寇而實親也往遇雨則吉疑盡釋而睽合也上九之與六三先睽後合故其象占如此

程傳 上居卦之終睽之極也陽剛居上剛之極也在離之上用明之極也睽極則咈戾而難合剛極則躁暴而不詳明極則過察而多疑上九有六三之正應實不孤而其才性如此自睽孤也如人雖有親黨而多自疑猜妄生乖離雖處骨肉親黨之間而常孤獨也上之與三雖爲正應然居睽極无所不疑其見三如豕之汚穢而又背負泥塗見其可惡之甚也既惡之甚則猜成其罪惡如見載鬼滿一車也鬼本无形而見載之一車言其以无爲有妄之極也物理極而必反以近明之如人適東東極矣動則西也如升高高極矣動則下也既極則動而必反也上之睽乖既極三之所處者正理大凡失道既極則必反正理故上於三始疑而終必合也先張之弧始疑惡而欲射之也疑之者妄也妄安能常故終必

復於正三實无惡故後說弧而弗射睽極而反故與三非復爲寇讐乃婚媾也此匪寇婚媾之語與他卦同而義則殊也陰陽交而和暢則爲雨上於三始疑而睽睽極則不疑而合陰陽合而益和則爲雨故云往遇雨則吉往者自此以往也謂既合而益和則吉也

集說 耿氏南仲曰凡物之情信然後合合則愈信疑然後睽睽則愈疑○朱子語類云小畜之上九曰既雨既處睽之上九曰往遇雨則吉者畜極則通睽極則和也○丘氏富國曰上本與三應不孤也睽極而疑生故亦曰睽孤豕鬼皆指三也上睽疑而未敢親近乎三如見豕背之負泥塗又如載鬼滿於一車之中始焉致疑則張弧終焉釋疑則說弧知其非爲寇讐乃我之婚媾也自此以往陰陽和暢向之疑心羣起者至此盡氷釋而亡矣

象曰遇雨之吉羣疑亡也

程傳雨者陰陽和也始睽而能終和故吉也所以能和者以羣疑盡亡也其始睽也无所不疑故云羣疑睽極而合則皆亡也

集說孔氏穎達曰羣疑亡者往與三合如雨之和向之見豕見鬼張弧之疑併消釋矣故曰羣疑亡也○王氏安石曰上九睽極有應而疑之夫睽之極則物有似是而非者雖明猶疑極疑之甚則以無爲有無所不至況於不明者乎上九剛過中用明而過者也故其始不能無疑○朱子語類云諸爻立象聖人必有所據非是自撰但今不可考耳到孔子方不說象如見豕負塗載鬼一車之類孔子只說羣疑亡也便見得上面許多皆是孤惑可疑之事而已到後人解說便多牽強○趙氏汝楳曰怪力亂神聖人所不語而此卦言之甚詳故聖人斷之曰疑蓋心疑則境見心明則疑亡知此者志怪之書可焚無鬼之論可熄○王氏中子曰孤生於睽睽生於疑今羣疑既亡則睽而合合而和所以吉也

序卦傳
乖必有難故受之
以蹇蹇者難也
雜卦傳

總論
馮氏當可曰內卦皆睽而有所待外卦皆反而有所應初喪馬勿逐至四遇元夫而初四合矣二委曲以求遇至五往何咎而二五合矣三輿曳牛掣至上遇雨而三上合矣天下之理固未有終睽也○吳氏愼曰六爻皆取先睽後合之象初之喪馬自復即四之睽孤遇元夫也二之遇主于巷即五之厥宗噬膚也三之无初有終即上之張弧遇雨也合六爻處睽之道而言在於推誠守正委曲含弘而無私意猜疑之蔽則雖睽而必合矣

䷦
艮下坎上

程傳
蹇序卦睽者乖也乖必有難故受之以蹇蹇者難也睽乖之時必有蹇難蹇所以次睽也蹇險阻之義故為蹇難為卦坎上艮下坎險也艮止也險在前而止不能進也前有險陷後有峻阻故為蹇也

蹇以九
五為主
故彖傳
曰往得

蹇難也

蹇利西南不利東北利見大人貞吉

本義蹇難也足不能進行之難也爲卦艮下坎上見險而止故爲蹇西南平易東北險阻又艮方也方在蹇中不宜走險又卦自小過而來陽進則往居五而得中退則入於艮而不進故其占曰利西南而不利東北當蹇之時必見大人然後可以濟難又必守正然後得吉而卦之九五剛健中正有大人之象自二以上五爻皆得正位則又貞之義也故其占又曰利見大人貞吉蓋見險者貴於能止而又不可終於止處險者利於進而不可失其正也

程傳西南坤方坤地也體順而易東北艮方艮山也體止而險在蹇難之時利於順處平易之地不利止於危險也處順易則難可紓止於險則難益甚矣蹇難之時必有聖賢之人則能濟天下之難故利見大人也濟難者必以大正之道而堅固其守故貞則吉也凡處難者必在乎守貞正設使難不解

中也蓋彖辭所謂大人者即指五也

不失正德是以吉也若遇難而不能固其守入於邪濫雖使苟免亦惡德也知義命者不爲也

集說 王氏弼曰西南地也東北山也之平則難解之山則道窮○范氏仲淹曰蹇與屯近然屯則動乎險中難可圖也蹇則止乎險中難未可犯也○龔氏煥曰蹇以見險而能止得名故爻辭除二五相應以濟外餘皆不宜往而宜止然事無終止之理故利西南利見大人以濟蹇難而諸爻皆無凶咎也

案易西南東北之義先儒皆以坤艮二卦釋之故謂西南屬地而平易東北屬山而險阻然以文意觀之所謂西南者西方南方所謂東北者東方北方非指兩隅而言也此義自坤卦發端而蹇解彖辭申焉而參之諸卦大義則坤者宜後而不宜先者也蹇者宜來而不宜往者也解或可以有往而終以來復爲安者也然則西南當爲退後之位東北當爲進前之方坤在後之地則可以得朋在先之地則利於喪朋蹇當退而居後不可進而

居先此兩卦之義也難既解矣或可以有進往故無不利東北之文然曰利西南者終以退復自治爲安也蓋文王之卦陽居東北陰居西南陽先陰後陽進陰退大分如此似非險易之說也

彖曰蹇難也險在前也見險而能止知矣哉

本義以卦德釋卦名義而贊其美**程傳**蹇難也蹇之爲難如乾之爲健若易之爲難則義有未足蹇有險阻之義屯亦難也困亦難也同爲難而義則異屯者始難而未得通困者力之窮蹇乃險阻艱難之義各不同也險在前也坎險在前下止而不得進故爲蹇見險而能止以卦才言處蹇之道也上險而下止見險而能止也犯險而進則有悔咎故美其能止爲知也方蹇難之時唯能止爲善故諸爻除五與二外皆以往爲失來爲得也**集說**項氏安世曰險而止爲蒙止於外也見險而能止爲智止於內也止於外者阻而不

得進也止於內者有所見而不妄進也此蒙與蹇之所以分也屯與蹇皆訓難屯者動乎險中濟難者也蹇者止乎險中涉難者也此屯與蹇之所以分也○王氏申子曰冒險而進豈知者之事故諸爻皆喜來而惡往唯二與五不言來往蓋君臣濟蹇者也其可見險而遽止乎其止者處蹇之事也其不止者濟蹇之事也

蹇利西南往得中也不利東北其道窮也利見大人往有功也當位貞吉以正邦也蹇之時用大矣哉

本義以卦變卦體釋卦辭而贊其時用之大也程傳蹇之時利於處平易西南坤方爲順易東北艮方爲險阻九上居五而得中正之位是往而得平易之地故爲利也五居坎險之中而謂之平易者蓋卦本坤

由五往而成坎故但取往而得中不取成坎之義也方蹇而又止危險之地則蹇益甚矣故不利東北其道窮也謂蹇之極也蹇難之時非聖賢不能濟天下之蹇故利於見大人也大人當位則成濟蹇之功矣往而有功也能濟天下之蹇者唯大正之道夫子又取卦才而言蹇之諸爻除初外餘皆當正位故爲貞正而吉也初六雖以陰居陽而處下亦陰之正也以如此正道正其邦可以濟於蹇矣處蹇之時濟蹇之道其用至大故云大矣哉天下之難豈易平也非聖賢不能其用可謂大矣順時而處量險而行從平易之道由至正之理乃蹇之時用也

集說

薛氏溫其曰諸卦皆指內爲來外爲往則此往得中謂五也蹇解相循覆視蹇卦則爲解九二得中則曰其來復吉乃得中也往者得中中在外也來復得中中在內也○胡氏炳文曰坎睽蹇皆非順境夫子以爲雖此時亦有可用者故皆極言贊之坎睽釋卦辭後復從天地人物極言之以贊其大蹇則釋卦

辭以贊之而已蓋上文所謂往得中有功正邦卽其用之大者也

案彖傳於蹇解言得中者但取其進退之合宜不躁動以犯難爲利西南之義耳諸家必以坤坎艮之象求之猶乎漢儒鑿智之餘也

象曰山上有水蹇君子以反身脩德

程傳山之峻阻上復有水坎水爲險陷之象上下險阻故爲蹇也君子觀蹇難之象而以反身脩德君子之遇艱阻必反求諸己而益自脩孟子曰行有不得者皆反求諸己故遇艱蹇必自省於身有失而致之乎是反身也有所未善則改之无歉於心則加勉乃自脩其德也君子脩德以俟時而已

集說呂氏大臨曰山上有水水行不利不得其地故蹇也水行不得其地猶君子之行不得於人不得於人反求諸己而已故愛人

不親反其仁。治人不治反其知。禮人不荅反其敬。○朱子語類云。潘謙之書曰。蹇與困相似。致命遂志。反身脩德亦一般。殊不知不然。象曰。澤无水困。處困之極。事無可爲者。故只得致命遂志。若蹇則猶可進步。如山上之泉。曲折多艱阻。然猶可行。故教人以反身脩德。只觀澤无水困與山上有水蹇二句。便全不同。○項氏安世曰。反身象艮之背。脩德象坎之勞。

初六。往蹇來譽。

本義 往遇險。來得譽。程傳 六居蹇之初。往進則益入於蹇。往蹇也。當蹇之時。以陰柔无援而進。其蹇可知。來者對往之辭。上進則爲往。不進則爲來。止而不進。是有見幾知時之美。來則有譽也。集說 王氏弼曰。處難之始。居止之初。獨見前識。覩險而止。以待其時。故往則遇蹇。來則得譽。○朱子語類。問往蹇來譽。曰來往二字。惟程傳言上進則爲往。不進則爲來。說得極好。今人或謂六四往蹇來連。是來就三。九三往蹇來反。是來就二。上六往蹇來碩。是來就五。亦說得通。但初六來譽。則位居最下。無可來之地。其說不得通矣。故不若程傳好。只是不往爲佳耳。○何氏楷曰。此卦中言來者皆就本爻言。謂來而止於本位也。對往之辭。初六去險最遠。其止最先。獨見前識。正傳之所謂智也。

象曰。往蹇來譽。宜待也。

程傳 方蹇之初。進則益蹇。時之未可進也。故宜見幾而止。以待時。可行而後行也。諸爻皆蹇往而善來。然則无出蹇之義乎。曰。在蹇而往。則蹇也。蹇終則變矣。故上已有碩義。集說 王氏申子曰。往而行險。不如居易以俟之爲宜也。○龔氏煥曰。居止之初。去險尚遠。見險而卽止。彖傳之所謂知也。

六二王臣蹇蹇匪躬之故

本義 柔順中正正應在上而在險中故蹇而又蹇以求濟之非以其身之故也不言吉凶者占者但當鞠躬盡力而已至於成敗利鈍則非所論也

程傳 二以中正之德居艮體止於中正者也與五相應是中正之人為中正之君所信任故謂之王臣雖上下同德而五方在大蹇之中致力於蹇難之時其艱蹇至甚故為蹇於蹇也二雖中正以陰柔之才豈易勝其任所以蹇於蹇也志在濟君於蹇難之中其蹇蹇者非為身之故也雖使不勝志義可嘉故稱其忠藎不為已也然其才不足以濟蹇也小可濟則聖人當盛稱以為勸矣

集說 王氏弼曰處難之時當位居中以應乎五執心不違志匡王室者也故曰王臣蹇蹇匪躬之故 ○韓氏愈曰易蠱之上九不事王侯高尚其事蹇之六二則曰王臣蹇蹇匪躬之故所居之時不一而所蹈之德不同也

若蠱之上九居無用之地而致匪躬之節蹇之六二在王臣之位而高不事之心則冒進之患生曠官之刺興志不可則而尤不終無矣○蘇氏軾曰初六九三六四上六四者或遠或近皆視其勢之可否以爲往來之節獨六二有應於五君臣之義深矣是以不計遠近不慮可否無往無來蹇蹇而已君子不以爲不智者非身之故也○楊氏萬里曰諸爻聖人皆不許其往惟六二九五無不許其往之辭者二爲王者之大臣五履大君之正位復不往以濟而誰當任乎

象曰王臣蹇蹇終无尤也。

本義事雖不濟。亦无可尤。**程傳**雖艱戹於蹇時然其志在濟君難雖未能成功然終无過尤也聖人取其志義而謂其无尤所以勸忠藎也。

集說侯氏行果曰二上應於五五在坎中險而又險志在匡弼

匪惜其躬故曰王臣蹇蹇匪躬之故輔君以此終无尤也

九三往蹇來反。

本義反就二陰。程傳九三以剛居正處下體之上當蹇之時在下者皆柔必依於三是爲下所附者也三與上爲正應上陰柔而无位不足以爲援故上往則蹇也來下來也反還歸也三爲下二陰所喜故來爲反其所也稍安之地也。集說孔氏穎達曰九三與坎爲隣進則入險故曰往蹇來則得位故曰來反。○吳氏曰愼曰九三剛正爲艮之主所謂見險而能止者故來而能反止於其所

案傳義以反爲反就二陰孔氏吳氏則謂止於其所以孔子象傳觀之則傳義理長蓋三爲內卦之主故也

象曰往蹇來反內喜之也。

程傳內在下之陰也。方蹇之時，陰柔不能自立，故皆附於九三之陽，而喜愛之。九之處三，在蹇爲得其所也。處蹇而得下之心，可以求安，故以來爲反，猶春秋之言歸也。集說孔氏穎達曰：內卦三爻，唯九三一陽居二陰之上，是內之所恃，故云內喜之也。

六四往蹇來連。

本義連於九三，合力以濟。程傳往則益入於坎險之深，往蹇也。居蹇難之時，同處艱戹者，其志不謀而同也。又四居上位，而與在下者同有得位之正，又與三相比相親者也，二與初同類相與者也，是與下同志衆所從附也，故曰來連。來則與在下之衆相連合也。能與衆合，得處蹇之道也。集說荀氏爽曰：蹇難之世，不安其所，故曰往蹇也。來還承五，則與至尊相連，故曰來連也。

案荀氏以來連爲承五極爲得之易例凡六四承九五無不皆其美於爻象者況蹇有利見大人之文乎若三則於五無承應之義而爲内卦之主固不當與四並論也

象曰往蹇來連當位實也。

程傳四當蹇之時居上位不往而來與下同志固足以得衆矣又以陰居陰爲得其實以誠實與下故能連合而下之二三亦各得其實初以陰居下亦其實也當同患之時相交以實其合可知故來而連者當位以實也處蹇難非誠實何以濟當位不曰正而曰實上下之交主於誠實用各有其所也

集說荀氏爽曰處正承陽故曰當位實也○沈氏該曰四當位可進而陰柔不能獨濟來而承五連於陽實則得所輔也○姜氏寶曰以陰比於陽陽爲實故云傳以爲誠實之實未然

案荀氏沈氏姜氏之說皆是。然如此則當位兩字宜著九五說。言當尊位者有實德也。如敵剛也之例。

九五。大蹇朋來。

本義　大蹇者。非常之蹇也。九五居尊而有剛健中正之德。必有朋來而助之者。占者有是德則有是助矣。

程傳　五居君位而在蹇難之中。是天下之大蹇也。當蹇而又在險中。亦爲大蹇。大蹇之時而二在下以中正相應。是其朋助之來也。方天下之蹇而得中正之臣相輔。其助豈小也。得朋來而无吉何也。曰未足以濟蹇也。以剛陽中正之君而方在大蹇之中。非得剛陽中正之臣相輔之。不能濟天下之蹇也。二之中正固有助矣。欲以陰柔之助濟天下之難。非所能也。自古聖王濟天下之蹇。未有不由賢聖之臣爲之助者。湯武得伊呂是也。中常之君得剛明之臣而能濟大難者則有矣。劉禪之孔明。唐肅宗之郭子儀。德宗之李晟是也。雖賢明之君苟无其臣則不能濟於難也。故凡六居五九居二者則多由助而有功，蒙泰之類是也。九居五六居二則其功多不足，屯否之類是也。蓋臣賢於君則輔君以君所不能，臣不及君則贊助之而已，故不能成大功也。

集說

干氏寶曰：在險之中而當五位，故曰大蹇。○朱子語類問：蹇九五何故為大蹇？曰：五是為蹇主。凡人臣之蹇只是一事，至大蹇須人主當之。○又問大蹇朋來之義。曰：處九五尊位而居蹇之中，所以為大蹇，所謂遺大投艱于朕身，人君當此則須屈羣策用羣力，乃可濟也。

○胡氏炳文曰：諸爻皆以往為蹇，聖人又慮天下皆不往，蹇無由出矣。二五君臣復不往，誰當往乎？是以於二曰蹇蹇，於五曰大蹇。

案二五獨無往來之文，蓋君臣相與濟蹇者，其責不得辭而於義無所避，猶之遯卦諸爻皆遯，六二獨以應五而固其不遯之志也。胡氏之說得之。凡易之應莫重於二五，故二之稱王臣者指五也，五之稱朋來者指二也。

如在下者占得五。則當念國事之艱難而益致其匪躬之節。如在上者占得二。則當諒臣子之忠貞而益廣其朋來之助。正如朱子說乾卦二五相爲賓主之例也。推之蒙師諸卦。無不皆然。

象曰。大蹇朋來。以中節也。

程傳 朋者。其朋類也。五有中正之德。而二亦中正。雖大蹇之時。不失其守。蹇於蹇以相應助。是以其中正之節也。上下中正而弗濟者。臣之才不足也。自古守節秉義而才不足以濟者。豈少乎。漢李固王允晉周顗王導之徒是也。

集說 孔氏穎達曰。得位履中。不改其節。則同志者自遠而來。故曰朋來。

案蹇卦之義。在乎進止得宜。爻之往來。即進止也。九五雖不言往來。而傳明其爲中節。則進止之宜不失。可以濟難而不至於犯難矣。裴度云。朝廷處置得宜。有以服其心。其中節之謂乎。

上六。往蹇來碩。吉。利見大人。

本義 已在卦極。往无所之。益以蹇耳。來就九五。與之濟蹇。則有碩大之功。大人。指九五。曉占者宜如是也。

程傳 六以陰柔居蹇之極。冒極險而往。所以蹇也。不往而來。從五求三。得剛陽之助。是以碩也。蹇之道。阨塞窮戚。碩大也。寬裕之稱。來則寬大。其蹇紓矣。蹇之極有出蹇之道。上六以陰柔。故不得出。得剛陽之助。可以紓蹇而已。在蹇極之時。得紓則爲吉矣。非剛陽中正。豈能出乎蹇也。利見大人。蹇極之時。見大德之人。則能有濟於蹇也。大人謂五。以相比發此義。五剛陽中正而居君位。大人也。在五不言其濟蹇之功。而上六利見之。何也。曰。在五不言。以其居坎險之中。无剛陽之助。故无能濟蹇之義。在上六蹇極而見大德之人。則能濟於蹇。故爲利也。各爻取義不同。如屯初九之志正。而於六二則目之爲寇也。諸爻皆不言吉。上獨言吉者。諸爻皆得正。

各有所善。然皆未能出於蹇，故未足爲吉。惟上處蹇極而得寬裕，乃爲吉也。

集說　朱子語類云：諸爻皆不言吉，蓋未離乎蹇中也。至上六往蹇來碩吉，卻是蹇極有可濟之理。○項氏安世曰：上六本無所往，特以不來爲往耳。初六本無所來，特以不往爲來耳。

案：易卦上與五雖相比，然無隨從之義者，位在其上故於象如事外之人，不與二三四同也。惟有特取尚賢之義，則必六五遇上九乃可，大有、大畜、頤、鼎之類是也。然隨以九五遇上六，亦取下賢之義，則以卦義剛來下柔故耳。至於以上六遇九五，吉者絕少而凶吝者多，蓋以漸染於陰爲剛中正之累，大過、咸、夬、兌之類是也。惟是卦有利見大人之文，而以九五爲義者，則上六與五相近，可以反而相從。訟、巽之象，以九五爲大人矣，而上九以剛遇剛，則不相從也。升象亦言用見大人矣，而卦無九五，故言用見以別之。獨蹇卒之象，以九五爲大人，而

序卦傳
物不可以終難故

遇之者上六也。以柔遇剛，則有相從之義。故萃則齎咨求萃於五而无咎。蹇則來就於五而得吉。蹇之上優於萃者，聚極則散，難極則解也。乾卦二五而外，爻辭言利見大人者，惟此而已。

象曰：往蹇來碩，志在內也。利見大人，以從貴也。

程傳：上六應三而從五，志在內也。蹇既極而有助，是以碩而吉也。六以陰柔當蹇之極，密近剛陽中正之君，自然其志從附以求自濟，故利見大人，謂從九五之貴也。所以云從貴，恐人不知大人爲指五也。集說蘇氏軾曰：內與貴，皆五之謂。

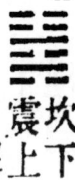

䷧ 坎下 震上

程傳：解，序卦：蹇者難也，物不可以終難，故受之以解。物无終難之理，難極則必散，解者散也，所以次蹇也。

解以九

受之以解解者緩也
雜卦傳
解緩也

爲卦震上坎下。震動也。坎險也。動於險外。出乎險也。故爲患難解散之象。又震爲雷。坎爲雨。雷雨之作。蓋陰陽交感和暢而緩散。故爲解。解者天下患難解散之時也。

解。利西南。无所往。其來復吉。有攸往。夙吉。

本義 解難之散也。居險能動。則出於險之外矣。解之象也。難之既解。利於平易安靜。不欲久爲煩擾。且其卦自升來。三往居四。入於坤體。二居其所而又得中。故利於西南平易之地。若无所往。則宜來復其所而安靜。若尚有所往。則宜早往早復。不可久煩擾也。

程傳 西南坤方。坤之體廣大平易。當天下之難方解。人始離艱苦。不可復以煩苛嚴急治之。當濟以寬大簡易。乃其宜也。如是則人心懷而安之。故利於西南也。湯除桀之虐而以寬治。武王誅紂之暴而反商政。皆從寬易也。无所往。其來復吉。有攸往。夙吉。无所往。謂天下之難已

爲主故彖傳曰往得衆也指五也又曰乃得中也指二也

解散无所爲也。有攸往，謂尚有所當解之事也。夫天下國家必紀綱法度廢亂而後禍患生，聖人既解其難而安平无事矣，是无所往也，則當脩復治道，正紀綱，明法度，進復先代明王之治，是來復也，謂反正理也。天下之吉也，其發語辭。自古聖王救難定亂，其始未暇遽爲也，既安定則爲可久可繼之治。自漢以下，亂既除則不復有爲，姑隨時維持而已，故不能成善治，蓋不知來復之義也。有攸往夙吉，謂尚有當解之事，則早爲之乃吉也。當解而未盡者不早去，則將復盛；事之復生者不早爲，則將漸大，故夙則吉也。

集說

王氏弼曰：解之爲義，解難而濟厄者也。以解來復，則不失中；有難而往，則以速爲吉也。無難則能復其中，有難則能濟其厄也。○孔氏穎達曰：褚氏云世有無事求功，故誡以無難宜靜；亦有待敗乃救，故誡以有難須速也。○林氏栗曰：蹇止乎坎中，是以言利西南，不利東北；解動於險外，是以但言西南之利，不復言東北之不利也。○胡氏炳文曰：解之時以平易爲利。畧有苛急即非利。以安靜爲吉。久爲煩擾即非吉。本義曰。若无所往則宜來復其所而安靜。是以安靜爲吉也。曰若有所往則宜早往早復。不可久爲煩擾。亦以安靜爲吉也。本義兩若字。未定之辭。顧其時何如耳。然其吉也皆在於來復

案解之時異於蹇之時。故其辭小異。然處解之道。猶然處蹇之道。故其意大同。言利西南。不言不利東北。是辭小異也。然西南者退後也。猶蹇所云來也。東北者前進也。猶蹇所謂往也。今無事則來。固以西南爲利矣。有事雖可以往。而必以夙爲吉。不可以往而忘返也。是猶不以東北爲利。而終以西南爲利也。其與處蹇之道意大同矣。蓋國家無論有事無事。皆以退而自脩爲本。以爻義與卦相參。皆可見矣

彖曰。解。險以動。動而免乎險。解。

本義以卦德釋卦名義。程傳坎險震動，險以動也。不險則非難，不動則不能出難。動而出於險外，是免乎險難也，故爲解。集說何氏楷曰：以畫觀之，蹇之反；以卦觀之，屯之反。蹇止於險下，不如屯動乎險中；屯動乎險中，又不如解動乎險外也。

解利西南，往得衆也。其來復吉，乃得中也。有攸往夙吉，往有功也。

本義以卦變釋卦辭。坤爲衆，得衆謂九四入坤體，得中有功皆指九二。程傳解難之道，利在廣大平易。以寬易而往濟解，則得衆心之歸也。不云无所往，省文爾。救亂除難，一時之事，未能成治道也。必待難解无所往，然後來復先王之治，乃得中道，謂合宜也。有所爲則夙吉也，早則往而有功，緩則惡滋而害深矣。集說王氏安石曰有難則往所以濟難難已則來而復所以保常濟難以權保常以中此所以吉○郭氏雍曰其來復吉乃得中者險難既解而來復乃得中道所謂獲三狐而得黃矢者也有攸往夙吉往有功者如射隼于高墉之上者也○徐氏幾曰乃得中指二也蓋禍亂已散則復反於安靜之域不事煩擾以靜而吉也○丘氏富國曰大抵處時方平者易緩除惡不盡者易滋聖人於患難方平之際既不欲人以多事自疲又不欲人以無事自怠也

案之東北爲進前之西南爲退後然則來復即利西南之義也而以得衆得中重釋之者得衆釋利字之義言能脩內固本則得人心之歸也乃字即承此意言之謂惟其利西南故必來復乃得中道也得衆得中亦但論義理似不必牽合卦象

天地解而雷雨作雷雨作而百果草木皆甲拆。解之時大矣哉。

本義極言而贊其大也　程傳既明處解之道復言天地之解以見解時之大天地之氣開散交感而和暢則成雷雨雷雨作而萬物皆生發甲拆天地之功由解而成故贊解之時大矣哉王者法天道行寬宥施恩惠養育兆民至於昆蟲草木乃順解之時與天地合德也　集說　王氏弼曰天地否結則雷雨不作交通感散雷雨乃作也雷雨之作否結則散故百果草木皆甲拆○胡氏炳文曰解上下體易為屯動乎險中為屯動而出乎險之外為解屯象草穿地而未申解則雷雨作而百果草木皆甲拆當蹇之未解必動而免乎險方可以為解蹇之既解則宜安靜而不可久煩擾故蹇解之時聖人皆贊其大

御纂周易折中　下經　解

象曰。雷雨作。解。君子以赦過宥罪。

程傳 天地解散而成雷雨。故雷雨作而爲解也。與明兩而作離語不同。赦釋之。宥寬之。過失則赦之可也。罪惡而赦之則非義也。故寬之而已。君子觀雷雨作解之象。體其發育則施恩仁。體其解散則行寬釋也。集說 孔氏穎達曰。赦謂放免。過謂誤失。宥謂寬宥。罪謂故犯。過輕則赦。罪重則宥。皆解緩之義也。○趙氏汝楳曰。雷者天之威。雨者天之澤。威中有澤。猶刑獄之有赦宥。

初六。无咎。

本義 難既解矣。以柔在下。上有正應。何咎之有。故其占如此。 程傳 六居解初。患難既解之時。以柔居剛。以陰應陽。柔而能剛之義。既无患難。而自處得剛柔之宜。患難既解。安寧无事。唯自處得宜。則爲无咎矣。

方解之初宜安靜以休息　集說郭氏雍曰處解之初得之爻之辭寡所以示意　无所往其來復吉之義故无咎也○胡氏炳文曰恒九二悔亡大壯九二貞吉解初六无咎三爻之占只二字其言甚簡象在爻中不復言也○蔡氏淸曰初六以柔在下則能安靜而不生事以自擾何咎之有

案象利西南者處後也初應剛承剛而處其後得卦義矣義明故辭寡

象曰剛柔之際義无咎也

程傳初四相應是剛柔相際接也剛柔相際爲得其宜難既解而處之剛柔得宜其義无咎也　集說蔡氏淵曰柔居解初而承剛應剛得剛柔交際之宜難必解矣故曰義无咎也

案初本以居最內最後得來復之義故无咎孔子恐人謂其一無所爲也故以從陽補其義在後之例與遯初

同

九二田獲三狐得黃矢貞吉

本義此爻取象之意未詳或曰卦凡四陰除六五君位餘三陰即三狐之象也大抵此爻爲卜田之吉占亦爲去邪媚而得中直之象能守其正則无不吉矣**程傳**九二以陽剛得中之才上應六五之君用於時者也天下小人常衆剛明之君在上則明足以照之威足以懼之剛足以斷之故小人不敢用其情然猶常存警戒慮其有間而害正也六五以陰柔居尊位其明易蔽其威易犯其斷不果而易惑小人一近之則移其心矣況難方解而治之初其變尚易二既當用必須能去小人則可以正君心而行其剛中之道田者去害之事狐者邪媚之獸三狐指卦之三陰時之小人也獲謂能變化除去之如田之獲狐也獲之則得中直之道乃貞

正而吉也。黃、中色。矢、直物。黃矢、謂中直也。羣邪不去，君心一入，則中直之道无由行矣。桓敬之不去武三思是也。

集說　楊氏萬里曰：當解之時，此爻欲其獲狐，三戒其致寇，四欲其解拇，五欲其退小人，六欲其射隼。一卦六爻而去小人之象居其五。然則名天下多難者誰乎？人君亦何利於天下之多難，而樂於近小人以疎君子哉。○王氏應麟曰：世之治也，君子以直勝小人之邪。易曰：田獲三狐，得黃矢。世之亂也，小人以佞勝君子之介。詩曰：有兔爰爰，雉離于羅。○何氏楷曰：天下之難率自小人始。欲解天下之難者，必有以處小人。然後可然非柔者所能辦，又非剛而過者所能辦也。九二以陽居陰，秉剛中之德，果而不激，故有田獲三狐之象。黃矢所以取狐，狐獲則黃矢亦得矣。

象曰。九二貞吉。得中道也。

御纂周易折中　下經　解

繫辭上傳
子曰作易者其知
盜乎易曰負且乘
致寇至負也者小
人之事也乘也者
君子之器也小人
而乘君子之器盜
思奪之矣上慢下

程傳所謂貞吉者得其中道也除去邪惡
使其中直之道得行乃正而吉也
案黃者中也矢者直也人臣之道固主乎直然直而不
中則有以嫉惡去邪而激成禍亂者多矣得中道正釋
得黃矢
之義

六三負且乘致寇至貞吝。

本義繫辭備矣貞吝言雖以正得之亦可羞也唯避而去之爲可免耳　程傳六三陰柔處非其位猶小人宜在下以負荷而且乘車非其據也必致寇奪之至雖使所爲得正亦可鄙吝也小人而竊盛位雖勉爲正事而氣質卑下本非在上之物終可吝也若能大正則如何曰大正非陰柔所能也若能之則是化爲君子矣三陰柔小人宜在下而反處下之上猶小人宜負而反乘當致寇奪也難解之時而小人竊位

暴盜思伐之矣慢藏誨盜冶容誨淫易曰負且乘致寇至盜之招也

復致寇矣。

集說　孔氏穎達曰：乘者君子之器也，負者小人之事也，施之於人，即在車騎之上而負物也，故寇盜知其非己所有，於是競欲奪之。○胡氏瑗曰：六三以不正之質居至貴之地，是小人在君子之位也，故致寇盜之至，爲害於己而奪取之。然而小人得在高位者，蓋在上之人慢其名器，不辨賢否而與之，以至爲衆人所奪而致寇戎之害也。

案：繫辭傳釋此爻云"盜斯奪之"者，奪負乘之人也；又云"盜斯伐之"者，非伐負乘之人，乃伐上慢下暴之國家也。蓋上褻其名器，則是上慢，如慢藏之誨盜；下肆其貪竊，則是下暴，如冶容之誨淫。夫是以賊民興而國家受其害，難又將何時而解乎。

象曰：負且乘，亦可醜也。自我致戎，又誰咎也。

程傳負荷之人而且乘載，爲可醜惡也。處非其據，德不稱其器，則寇戎之致，乃己招取，將誰咎乎？聖人又於繫辭明其致寇之道，謂作易者其知盜乎？盜者乘釁而至，苟无釁隙，則盜安能犯？負者小人之事，乘者君子之器，以小人而乘君子之器，非其所能安也，故盜乘釁而奪之。小人而居君子之位，非其所能堪也，故滿假而陵慢其上，侵暴其下，盜則乘其過惡而伐之矣。伐者聲其罪也，盜橫暴而至者也。貨財而輕慢其藏，是教誨乎盜使取之也；女子而夭冶其容，是教誨淫者使暴之也。小人而乘君子之器，是招盜使奪之也，皆自取之之謂也。

集說雷氏思曰：負且乘，小人自以爲榮而君子所耻，故可醜。寇小則爲盜，大則爲戎。任使非人，則變解而蹇，天下起戎矣。

案雷氏說極得此傳及繫傳之意。此傳所謂致戎，繫傳所謂盜斯伐之，皆謂有國家者也。

九四，解而拇，朋至斯孚。

本義　拇，指初。初與四皆不得其位而相應，應之不以正者也。然四陽初陰，其類不同，若能解而去之，則君子之朋至而相信矣。

程傳　九四以陽剛之才，居上位，承六五之君，大臣也，而下與初六之陰爲應。拇，在下而微者，謂初也。居上位而親小人，則賢人正士遠退矣。斥去小人，則君子之黨進而誠相得也。四能解去初六之陰柔，則陽剛君子之朋來至而誠合矣。不解去小人，則已之誠未至，安能得人之孚也？初六其應，故謂遠之爲解。

集說　劉氏牧曰：拇謂初也，居下體之下而應於已，故曰拇。○何氏楷曰：解，去小人之卦也。卦惟二四兩陽爻，皆任解之責者，而汝也。拇，足大指也。九四居近君之位，苟暱近比之小人而不解，則君子之朋雖至，彼必肆其離閒之術矣。

象曰解而拇未當位也

程傳四雖陽剛然居陰於正疑不足若復親比小人則其失正必矣故戒必解其拇然後能來君子以其處未當位也解者本合而離之也必解拇而後朋孚蓋君子之交而小人容於其間是與君子之誠未至也

集說鄭氏汝諧曰四之所自處者不當宜小人之所附麗也必解去之然後孚於其朋朋剛陽之類拇在下之陰

案德非中正而應初比三故曰未當位

六五君子維有解吉有孚于小人

本義卦凡四陰而六五當君位與三陰同類者必解而去之則吉也孚驗也君子有解以小人之退爲驗

也。

程傳六五居尊位，爲解之主，人君之解也。以君子通言之，君子所親比者必君子也，所解去者必小人也，故君子維有解則吉也。小人去則君子進矣，吉孰大焉。有孚者，世云見驗也，可驗之於小人。小人之黨去，則是君子能有解也。小人去則君子自進，正道自行，天下不足治也。

集說鄭氏汝諧曰：益之戒曰任賢勿貳，去邪勿疑。如使世之小人皆信上之所用者必君子，而所解者必小人，則必改心易慮，不復有投隙抵巇之望。惟未孚於小人，此小人所以猶有覬幸之心也。五解之主也，以其陰柔，故有戒意。○胡氏炳文曰：卦惟四五言解。四能解小人，可以來君子。五能解小人，亦可驗其能爲君子。

案鄭氏說有孚于小人，與傳義異，而其理尤精。蓋朋至斯孚者，君子信之也；有孚于小人者，小人亦信之也。君子信，故樂於爲善；小人信，故化而不爲惡。往往國家有擧錯而小人未革心者，未信之化也。信則枉者直而不仁者遠矣。

象曰：君子有解，小人退也。

程傳　君子之所解者。謂退去小人也。小人去則君子之道行。是以吉也。集說　吳氏曰慎曰。君子能有解。則小人退矣。小人若未退。則是君子未能解也。以小人之退驗君子之解。雖不言有孚。而有孚之義明矣。

案　如鄭氏說。則須云君子果能有解。則雖小人亦信之。而回心易行。不待黜抑而自退矣。

上六：公用射隼于高墉之上，獲之，无不利。

本義　繫辭備矣。程傳　上六尊高之地。而非君位。故曰公。但據解終而言也。隼。鷙害之物。象爲害之小人。墉。牆。內外之限也。害若在內。則是未解之時也。若出墉外。則是无害矣。復何所解。故在墉上。離乎內而未去

繫辭下傳
易曰公用射隼于
高墉之上獲之無
不利子曰隼者禽

也弓矢者器也射之者人也君子藏器於身待時而動何不利之有動而不括是以出而有獲語成器而動者也

也云高見防限之嚴而未去者上解之極也解極之時而獨有未解者乃害之堅强者也上居解極解道已至器已成也故能射而獲之既獲之則天下之患解已盡矣何所不利夫子於繫辭復伸其義曰隼者禽也弓矢者器也射之者人也君子藏器於身待時而動何不利之有動而不括是以出而有獲語成器而動者也鷙害之物在墉上苟无其器與不待時而發則安能獲之所以解之之道器也事之當解與已解之之道至者時也如是而動故无括結發而无不利矣括結謂阻礙聖人於此發明藏器待時之義夫行一身至於天下之事苟无其器與不以時而動小則括塞大則喪敗自古喜有爲而无成功或顛覆者皆由是也

集說　沈氏該曰隼之爲物果於悖害者也墉所以衛內而限外也害在內小人在君側也出乎墉之外則非射之所能及高墉之上在內外之間據衛限之勢於此而射之則擬而後動動而不括獲之无不利矣在外卦之上射于高墉之

象也。○鄭氏汝諧曰。所謂公者非上六也言公於此爻當用射隼之道也。隼指上之陰而言也。墉指上之位而言也。○王氏申子曰。隼指上以其柔邪謂之狐以其陰鷙謂之隼。上以陰柔處震之極而居一卦之上是陰鷙而居高者解之既極。尙何俟乎故獲之无不利

案此言公用。乃隨上離上王用之例皆非以本爻之位當王公也。鄭氏王氏之說似可從或以解終言之而不指隼之爲誰。亦可蓋狐者。邪而穴於城社在内之奸也隼者鷙而翔於坰野。化外之悍也。自二至五所以解内難者備矣。於是而猶有外來之强猛乘高墉以射之動而有功矣。何則内脩者外攘之具所謂藏器於身待時而動者也。前四爻所謂其來復吉此爻所謂有攸往夙吉也

象曰。公用射隼。以解悖也。

繫辭下傳
損德之脩也 損
先難而後易 損
以遠害
序卦傳
緩必有所失故受

程傳至解終而未解者悖亂之大者也射之所以解之也解則天下平矣集說吳氏曰愼曰天下之難由小人作壅比如拇邪媚如狐鷙害如隼解拇獲狐射隼而難解矣故解卦以去小人為要義案五以前所解者但總名之為小人耳此則曰悖內亂外亂之別也在有虞則共驩者內亂也三苗者外亂也

總論徐氏幾曰下三爻不言解上三爻言解所謂動而免乎險也

䷨ 兌下艮上

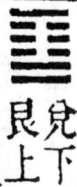

程傳損序卦解者緩也緩必有所失故受之以損縱緩則必有所失失則損也損所以繼解也為卦艮上兌下山體高澤體深下深則上益高為損下益上之義又澤在山下其氣上通潤及草木百物是損下而益上也又下為兌說三爻皆上應是說以奉上亦損下益上之義又下兌之成兌由六三之變也上艮之成艮自上

損以損
下卦上
畫益上
卦上畫
為義則
六三上

之以損

雜卦傳

損益盛衰之始也

九之變也。三本剛而成柔，上本柔而成剛，亦損下益上之義。損上而益於下則為益，取下而益於上則為損。在人上者施其澤以及下則益也，取其下以自厚則損也。譬諸壘土，損於上以培厚其基本，則上下安固矣，豈非益乎？取於下以增上之高，則危墜至矣，豈非損乎？故損者，損下益上之義，益則反是。

損有孚，元吉，无咎，可貞，利有攸往。

本義 損，減省也。為卦損下卦上畫之陽，益上卦上畫之陰。損兌澤之深，益艮山之高。損下益上，損內益外，剝民奉君之象，所以為損也。損所當損，而有孚信，則其占當有此下四者之應矣。

程傳 損，減損也。凡損抑其過以就義理，皆損之道也。損之道必有孚誠，謂至誠順於理也。損而順理，則大善而吉。所損无過差，可貞固常行，而利有所往也。人之所損，或過或不及或不常，皆不合正理，非有孚也。非有孚則无吉而有咎，非可貞

九成卦之主也然損下益上所益者君也故六五為主卦之主

之道。不可行也。

集說 呂氏大臨曰。損之道不可以爲正。當損之時。故曰可貞。時損則損。時益則益。苟當其時。無往而不可。故損益皆利有攸往。○蔡氏清曰。剝民奉君之義。只可用之卦名。其卦辭有孚元吉无咎可貞利有攸往。只承損字泛說。言損所當損。人人皆可用。不專指上之損下也。益卦利有攸往利涉大川亦然。豈專爲益下之事乎。

曷之用。二簋可用享。

本義 言當損時。則至薄无害。

程傳 損者損過而就中。損浮末而就本實也。聖人以寧儉爲禮之本。故爲損發明其義。以享祀言之。享祀之禮。其文最繁。然以誠敬爲本。多儀備物。所以將飾其誠敬之心。飾過其誠。則爲僞矣。損飾所以存誠也。故云曷之用。二簋可用享。二簋之約。可用享祭。言在乎誠而已。誠爲本也。天下之害。无不由末之勝也。峻宇雕牆。本於宮室。酒池肉林本於飲食。淫酷殘忍。本於刑罰。窮兵黷武。本於征討。凡人欲之過者。皆本於奉養。其流之遠。則爲害矣。先王制其本者。天理也。後人流於末者。人欲也。損之義。損人欲以復天理而已。

集說 孔氏穎達曰。曷之用二簋可用享者。明行損之禮。貴夫誠信。不在於豐。二簋至約。可用享祭。

案彖辭自有孚以下。泛說損所當損之義。蔡氏之說極爲得之。蓋損益者時也。時在當損。不得不損。惟以誠意爲主而行之。又得乎大善之吉。則不但无咎。而且可以爲常道而利有所往矣。舉一端以明之。則如二簋薄祭。固因乎時而節損者也。然能積誠盡禮。則可以致孝乎鬼神。而推之凡事之當損者。視此矣。卦義以孚而行損。程傳則因損以致孚。畧有不同也。

彖曰。損。損下益上。其道上行。

本義以卦體釋卦名義。　程傳損之所以爲損者。以損於下而益於上也。取下以益上。故云其道上行。夫損上而益下則爲益。損下而益上則爲損。損基本以爲高者。豈可謂之益乎。　集說蔡氏清曰。損下益上。利歸於上也。故曰其道上行。下損則上不能獨益矣。卦所以爲損也。○林氏希元曰。損下益上。上下損則上亦損。故曰其道上行。道者。損之道也。程傳小註嘗引俱作利歸於上說。愚謂卦以損下取名。所重不在於利。又難以道爲利。

案蔡氏林氏兩說。沿襲用之。今思之。於卦義皆未全。蓋說者但主取民財一事耳。豈知如人臣之致身事主。百姓之服役奉公。皆損下益上之事也。必如此然後上下交而志同。豈非其道上行乎。上行。與地道卑而上行之義同。下能益上，則道上行矣；上能益下，則道大光矣。如此則道字方有意味，而於兩卦諸爻之義亦合。

損而有孚，元吉，无咎，可貞，利有攸往。曷之用？二簋可用享。二簋應有時，損剛益柔有時，損益盈虛，與時偕行。

本義 此釋卦辭。時，謂當損之時。

程傳 謂損而以至誠，則有此元吉以下四者，損道之盡善也。夫子特釋曷之用二簋可用享。卦辭簡直，謂當損去浮飾。曰何所用哉？二簋可以享也。厚本損末之謂也。夫子恐後人不達，遂以為文飾當盡去，故詳言之。有本必有末，有實必有文，天下萬事无不然者。无本不立，无文不行。父子主恩，必有嚴順之體；君臣主敬，必有承接之儀。禮讓存乎內，待威儀而後行；尊卑有其序，非物采則无別。文之與實相須而不可缺也。及夫文之勝，末之流，遠本喪實，乃當損之時也。故云曷所用哉？二簋足以薦其誠矣。謂當務實而損飾也。夫子恐人之泥言也，故復明之曰：二簋之質，用之當有時，非其所用而用之，不可也。謂文飾未過而損之，與損之至於過甚，則非也。損剛益柔有時，剛爲過，柔爲不足，損益皆損剛益柔也。必順時而行，不當時而損益之，則非也。或損或益，或盈或虛，唯隨時而已。過者損之，不足者益之，虧者盈之，實者虛之，與時偕行也。

集說 徐氏幾曰：卦辭曰損有孚，彖傳曰損而有孚，加以而字，義曉然矣。○張氏清子曰：當其可之謂時。當損而損，時也。不當損而損，則非時。

案程傳之義，施於賁卦則可。此卦所謂損者，乃謂時當節損，如家則稱貧富之有無，國則視凶豐爲豐儉之類耳。故曰損而有孚，言時雖不得已而損，而以有孚行之，如祭祀雖不能備品，而以至誠將之也。二簋喻節損之義。然下云損剛益柔者。非以損剛喻二簋也。剛爲本。喻孚誠。柔爲末。喻儀物。以孚誠之有餘。補儀物之不足。則雖二簋而不嫌於簡矣。此損剛益柔之義。

象曰。山下有澤損。君子以懲忿窒欲。

本義 君子脩身所當損者。莫切於此。程傳 山下有澤。氣通上潤。與深下以增高。皆損下之象。君子觀損之象。以損於己。在脩己之道。所當損者。唯忿與欲。故以懲戒其忿怒。窒塞其意欲也。集說 虞氏翻曰。兌說故懲忿。艮止故窒欲。○孔氏穎達曰。懲者息其既往。窒者閉其將來。懲窒互文而相足也。○楊氏時曰。損德之脩也。所當損者。惟忿慾而已。故九思始於視聽貌言。終於忿思難見得思義者。以此。○朱子語類。問何以窒慾。伊川云。思此莫是慾心一萌。當思禮義以勝之否。曰然。○王氏申子曰。和說則無忿。知止則無慾。故曰脩德之要也。案凡大象配兩體之德者，皆先內後外，故當以虞氏之說爲是，益象亦然。

初九，已事遄往，无咎，酌損之。

本義　初九當損下益上之時，上應六四之陰，輟所爲之事而速往以益之，无咎之道也，故其象占如此。然居下而益上，亦當斟酌其淺深也。程傳　損之義，損剛益柔，損下益上也。初以陽剛應於四，四以陰柔居上位，賴初之益者也。下之益上，當損已而不自以爲功。所益於上者，事既已，則速去之，不居其功，乃无咎也。若享其成功之美，非損已益上也，於爲下之道爲有咎矣。四之陰柔賴初者也，故聽於初，初當酌度其宜而損已以益之，過與不及皆不可也。集說　孔氏穎達曰：損之爲道，損下益上，如人臣欲自損已奉上，然各有職掌。若廢事而往，咎莫大焉。竟事速往，乃得无咎。酌損之者，以剛奉柔，初未見親也，故須酌而減損之。○朱子語類云：酌損之，在損之初下，猶可以斟酌也。

案：孔氏說已事之義，謂如學優而後從政之類，於理亦精。

象曰：已事遄往，尚合志也。

本義：尚，上通。　程傳：尚，上也。時之所崇用爲尚，初之所尚者，與上合志也。四賴於初，初益於四，與上合志也。

案：易例，初九與六四雖正應，却無往從之之義。在下位不援上也。惟損初爻言遄往，而傳謂上合志，蓋當損下益上之時故也。

九二利貞征凶弗損益之

本義九二剛中志在自守不肯妄進故占者利貞而征則凶也弗損益之言不變其所守乃所以益上也

程傳二以剛中當損剛之時居柔而說體上應六五陰柔之君以柔說應上則失其剛中之德故戒所利在貞正也征行也離乎中則失其貞正而凶矣守其中乃貞也弗損益之不自損其剛貞則能益其上乃益之也若失其剛貞而用柔說適足以損之而已非損己而益上也世之愚者有雖无邪心而唯知竭力順上爲忠者蓋不知弗損益之之義也

集說

林氏希元曰九二在爻則爲剛中在人事則爲志在自守不肯妄進九二之貞也故占者利於守貞若征行則是變其所守而得凶矣夫自守而不妄進宜若無益於上矣然由是而致時君尊德樂道之心止士大夫奔競之習其益於上也不少是弗損乃所以益之也

桐江一絲繫漢九鼎淸風高節拔拂士習可當此爻之義

象曰。九二利貞。中以爲志也。

程傳九居二。非正也。處說非剛也。而得中爲善若守其中德何有不善。豈有中而不正者。豈有中而有過者。二所謂利貞。謂以中爲志也。志存乎中。則自正矣。大率中重於正。中則正矣。正不必中也。能守中則有益於上矣。

集說孔氏穎達曰。言九二所以能居而守貞。不損益之。良由居中。以中爲志。故損益得其節適也。○王氏宗傳曰。順從爲事。則在已者所損多矣。以道自守。乃所以益之。故曰九二利貞。中以爲志也。中以爲志。則在已者無失而益上之實。亦無出諸此。

六三。三人行。則損一人。一人行。則得其友。

繫辭下傳
天地絪縕萬物化醇男女構精萬物化生易曰三人行則損一人一人行則得其友言致一也

本義 下卦本乾而損上爻以益坤三人行而損一人也一陽上而一陰下一人行而得其友也兩相與則專三則雜而亂卦有此象故戒占者當致一也

程傳 損者損有餘也益者益不足也三人謂下三陽上三陰三陽同行則損九三以益上三陰同行則損上六以為三三人行則損一人也上以柔易剛而謂之損但言其減一耳上與三雖本相應由二爻升降而一卦皆成兩相與也初二二陽四五二陰同德相比三與上應皆兩相與則其志專皆為得其友也三雖與四相比然異體而應上非同行者也三人則損一人一人則得其友蓋天下无不二者一與二相對待生生之本也三則餘而當損矣此損益之大義也夫子又於繫辭盡其義曰天地絪縕萬物化醇男女構精萬物化生易曰三人行則損一人一人行則得其友言致一也絪縕交密之狀天地之氣相交而密則生萬物之化醇醇謂醲厚醲厚猶精一也男女精氣交構則化生萬物惟精醇專一所

以能生也。一陰一陽。豈可二也。故三則當損。言專致乎一也。天地之閒。當損益之明且大者。莫過此也。〇林氏希元曰。此爻之辭兼舉六爻。以三正是當損之說。爻乃卦之所以爲損者。故於此言之。〇楊氏啓新曰。人之相與。惟其心之同而已。苟精神不孚。意氣不貫。則羣黨比周。固三也。卽一人之異。亦三也。是皆不可以不損也。苟精神相孚。意氣相貫。則二人同心。固兩也。卽千百其朋。亦兩也。是皆不可以不得者也。

象曰。一人行。三則疑也。

程傳　一人行而得一人。乃得友也。若三人行則疑所與矣。理當損去其一人。損其餘也。

案自二以上。皆可以三槪之。不必正三人也。季文子三思。南容三復之類。

六四。損其疾。使遄有喜。无咎。

本義以初九之陽剛益己而損其陰柔之疾唯速則善戒占者如是則无咎也程傳四以陰柔居上與初之剛陽相應在損時而應剛能自損以從剛陽也損不善以從善也初之益四損其柔而益之以剛損其不善也故曰損其疾疾謂疾病不善也損於不善唯使之遄速則有喜而无咎人之損過唯患不速速則不致於深過爲可喜也集說王氏弼曰履得其位以柔納剛能損其疾也疾何可久故速乃有喜有喜乃无咎也○蘇氏軾曰遄者初九也損其疾則初之從我也易故遄有喜○楊氏萬里曰六四以柔居柔得初九之陽以爲應損其疾者也初言遄往四言使遄蓋初之遄實四有以使之也○胡氏炳文曰六四與初九爲應初方已其事而速於益四四損其陰柔之疾唯速則有喜不然彼方汲汲此乃悠悠非受益之道○又曰下損已以益上當使下亦速有所喜乃无咎

案蘇氏楊氏說於
使字語氣亦近是

象曰損其疾亦可喜也

程傳損其所疾固可喜
也云亦發語辭　集說項氏安世曰能不吝其疾
自損以受之使合志者得
效其忠豈非
可喜之事哉

案易多言有喜而此傳云亦可喜也則此喜不主巳身
乃主於使遄來而益我者有喜故變文曰可喜者他人
之辭
也

六五或益之十朋之龜弗克違元吉

本義柔順虛中以居尊位當損之時受天下之益者也
兩龜爲朋十朋之龜大寶也或以此益之而不能

辭其吉可知占者有是德則獲其應也

程傳六五於損時以中順居尊位虛其中以應乎二之剛陽是人君能虛中自損以順從在下之賢也能如是天下孰不損已自盡以益之故或有益之之事則十朋助之矣十眾辭龜者決是非吉凶之物眾人之公論必合正理雖龜筴不能違也如此可謂大善之吉矣古人曰謀從眾則合天心

集說張子曰龜弗能違言受益之可必信然不疑也○楊氏曰柔得尊位虛已而下人則謙受益時乃天道天且不違況於人乎況於鬼神乎宜其益之者至矣故曰或益之十朋之龜弗克違元吉○郭氏雍曰益之至之豈獨人事而已雖元龜之靈弗能違此其所以元吉也洪範曰汝則從龜從筮從卿士從庶民從是之謂大同六五之元吉猶洪範之大同也○楊氏簡曰或者不一之辭益之者不一也人心歸之也十朋之龜皆從而弗違天與鬼神祐之也鬼神祐之故龜筮協從

象曰。六五元吉。自上祐也。

程傳　所以得元吉者。以其能盡衆人之見。合天地之理。故自上天降之福祐也。

案自上祐。以爲正釋龜筮弗違亦可。然觀益二言朋龜不違。下又云享于帝吉。則帝者又百神之主也。故此上祐。亦是言天心克享。人神不能違也。

上九。弗損益之。无咎。貞吉。利有攸往。得臣无家。

本義　上九當損下益上之時。居卦之上。受益之極。而欲自損以益人也。然居上而益下。有所謂惠而不費者。不待損己。然後可以益人也。能如是則无咎。然亦必以正則吉。而利有所往。惠而不費。其惠廣矣。故又曰得臣无家。

程傳　凡損之義有三。損己從人也。自損以益於人也。行損道以損於人也。損己從人。徙於義也。

自損益人。及於物也。行損道以損於人。行其義也。各因其時。取大者言之。四五二爻取損己從人。下體三爻取自損以益人。損時之用。行損道以損天下之當損者也。上九則取不行其損爲義。九居損之終。損極而當變者也。以剛陽居上。若用剛以損削於下。非爲上之道。其咎大矣。若不行其損。變而以剛陽之道益於下。則无咎而得其正。且吉也。如是則宜有所往。往則有益矣。在上能不損其下而益之。天下孰不服從。從服之衆。无有內外也。故曰得臣无家。得臣。謂得人心歸服。无家。謂无有遠近內外之限也。

集說 王氏肅曰。處損之極。損極則益。故曰不損益之。得臣則萬方一軌。故无家也。○句氏微曰。上九剛德爲物所歸。雖曰得臣。非己所有。蓋以四海爲家。○朱子語類云。得臣有家。其所得也小矣。无家則可見其大。

案卦以損三益上成義。則上者受益之極。卦之主也。故无咎可貞利有攸往之辭。皆與卦同。其不言有孚元吉者。弗損於下而有益於已。此非有至誠仁愛之心者不能也。蓋黎民之生厚。則所以固本寧邦者至矣。仁義之俗成。則其有遺親後君者鮮矣。其爲益孰大於是。然其不損於下者。乃所以自損於已也。此所以合乎卦義。有孚元善之德也。得臣无家。則又極言弗損之規模與夫獲益之氣象。自其弗損之心而言之。爲天下君而不自利於已。自其得益之量而言之。莫匪王臣而不視爲私屬。皆所謂得臣无家。王道之至也。蓋五上二爻相蒙爲孚義。五之虛中。既已格乎鬼神而獲元吉。則彖所謂有孚元吉者已備。故於此爻遂究其說以終其義也。九二之弗損。謂損已益之。謂益人。此爻之弗損。謂損人益之。謂益已。辭同而指異者。卦義損下益上。故在下卦爲自損。在上卦爲受益。○卦名以損下益上爲義。卦辭則泛論損所當損。而損中有益也。六爻之辭。其以上下體分損益。則根乎卦名。其言損所當損。而損中有益。則又根乎卦辭。

繫辭下傳
斲木爲耜揉木爲耒耒耨之利以教天下蓋取諸益
益德之裕也　益長裕而不設　益以興利
序卦傳
損而不已必益故受之以益

象曰弗損益之大得志也

程傳居上不損下而反益之是君子大得行其志也君子之志唯在益於人而已

䷩ 震下巽上

程傳益序卦損而不已必益故受之以益盛衰損益如循環損極必益理之自然益所以繼損也爲卦巽上震下雷風二物相益者也風烈則雷迅雷激則風怒兩相助益所以爲益此以象言也巽震二卦皆由下變而成陽變而爲陰者損也陰變而爲陽者益也上卦損而下卦益損上益下所以爲益此以義言也下厚則上安故益下爲益

益利有攸往利涉大川

益以損上卦下畫益下卦下畫爲巽則六四初九成卦之主也然損上益下者

雜卦傳
損益盛衰之始也

本義 益，增益也。爲卦損上卦初畫之陽，益下卦初畫之陰，自上卦而下於下卦之下，故爲益。卦之九五、六二皆得中正。下震上巽，皆木之象。故其占利有所往而利涉大川也。

程傳 益者益於天下之道也，故利有攸往。益之道可以濟險難，利涉大川也。

集說 孔氏穎達曰：損卦則損下益上，益卦則損上益下，得名皆就下而不據上者。向秀云：明王之道，志在惠下，故取下謂之損，與下謂之益。○陸氏贄曰：損上益下曰益，損下益上曰損。約己而裕於人，人必悅而奉上矣，豈不謂之益乎？上蔑人而肆諸己，人必怨而畔上矣，豈不謂之損乎？○范氏仲淹曰：益上曰損，損上曰益者何也？益上則損下，損下則傷其本也；損上則益下，益下則固其本也。○蔡氏淸曰：損下益上，民貧則君不能獨富，損道也，故爲損。損上益下，民富則君不能獨貧，益道也，故爲益。損則上下通一損，益則上下通一益，要知關於上者爲多。

君施之而臣受之，故九五、六二爲主卦之主。

案彖辭與損同。亦不專主損己惠下爲義。蓋益以興利故利以圖大事而濟大難。天下事有動而後獲益者。不可坐以需時也。

彖曰。益損上益下。民說无疆。自上下下。其道大光。

本義以卦體釋卦名義。程傳以卦義與卦才言也。卦之爲益以其損上益下也。損於上而益下。則民說之。无疆。爲无窮極也。自上而降。己以下下。其道之大光顯也。陽下居初。陰上居四。爲自上下下之義。集說胡氏炳文曰。損其道上行。以上兩句。皆釋損義。益其道大光。以上四句。皆釋益義。

利有攸往。中正有慶。利涉大川。木道乃行。

本義 以卦體卦象釋卦辭。程傳 五以剛陽中正居尊位，二復以中正應之，是以中正之道益天下，天下受其福慶也。益之爲道，於平常无事之際，其益猶小；當艱危險難，則所益至大，故利涉大川也。於濟艱險，乃益道大行之時也。益誤作木，或以爲上巽下震，故云木道，非也。集說 朱氏震曰：利涉大川，言木者三，益也，渙也，中孚也，皆巽也。

益動而巽，日進无疆。天施地生，其益无方。凡益之道，與時偕行。

本義 動巽，二卦之德。乾下施，坤上生，亦上文卦體之義。又以此極言贊益之大。程傳 又以二體言卦才。下動而上巽，動而巽也。爲益之道，其動巽順於理，則其益日進，廣大无有疆限也。動而不順於理，豈能成大益也。以天地之功，言益道之大，聖人體之以益天下也。天道資始，地道生物，天施地生，化育萬物，各正性命，其益可謂无方矣。方，所也。有方所則有限量，无方謂廣大无窮極也。天地之益萬物，豈有窮際乎。天地之益无窮者，理而已矣。聖人利益天下之道，應時順理，與天地合，與時偕行也。

集說 顧氏象德曰：旣奮發又沈潛，學所以日新，故日進无疆。天下施，地上行，化所以不已，故其益无方。此皆時之自然者，故曰凡益之道，與時偕行。

案：動巽取卦德，施生取卦象。風者天施也，故姤有施命之象。雷者地生也，故解有甲拆之象。損之與時偕行者，時當損而損也。益之與時偕行者，時當益而益也。人事也，造化也，非氣候之至，則不能强爲益也。

象曰：風雷，益。君子以見善則遷，有過則改。

本義 風雷之勢，交相助益。遷善改過，益之大者，而其相益亦猶是也。程傳 風烈則雷迅，雷激則風怒。

二物相益者也君子觀風雷相益之象而求益於已為益之道无若見善則遷有過則改也見善能遷則可以盡天下之善有過能改則无過矣益於人者无大於是

集說 王氏弼曰遷善改過益莫大焉○胡氏炳文曰雷與風自有相益之勢速於遷善則過當益寡決於改過則善當益純是遷善改過又自有相益之功也○蔣氏悌生曰風雷相益迅速不遲君子法之見善則即遷知過必速改不可猶豫○何氏楷曰咸言速心之德通於虛也不損不虛懲忿窒欲損之又損致虛以復其為咸恒言久心之德凝於實也不益不實遷善改過益之又益充實而成其為恒

案雷者動陽氣者也故人心奮發而勇於善者如之風者散陰氣者也故人心蕩滌以消其惡者如之

初九利用為大作元吉无咎

本義初雖居下。然當益下之時。受上之益者也。不可徒然无所報效。故利用爲大作。必元吉。然後得无咎。

程傳初九震動之主。剛陽之盛也。居益之時。其才足以益物。雖居至下。而上有六四之大臣應於己。四巽順之主。上能巽於君。下能順於賢才也。在下者不能有爲也。得在上者應從之。則宜以其道輔於上。作大益天下之事。利用爲大作也。居下而得上之用以行其志。必須所爲大善而吉。則无過咎。不能元吉。則不惟在己有咎。乃累乎上。爲上之咎也。在至下而當大任。小善不足以稱也。故必元吉。然後得无咎。

集說朱子語類云。初九在下。爲四所任而大作者。必盡善而後无咎。若所作不盡善。未免有咎也。

案卦以損四益初爲義。則初亦受益之極。卦之主也。故其辭亦與卦同。利用爲大作者。即彖所謂利有攸往利涉大川也。必大爲益人之事。然後可以自受其益。非然則受大益者。乃所以爲大損矣。凡易中言吉无咎者皆謂得吉而後可以免咎。而損象辭及此爻與萃四之辭爲尤著。

象曰：元吉无咎，下不厚事也。

本義 下本不當任厚事，故不如是不足以塞咎也。

程傳 在下者本不當處厚事。厚事，重大之事也。以爲在上所任，所以當大事，必能濟大事而致元吉，乃爲无咎。能致元吉，則在上者任之爲知人，已當之爲勝任。不然，則上下皆有咎也。

集說 鄭氏汝諧曰：得益者非以是而自私也。故損之上利有攸往，得臣无家；益之初利用爲大作。爲大作者，當爲大益之事也。然在下而爲大益之事，位未崇也，誠未孚也，必元吉然後无咎，以其位非厚事之地也。○朱子語類云：利用大作，象曰下不厚事也。自此推之，則凡居下者不當厚事。如子之於父，臣之於君，僚屬之於官長，皆不可以踰分越職。縱可爲，亦須是盡善方能無過，所以有元吉无咎之戒也。

六二或益之十朋之龜弗克違永貞吉王用享于帝吉

本義六二當益下之時虛中處下故其象占與損六五同然爻位皆陰故以永貞爲戒以其居下而受上之益故又爲卜郊之吉占

程傳六二處中正而體柔順有虛中之象人處中正之道虛其中以求益而能順從天下孰不願告而益之孟子曰夫苟好善則四海之內皆將輕千里而來告之以善夫滿則不受虛則來物理自然也故或有可益之事則衆朋助而益之十者衆辭衆人所是理之至當也龜者占吉凶辨是非之物言其至是龜不能違也永貞吉就六二之才而言二中正虛中能得衆人之益者也然而質本陰柔故戒在常永貞固則吉也求益之道非永貞則安能守也損之六五十朋之則元吉者蓋居尊自損應下之剛以柔而居

御纂周易折中 下經 益

剛柔爲虛受，剛爲固守，求益之至善，故元吉也。六二虛中求益，亦有剛陽之應，而以柔居柔，疑益之未固也，故戒能常永貞固則吉也。王用享于帝吉，如二之虛中而能永貞，用以享上帝，猶當獲吉，況與人接物，其意有不通乎？求益於人，有不應乎？祭天，天子之事，故云王用也。

集說　王氏逢曰：爲臣若是，王者用之可享上帝。

○郭氏雍曰：或益之，益之人益之也。十朋之龜弗克違，鬼神益之也。王用享于帝吉，天益之也。天且弗違，況於人與？鬼神乎？

○蘭氏廷瑞曰：六二柔順受益之臣，王用之可以享帝獲吉，如成湯用伊尹而享天心，太戊用伊陟而格上帝。

○李氏簡曰：王用享于帝吉，猶言使之主祭而百神享之也。

○鄭氏維嶽曰：王用享帝，言王用六二以享帝也。古人一德克享天心，又曰籲俊尊上帝。

案：郭氏說於文意甚明。益之者人也，弗克違者鬼神也，然必克當天心，乃獲是應，故損五象傳推本於自上祐。

而此爻辭又更有享於上帝之義也。鄭氏謂王用六二以享帝者極是。隨上升四。其義皆同。但彼云西山岐山而此云上帝者。彼但言鬼神享之而已。此爻上文既云朋龜弗違。則鬼神其依之義已見。故復推而上之至於上帝。若山川之神。則不大於蓍龜也。

象曰。或益之。自外來也。

本義 或者。衆无定主之辭。程傳 既中正虛中。能受天下之善而固守。則有有益之事。衆人自外來益之矣。或曰自外來。豈非謂五乎。曰如二之中正虛中。天下孰不願益之。五爲正應。固在其中矣。集說 孔氏穎達曰。自外來者。明益之者從外而來。不召而至也。○楊氏簡曰。或益之自外來也。亦猶損六五之或益之自上祐也。皆言本無求益之意而益自至也。曰自外來。言非中心之所期。自外而至也。

六三益之用凶事无咎有孚中行告公用圭

本義六三陰柔不中不正不當得益者也然當益下之時居下之上故有益之以凶事者蓋警戒震動乃所以益之也占者如此然後可以无咎又戒以有孚中行而告公用圭也用圭所以通信

程傳三居下體之上在民上者也乃守令也居陽應剛處動之極居民上而剛決果於爲益者也果於爲益用之凶事則无咎凶事謂患難非常之事三居下之上在下當承禀於上安得自任擅爲益乎唯於患難非常之事則可量宜應卒奮不顧身力庇其民故无咎也下專自任上必忌疾雖當凶難以義在可爲然必有其孚誠而所爲合於中道則誠意通於上而上信與之矣專爲而无爲上愛民之至誠固不可也雖有誠意而所爲不合中行亦不可也圭者通信之物禮云大夫執圭而使所以申信也凡祭祀朝聘用圭玉所以通達誠信也有誠孚而得中道

則能使上信之是猶告公上用圭玉也其孚能通達於上矣在下而有爲之道固當有孚中行又三陰交而不中故發此義或曰三乃陰柔何得反以剛果任事爲義曰三質雖本陰然其居陽乃自處以剛也應剛乃志在乎剛也居動之極剛果於行也以此行益非剛果而何易以所勝爲義故不論其本質也

集說 王氏安石曰以至誠而中行則不獨无咎可以成功圭者所以告成功也○游氏酢曰益則吉矣而用凶事者所謂吉人凶其吉也三居下體之上當震之極不用凶事則高而危滿而溢矣○朱子語類云益之用凶事猶書言用降我凶德嘉績于朕邦○蔡氏淵曰凶事困心衡慮之事在一卦之中故三四皆曰中行○蔡氏清曰當益之時槩當得益而居下之上乃危地也故獨爲益之以凶事之象雖益之而以凶事雖凶事亦益之也所謂苦其心志行拂亂其所爲所以動心忍性增益其所不能者也其功夫又在有孚中行上○張氏振淵曰益不以美事

而以凶事。如投之艱難貞之盤錯。儆戒震動之謂也。无咎。言可因是而遷善補過也。下二句。正言其所以无咎。有孚者。滌慮洗心。誠於體國而不欺。中行者。履正奉公。合於中道而不悖。即此便是上通於君。處猶告公而用圭以通信者然

案此爻與損之六四相反對。損四受下之益者。此爻受上之益者。然皆不言所益。而曰疾。曰凶事。蓋三四凶懼之位也。故其獲益亦與他爻不同。在上位者而知損四之義。則不以下之承奉爲益。而能匡其過。能輔其所不逮者。乃益也。在下位者而知此爻之義。則不以上之恩榮爲益。而試之諸艱。投之以多難者。乃益也。然在損四則宜速以改過。在此爻則宜緩以通誠。乃有以爲受益之地。

象曰。益用凶事。固有之也。

本義益用凶事。欲其困心衡慮而固有之也。

程傳六三益之獨可用於凶事者。以其固有之也。謂專固自任其事也。居下當稟承於上。乃專任其事。唯救民之凶災。拯時之艱急。則可也。乃處急難變故之權宜。故得无咎。若平時則不可也。

集說龔氏煥曰。益之以凶事。雖曰災自外來。而已乃受益。乃其己分之所固有者。非自外來也。

六四。中行告公從。利用爲依遷國。

本義三四皆不得中。故皆以中行爲戒。此言以益下爲心。而合於中行。則告公而見從矣。傳曰。周之東遷。晉鄭焉依。蓋古者遷國以益下。必有所依。然後能立。此爻又爲遷國之吉占也。

程傳四當益時。處近君之位。居得其正。以柔巽輔上。而下順應於初之剛陽。如是可以益於上也。唯處不得其中。而所應又不中。是不足於中也。故云若行得中道，則可以益於君上，告於上而獲信從矣。以柔巽之體，非有剛特之操，故利用爲依遷國。爲依，依附於上也。遷國，順下而動也。上依剛中之君而致其益，下順剛陽之才以行其事，利用如是也。自古國邑民不安其居則遷，遷國者順下而動也。

必告於公也，中行則見從矣。

集說　吳氏曰愼曰：四正主於益下者，然非君位，不敢自專。

案：此爻亦與損三相反對。損三爲卦之所損以益上者，此爻爲卦之所損以益下者，故辭義相類。損三無私交而與上同德，乃可以益上；此爻不專已而與上同德，乃可以益下也。用，用六四也，與六二「王用」之用同。遷國大事也，亦即卦之所謂「利有攸往，利涉大川」者也。

象曰：告公從，以益志也。

程傳爻辭但云得中行則告公而獲從象復明之曰告公而獲從者告之以益天下之志也志苟在於益天下上必信而從之事君者不患上之不從患其志之不誠也集說龔氏煥曰六四之告公以益民爲志故得見從也

九五有孚惠心勿問元吉有孚惠我德

本義上有信以惠於下則下亦有信以惠於上矣不問而元吉可知程傳五剛陽中正居尊位又得六二之中正相應以行其益何所不利以陽實在中有孚之象也以九五之德之才之位而中心至誠在惠益於物其至善大吉不問可知故云勿問元吉人君居得致之位操可致之權苟至誠益於天下天下受其大福其元吉不假言也有孚惠我德人君至誠益於天下天下之人无不至誠愛戴以君之德澤爲恩惠也集

說王氏弼曰得位履尊爲益之主者也爲益之大莫大於信爲惠之大莫大於心因民所利而利之焉惠而不費惠心者也信以惠心盡物之願固不待問而元吉以誠惠物物亦應之故曰有孚惠我德也○呂氏祖謙曰人君但誠心惠民不須問民之感如此然後元吉民皆交孚而惠君之德也苟惠民而先問民之感不感是計功利非誠心惠民者也安能使民之樂應乎○蔡氏清曰惠心惠下之心也惠我德下惠我之德應也而皆孚上感而下應也有孚之施於下者在我只爲心自下之受此施者目之則爲德矣實非有二也○鄭氏維嶽曰損之六五受下之益者也益之九五益下者也損六五受益而獲元吉益九五但知民之當益而已勿問元吉也此惠心之出於有孚者也然上雖不望德於民而民固德其惠矣其德其惠亦出於有孚也故曰王道本於誠意

案勿問二字呂氏說是觀孔子象傳可見

象曰有孚惠心勿問之矣惠我德大得志也

程傳人君有至誠惠益天下之心其元吉不假言也故云勿問之矣天下至誠懷吾德以爲惠是其道大行人君之志得矣 集說崔氏憬曰損上之時一以損己爲念雖有孚惠心及下終不言以彰己功故曰有孚惠心勿問問猶言也如是獲元吉且爲下所信而懷己德故曰有孚惠我德君雖不言人惠其德則我大得志也○張氏振淵曰惠出於心又何問焉大得志非以民之惠我爲得志以我足以致民惠我爲得志也

上九莫益之或擊之立心勿恆凶

本義以陽居益之極求益不已故莫益而或擊之立心勿恒戒之也 程傳上居无位之地非行益於

御纂周易折中 下經 益

繫辭下傳

子曰君子安其身

而後動易其心而後語定其交而後求君子脩此三者故全也危以動則民不與也懼以語則民不應也无交而求則民不與也莫之與則傷之者至矣易曰莫益之或擊之立心勿恒凶

人者也以剛處益之極求益之甚者也所應者陰非取善自益者也利者衆人所同欲也專欲益已其害大矣欲之甚則昏蔽而忘義理求之極則侵奪而致仇怨故夫子曰放於利而行多怨孟子謂先利則不奪不饜聖賢之深戒也九以剛而求益之極衆人所共惡故无益之者而或攻擊之矣立心勿恒凶聖人戒人存心不可專利云勿恒如是凶之道也所當速改也

集說

孔氏穎達曰上九處益之極益之過甚者也求益無厭怨者非一故曰莫益之或擊之也勿猶無也求益無已是立心無恒者也無恒之人必凶咎之所集

案卦義損上益下則上者受損之極者也若以受損爲克已利下亦可而爻義不然者蓋能克已利下則受益莫大焉不得云受損矣故損上以處損之終自損之極而得益爲義此爻以處益之終自益之極而得損爲義書云滿招損謙受益兩爻之意相備也

象曰莫益之偏辭也或擊之自外來也

本義莫益之者猶從其求益之偏辭而言也若究而言之則又有擊之者矣

程傳理者天下之至公利者衆人所同欲苟公其心不失其正理則與衆同利无侵於人人亦欲與之若切於好利蔽於自私求自益以損於人則人亦與之力爭故莫肯益之而有擊奪之者矣云莫益之者非其偏已之辭也苟不偏已合於公道則人亦益之何爲擊之乎既求益於人至於甚極則人皆惡而欲攻之故擊之者自外來也人爲善則千里之外應之六二中正虛已益之者自外而至是也苟爲不善則千里之外違之上九求益之極擊之者自外而至是也繫辭曰君子安其身而後動易其心而後語定其交而後求君子脩此三者故全也危以動則民不與也懼以語則民不應也无交而求則民不與也莫之與則傷之者至矣易曰莫益之或擊之立心勿恆凶君

子言動與求皆以其道乃完。集說胡氏炳文曰二不求益而或益之自外來也上求益而或擊之亦自外來也孰有以來之五之吉由中心之有孚上之凶由立心之勿恆吉凶之道未有不自心生者。

總論熊氏良輔曰損益二卦皆以損陽益陰爲義損自泰來者也益自否來者也天下之理未有泰而不否否而不泰亦未有損而不益益而不損者故泰居上經十一卦而損居下經十一卦泰否損益爲上下經之對後天序易其微意蓋可識矣

䷪ 乾下兌上

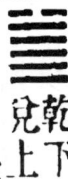

程傳夬序卦益而不已必決故受之以夬夬者決也益之極必決而後止理无常益益而不已已乃決也

夬以一
陰極於

世聖人易之以書契百官以治萬民以察蓋取諸夬
序卦傳
益而不已必決故受之以夬夬者決也
雜卦傳
夬決也剛決柔也君子道長小人道憂也

夬所以次益也。爲卦兌上乾下。以二體言之，澤水之聚也，乃上於至高之處，有潰決之象。以爻言之，五陽在下，長而將極，一陰在上，消而將盡。衆陽上進，決去一陰，所以爲夬也。夬者剛決之義，衆陽進而決去一陰，君子道長，小人消衰將盡之時也。

夬，揚于王庭，孚號有厲。告自邑，不利即戎，利有攸往。

本義 夬，決也，陽決陰也，三月之卦也。以五陽去一陰，決之而已。然其決之也，必正名其罪，而盡誠以呼號其衆，相與合力。然亦尚有危厲，不可安肆。又當先治其私，而不可專尚威武，則利有所往也。皆戒之之辭。

程傳 小人方盛之時，君子之道未勝，安能顯然以正道決去之？故含晦俟時，漸圖消之之道。今既小人衰微，君

上爲義則上六成卦之主也然五陽決陰而五居其上又尊位也故九五爲主卦之主

子道盛。當顯行之於公朝。使人明知善惡。故云揚于王庭。孚信之在中。誠意也。號者。命衆之辭。君子之道雖以長盛。而不敢忘戒備。故至誠以命衆。使知尚有危道。雖以此之甚盛。決彼之甚衰。若易而无備。則有不虞之悔。是尚有危理。必有戒懼之心。則无患也。聖人設戒之意深矣。君子之治小人。以其不善也。必以己之善道勝革之。故聖人誅亂。必先修己。舜之敷文德是也。邑。私邑。告自邑。先自治也。以衆陽之盛。決於一陰。力固有餘。然不可極其剛至於太過。太過乃如蒙上九之爲寇也。戎兵者強武之事。不利卽戎。謂不宜尚壯武也。卽。從也。從戎。尚武也。利有攸往。陽雖盛。未極乎上。陰雖微。猶有未去。是小人尚有存者。君子之道有未至也。故宜進而往也。不尚剛武。而其道益進。乃夬之善也。

集說 游氏酢曰。揚于王庭。誦言于上也。孚號。誕告于下也。告自邑。自近而及遠也。○胡氏炳文曰。以五陽去一陰。而象爲警戒危懼之辭不一。蓋必揚于王庭。使小人之罪明。以至誠呼號其衆使君子之類合不可以小人之衰而遂安肆也有危道焉不可以君子之盛而事威武也有自治之道焉復利往往而為臨為泰為夬也夬利往往而為乾也蓋陰之勢雖微蔓或可滋窮或為敵君子固無時不戒懼尤不可於小人道衰之時忘戒懼也

案以彖傳觀之則揚于王庭者聲罪正辭也孚號有厲者警戒危懼也有厲不指時事謂其心之憂危也夫旣曰揚于王庭矣則所宣告者衆而治之務於武斷矣而又曰告自邑不利卽戎意似相反何也曰雖宣告者衆而其本則在於自脩雖治之貴剛而神武則存乎不殺也蓋告自邑不利卽戎是終孚號有厲之意利有攸往是終揚于王庭之意

彖曰夬決也剛決柔也健而說決而和

本義釋卦名義而贊其德。程傳夬爲決義。五陽決上之一陰也。健而說。決而和。以二體言卦才也。下健而上說。是健而能說。決而能和。決之至善也。兌說爲和。集說何氏楷曰。君子以天下萬物爲一體。如陽德之無所不及。其於小人。未嘗仇視而物畜之也。惟獨恐其剝陽以爲世道累。則不容於不去耳。而矜惜之意未嘗不存。此和意也。

案凡釋卦名之後。復有贊語者。皆以起釋辭之端。此言健而說。決而和。起揚于王庭以下之意也。

揚于王庭。柔乘五剛也。孚號有厲。其危乃光也。告自邑不利卽戎。所尚乃窮也。利有攸往。剛長乃終也。

本義此釋卦辭。柔乘五剛，以卦體言，謂以一小人加於衆君子之上，是其罪也。剛長乃終，謂一變即爲純乾。

程傳柔雖消矣，然居五剛之上，猶爲乘陵之象。陰而乘陽，非理之甚。君子勢既足以去之，當顯揚其罪於王朝大庭，使衆知善惡也。盡誠信以命其衆，而知有危懼，則君子之道乃无虞而光大也。當先自治，不宜專尚剛武，即戎則所尚乃至窮極矣。夬之時所尚謂剛武也。陽剛雖盛，長猶未終，尚有一陰，更當決去，則君子之道純一而无害之者矣，乃剛長之終也。

集說孔氏穎達曰：剛克之道，不可常行。若專用威猛，以此即戎，則便爲尚力取勝，即是決而不和，其道窮矣。所以惟告自邑，不利即戎者，只爲所尚乃窮故也。○項氏安世曰：其危乃光，與中未光相應。不利即戎，與暮夜有戎相應。剛長乃終，與終有凶相應。○胡氏炳文曰：復利有攸往，剛長也。夬利有攸往，剛長乃終也。小人有一人之未去，猶足爲君子之憂；人欲有一分之未盡，猶足爲天理之累必至於純陽爲乾方爲剛長乃終也○吳氏曰愼曰復利有攸往譬如平地之一簣故喜其進而曰剛長也夬利有攸往譬如九仞之尙虧一簣故恐其止而曰剛長乃終也

象曰澤上於天夬君子以施祿及下居德則忌

本義 澤上於天潰決之勢也施祿及下潰決之意也居德則忌未詳 **程傳** 澤水之聚也而上於天至高之處故爲夬象君子觀澤決於上而注溉於下之象則以施祿及下謂施其祿澤以及於下也觀其決潰之象則以居德則忌居德謂安處其德則約也忌防也謂約立防禁有防禁則无潰散也王弼作明忌亦通不云澤在天上而云澤上於天上於天則意不安而有決潰之勢云在天上乃安辭也

案澤上於天所謂稽天之浸也必潰決無疑矣財聚而不散則悖出故君子以施祿及下居身無所畏忌則滿

而溢故君子之居德也則常存畏忌而已禮曰積而能散書曰敬忌而罔有擇言在躬夫如是則何潰決之患之有

初九壯于前趾往不勝爲咎

本義前猶進也當決之時居下任壯不勝宜矣故其象占如此程傳九陽爻而乾體剛健在上之物乃在下而居決時壯于前進者也前趾謂進行人之決於行也行而宜則其決爲是往而不宜則決之過也故往而不勝則爲咎也夬之時而往往決也故以勝負言九居初而壯於進躁於動者也故有不勝之戒陰雖將盡而已之躁動自宜有不勝之咎不計彼也

集說蘇氏軾曰大壯之長則爲夬故夬之初九與大壯之初九無異○朱子語類云壯于前趾與大壯初爻同此卦大率似大壯只爭一畫○蔡氏清曰其不勝者自爲

不勝也故曰爲咎明非時勢不利也

象曰不勝而往咎也。

程傳人之行必度其事可爲然後決之則无過矣理不能勝而且往其咎可知凡行而有咎者皆決之過也。集說王氏申子曰謂非往之爲咎不能度其可勝而後往之爲咎也○谷氏家杰曰夬之道其危乃光勝心不可有也況不勝而往乎

九二惕號莫夜有戎勿恤。

本義九二當決之時剛而居柔又得中道故能憂惕號呼以自戒備而莫夜有戎亦可无患也 程傳夬者陽決陰君子決小人之時不可忘戒備也陽長將極之時而二處中居柔不爲過剛能知戒備處夬之至

善也內懷兢惕而外嚴誠號雖莫夜有兵戎亦可勿恤矣

集說

張子曰警懼申號能孚號而有厲也以必勝之剛決至危之柔能自危厲雖有戎何恤○蘇氏軾曰莫夜警也有戎勿恤靜也○王氏申子曰象言孚號而以有厲處之矣二剛得中而知戒懼故亦惕號蓋必如是而後可免小人乘間抵隙之憂故雖莫夜陰伏之時有兵戎亦不足慮矣以防之密而備之素也○吳氏曰愼曰剛中居柔能憂惕號呼即象之孚號有厲告自邑不利即戎者也雖莫夜有戎而無憂

案此爻辭有以惕號莫夜爲句有戎勿恤爲句者言莫夜人所忽也而猶惕號則所以警懼者素矣有戎人所畏也而不之恤則所以持重者至矣蓋即象之所謂孚號有厲不利即戎者也夫惟無事而惕號故有事而能勿恤史稱終日欽欽如對大敵及臨陳則志氣安閒若不欲戰者是也此卦當以九五爲卦主而象辭之意獨

備於九二者。蓋九二遠陰。主於平時。則發孚號告邑不利即戎之義。九五近陰。主於臨事。則發揚于王庭利有攸往之義。然其爲中行中道則一也。

象曰。有戎勿恤。得中道也。

程傳 莫夜有兵戎。可懼之甚也。然可勿恤者。以自處之善也。既得中道。又知惕懼且有戒備。何事之足恤也。九居二。雖得中。然非正。其爲至善何也。曰陽決陰。君子決小人。而得中。豈有不正也。知時識勢。學易之大方也。

集說 張子曰。能得中道。故剛而不暴。○蘇氏軾曰。能靜而不忘警。能警而不用。得中道矣。與大壯九二貞吉同故。皆稱其得中。

案 有戎勿恤者。謂不輕於即戎也。此所以爲得中道

九三壯于頄有凶君子夬夬獨行遇雨若濡有愠无咎

本義頄顴也九三當決之時以剛而過乎中是欲決小人而剛壯見於面目也如是則有凶道矣然在衆陽之中獨與上六爲應若能果決其決不係私愛則雖合於上六如獨行遇雨至於若濡而爲君子所愠然終必能決去小人而无所咎也溫嶠之於王敦其事類此

程傳爻辭差錯安定胡公移其文曰壯于頄有凶獨行遇雨若濡有愠君子夬夬无咎亦未安也當云壯于頄有凶獨行遇雨君子夬夬若濡有愠无咎夬決尚剛健之時三居下體之上又處健體之極剛果於決者也頄顴骨也在上而未極於上者也三居下體之上雖在上而未爲最上上有君而自任其剛決壯于頄者也有凶之道也獨行遇雨三與上六爲正應方羣陽共

決一陰之時，已若以私應之，故不與衆同而獨行，則與上六陰陽和合，故云遇雨。易中言雨者，皆謂陰陽和也。君子道長，決去小人之時，而己獨與之和，其非可知。唯君子處斯時，則能夬夬，謂夬其夬，果決其斷也。雖其私與，當遠絕之，若見濡汚，有慍惡之色，如此則无過咎也。三健體而處正，非必有是失也，因此義以爲教耳。爻文所以交錯者，由有遇雨字，又有濡字，故誤以爲連也。

集說 陸氏希聲曰：當君子之世而應小人，故外有沾汚之累，內有慍恨之心，然後獲无咎者，志有存焉。○王氏安石曰：九三乾體之上，剛亢外見，壯于頄者也。夬夬者，必乎夬夬之辭也。應乎上六，疑於汚也，故曰若濡。君子之所爲，衆人固不識，若濡則有慍之者矣。和而不同，有夬夬之志焉，何咎之有。○郭氏雍曰：夬與大壯內卦三爻相類，故初九九三言壯。壯者，小人用剛之事，非大者之壯也。二卦九三皆具君子小人二義，故大壯曰小人用壯，君子用罔，而此曰壯于頄有凶，君子夬夬是也。以小人用壯言之。則知壯于頄者。小人之事也。是以凶也。唯君子明夬夬之義。則終无咎矣。○朱子語類云。君子之去小人。不必悻悻然見於面目。至於遇雨而爲所濡濕。雖爲衆陽所慍。然志在決陰。故得无咎也。蓋九三雖與上六爲應。而以剛居剛。有能決之象。故壯于頄則有凶。而和柔以去之。乃无咎。○蔡氏淸曰。大意謂君子之去小人。顧其本心何如耳。本心果是要決小人。則雖暫與之合。而爲善類之慍。終必能決之而无咎。不愈於壯于頄而有凶乎。此所以貴於決而和也。○何氏楷曰。上六爲成兌之主。澤上於天。故稱雨。以其適値而非本心也。故稱遇。本非濡也。而迹類之。故稱若或觀其迹而不察其心也。故稱有慍。

象曰。君子夬夬。終无咎也。

程傳 牽梏於私好。由无決也。君子義之與比。決於當決。故終不至於有咎也。

集說 黃氏淳耀曰。終

對始言之始雖若濡有慍終必決去而无咎也

九四臀无膚其行次且牽羊悔亡聞言不信

本義 以陽居陰不中不正居則不安行則不進若不與衆陽競進而安出其後則可以亡其悔然當決之時志在上進必不能也占者聞言而信則轉凶而吉矣牽羊者當其前則不進縱之使前而隨其後則可以行矣

程傳 臀无膚居不安也行次且進不前也次且進難之狀九四以陽居陰剛決不足欲止則衆陽並進於下勢不得安猶臀傷而居不能安也欲行則居柔失其剛壯不能強進故其行次且也牽羊悔亡羊者羣行之物牽者挽拽之義言若能自強而牽挽以從羣行則可以亡其悔然既處柔必不能也雖使聞是言亦必不能信用也夫過而能改聞善而能用克己以從義唯剛明者能之在它卦九居四其失未至如此之甚在夬

而居柔。其害大矣。

集說方氏應祥曰。牽羊之說。本義謂讓羊使前而隨其後。則羊乃衆君子之象。若就兌羊之象言之。則羊還是九四。羊性善觸。不至羸角不已。聖人敎以自牽其羊。抑其很性。則可以亡悔矣。是亦壯頄有凶之意。

案譬者。與陰相背之物也。夬四姤三。皆與陰連體而相背。故皆以臀爲象。夫相背則勢猶相遠。緩以處之可也。若臀有膚。則能安坐矣。臀无膚。喻四之不能安坐也。不能安坐。故次且而欲進。所以然者。不能自制其剛壯故也。苟能制其剛壯。如牽羊然。則可亡其悔。特恐當此時也。聞持重之言而不信耳。聖人於占戒之外。又設爲反辭者。凡人有所憂畏瞻慮。則受警戒也易。時之可爲。勢之可乘。一則恐失事機。二則恐犯衆議。是以聞言而多不信也。牽羊。方氏說善。

象曰：其行次且，位不當也。聞言不信，聰不明也。

程傳 九處陰，位不當也。以陽居柔，失其剛決，故不能强進，其行次且。剛然後能明，處柔則遷，失其正性，豈復有明也？故聞言而不能信者，蓋其聰聽之不明也。

案 四與陰尚隔，位不當者，借爻位以明四之未當事任，而欲次且前進之非宜也。

九五：莧陸夬夬，中行无咎。

本義 莧陸，今馬齒莧，感陰氣之多者。九五當決之時，爲決之主，而切近上六之陰，如莧陸然。若決而決之，而又不爲過暴，合於中行，則无咎矣。戒占者當如是也。 程傳 位然切近於上六，上六說體，而卦獨一陰，陽之所比也。五爲決陰之主，而反比之，其咎大矣。故必決其決，如莧陸然，則於其中行之德爲无咎也。中行，中道也。莧陸，今所謂馬齒莧是也。曝之難乾，感陰氣之多者也，而脆易折。五若如莧陸，雖感於陰而決斷之易，則於中行无過咎矣。不然則失其中正也。感陰多之物，莧陸爲易斷，故取爲象。

集說

鄭氏汝諧曰：莧陸，本草云一名商陸，其根至蔓，雖盡取之而旁根復生，小人之類難絕如此。○朱子語類云：莧陸是兩物，莧者馬齒莧，陸者章陸，一名商陸，皆感陰氣多之物。藥中用商陸治水腫，其物難乾，其子紅。○項氏安世曰：夬夬者，重夬也。當夬者上六也，三應之，五比之，嫌其不能夬也，故皆以夬夬明之。三謂之遇雨，五謂之莧陸，皆與陰俱行者也。比於陰而能自決以保其中，故可免咎。

案此言莧陸夬夬，猶姤言包瓜，皆以細草陰類喻小人也。時當含章則包之，時當揚庭則決之，然其包之也以杞，剛之體不失也；其決之也以中行，柔之用兼濟也。

象曰。中行无咎。中未光也。

本義程傳備矣。程傳卦辭言夬夬。則於中行爲无咎矣。象復盡其義云中未光也。夫人心正意誠。乃能極中正之道。而充實光輝。五心有所比。以義之不可而決之。雖行於外。不失中正之義。可以无咎。然於中道未得爲光大也。蓋人心一有所欲。則離道矣。夫子於此示人之意深矣。

集說張子曰。陽近於陰。不能無累。故必正其行。然後免咎。○趙氏汝楳曰。他卦貴於中行。此爻乃止於无咎。其亦體兌之說。溺於上而致然乎。故於中爲未光也。

案張子之說極是。蓋因中未光。故貴於中行。非謂雖中行而猶未光也。

上六。无號。終有凶。

本義陰柔小人。居窮極之時。黨類已盡。无所號呼。終必有凶也。占者有君子之德。則其敵當之。不然反是。

程傳陽長將極。陰消將盡。獨一陰處窮極之地。是衆君子得時。決去危極之小人也。其勢必須消盡。故云无用號咷畏懼。

集說蘇氏軾曰。无號者。不警也。陽不警。終必有凶也。則有以乘之矣。○楊氏簡曰。柔已決去。剛道已長。然不可不敬戒。苟忽焉不敬不戒。不警號。則亦終有凶。雖未必凶遂至。而既不警戒。則放逸則失道矣。失道者。終於凶。○蔣氏悌生曰。易爲君子謀。不爲小人謀。詳味此爻。若如傳義說。似爲小人謀。恐只依卦辭孚號有厲之意。言雖是五陽決去一陰。尚存爲君子之計。苟或黙然養禍。則其終必致凶。聖人之情。何嘗慮小人有凶也。

象曰。无號之凶。終不可長也。

程傳陽剛君子之道進而益盛小人之道既已窮極自然消亡豈復能長久乎雖號咷无以爲也故云終不可長也先儒以卦中有孚號惕號欲以无號爲无號作去聲謂无用更加號令非也一卦中適有兩去聲字一平聲字何害而讀易者率皆疑之或曰聖人之於天下雖大惡未嘗必絕之也今直使之无號謂必有凶可乎曰夬者小人之道消亡之時也決去小人之道豈必盡誅之乎使之變革乃小人之道亡也道亡乃其凶也徐氏幾曰夬決也以盛進之五剛決衰退之一柔

總論其勢若甚易然而聖人不敢以易而忽之故於夬之一卦丁寧深切所以周防戒備者無所不至○龔氏煥曰夬卦似大壯故諸爻多與大壯相似初之壯于趾三之壯于頄之類是也夬以五陽決一陰其壯甚矣聖人慮其夬決之過故於爻皆致戒而以陽居陽者爲尤甚焉陽之決陰君子之去小人亦貴乎中而已矣

序卦傳

決必有所遇故受之以姤姤者遇也

雜卦傳

姤遇也柔遇剛也

案夬之與壯前三爻全相類是已後三爻先儒未詳說須知壯之當前者四也夬之當前者五也故壯四之藩決即夬五之夬夬若壯之六五則壯已過而非用壯之時夬之九四則夬未及而亦未可爲果決之事故壯五之喪羊即夬四之牽羊也若壯上之艱夬上之號則戒之始終不忘危懼而已壯不如夬之盛故猶曰不能遂夬則可以遂矣然其危懼之心同也

䷫ 巽下 乾上

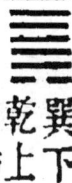

程傳 姤序卦夬決也決必有遇故受之以姤姤遇也決判也物之決判則有遇合本合則何遇姤所以次夬也爲卦乾上巽下以二體言之風行天下天之下者萬物也風之行无不經觸乃遇之象又一陰始生於下陰與陽遇也故爲姤

姤以一陰生於下爲義則初六成卦之主也然

姤。女壯。勿用取女。

本義 姤。遇也。決盡則爲純乾四月之卦。至姤然後一陰可見。而爲五月之卦。以其本非所望。而卒然值之如不期而遇者。故爲遇。遇已非正。又一陰而遇五陽。則女德不貞而壯之甚也。取以自配。必害乎陽。故其象占如此。程傳 一陰始生。自是而長。漸以盛大。是女之將長壯也。陰長則陽消。女壯則男弱。故戒勿用取如是之女。取女者。欲其柔和順從以成家道。姤乃方進之陰漸壯而敵陽者。是以不可取也。女漸壯則失男女之正家道敗矣。姤雖一陰甚微。然有漸壯之道。所以戒也。集說 孔氏穎達曰。姤。遇也。此卦一柔而遇五剛。故名爲姤。施之於人。則是一女而遇五男。爲壯至甚。故戒之曰。此女壯甚。勿用取此女也。○郭氏雍曰。陽至四五而後言壯。姤一陰方長。郎爲壯者。亦見君子小人之情不同也。○焉氏椅曰。古文姤作遘。遇也。亦婚媾也。以女遇

五陽皆有制陰之義而惟二五以剛中之德一則與之相切近以制之一則居尊臨其上以制之故九五九二爲主卦之主

男爲象。王洙易改爲今文爲姤。雜卦猶是古文。鄭本同。○胡氏炳文曰。女壯。諸家皆以爲一陰有將盛之漸。本義以爲一陰當五陽。已有女壯之象。

案女壯之義。非以一陰始生於下爲壯。亦非以一陰獨當五陽爲壯。蓋卦以陰爲主。陰而爲主。卽是壯也。

彖曰。姤。遇也。柔遇剛也。

本義釋卦名。**程傳**姤之義遇也。卦之爲姤。以柔遇剛也。一陰方生。始與陽相遇也。**集說**趙氏汝楳曰。柔遇剛者。明非剛遇柔也。○林氏希元曰。依本義。是陽遇陰。依彖傳。是陰遇陽。彖傳乃本義以一陰而遇五陽。意蓋彖傳是爲下文勿用取女。不可與長而設也。

案柔遇剛者。以柔爲主也。如臣之專制。如牝之司晨。得不謂壯乎。故不復釋女壯。而直釋勿用取女之義。

勿用取女。不可與長也。

本義 釋卦辭。 程傳 一陰既生。漸長而盛。陰盛則陽衰矣。取女者欲長久而成家也。此漸盛之陰將消勝於陽。不可與之長久也。凡女子小人夷狄勢苟漸盛。何可與久也。故戒勿用取如是之女。 集說 鄭氏康成曰。一陰承五陽。苟相遇耳。非禮之正。女壯如是。故不可娶。○王氏肅曰。女不可娶。以其不正。不可與長久也。○蘇氏軾曰。姤者所遇而合。無適應之謂也。故其女不可與長。○李氏舜臣曰。以一陰遇五陽。女下於男。有女不正之象。故曰勿用取女。咸所以取女吉者。以男下女得婚姻正禮故也。若蒙之六三。以陰而先求陽。其行不順。故亦曰勿用取女。

天地相遇。品物咸章也。

本義以卦體言。程傳陰始生於下，與陽相遇，天地相遇也。陰陽不相交遇，則萬物不生，天地相遇，則化育庶類，品物咸章，萬物章明也。

剛遇中正，天下大行也。

本義指九五。程傳以卦才言也。五與二皆以陽剛居中與正，以中正相遇也。君得剛中之臣，臣遇中正之君，君臣以剛陽遇中正，其道可以大行於天下矣。

姤之時義大矣哉。

本義幾微之際，聖人所謹。程傳贊姤之時與姤之義至大也。天地不相遇則萬物不生，君臣不相遇則政治不興，聖賢不相遇則道德不亨，事物不相遇則功用不成。姤之時與義皆甚大也。集說朱子語類問姤之時義大矣哉。本義云。幾微之際。聖人所謹。與伊川之說不同。何也。曰。上面說天地相遇。至天下大行也。而不好之漸。已生於微矣。故當謹於此。○吳氏曰慎曰。姤爲陰遇陽之卦。陰陽有當遇者。如天地相遇。及君臣夫婦之類。是不能相無者。有遇而當制者。如勿用取女及小人妄念之類。是不容並立者。時義大矣哉。程傳重遇字。專以遇之善者言。本義重制字。專以遇之不善者言。竊意此語總承上文兩端而言可也。

案。必如天地之相遇。而後品物咸章也。必如此卦以羣剛遇中正之君。然後天下大行也。苟天地之相遇而有陰邪干於其間。君臣之相遇。而有宵類介乎其側。則在天地爲伏陰。在國家爲隱慝。而有女壯之象矣。

象曰。天下有風。姤。后以施命誥四方。

程傳　風行天下。无所不周。爲君后者觀其周徧之象。以施其命令。周誥四方也。風行地上。與天下有風。皆

爲周徧庶物之象而行於地上徧觸萬物則爲觀經歷
觀省之象也行於天下周徧四方則爲姤施發命令之
象也諸象或稱先王或稱后或稱君子大人稱先王者
先王所以立法制建國作樂省方敕法閉關育物享帝
皆是也稱后者后王之所爲也財成天地之道施命誥
四方是也稱君子則上下之通稱大人者王公之通稱

集說龔氏煥曰天下有風姤與風行地上觀相似故在
姤則曰施命誥四方在觀則曰省方觀民設敎曰
施曰誥自上而下天下有風之象也曰
省曰觀周歷徧覽風行地上之象也

案巽之申命因有積弊而振飭之也姤之施命與巽正
同蓋在三畫之卦爲巽者在六畫之卦卽爲姤也施命
中命所以消隱慝除積
弊法風之吹散伏陰也

初六。繫于金柅。貞吉。有攸往。見凶。羸豕孚蹢躅。

本義柅所以止車以金爲之其剛可知一陰始生靜正則吉往進則凶故以二義戒小人使不害於君子則有吉而无凶然其勢不可止也故以羸豕蹢躅曉君子使深爲之備云

程傳姤陰始生而將長之卦一陰生則長而漸盛陰長則陽消小人道長也制之當於其微而未盛之時柅止車之物金爲之堅強之至也止之以金柅而又繫之止之固也固止使不得進則陽剛貞正之道吉也使之進往則漸盛而害於陽是見凶也羸豕孚蹢躅聖人重爲之戒言陰雖甚微不可忽也豕陰躁之物故以爲況羸弱之豕雖未能強猛然其中心在乎蹢躅蹢躅跳躑也陰微而在下可謂羸矣然其中心常在乎消陽也君子小人異道小人雖微弱之時未嘗无害君子之心防於微則无能爲矣

集說丘氏富國曰姤之所以爲姤者在此一爻一陰始生非以金柅繫之則柔道何所牽制而不敢進繫之所以防之也○胡氏炳文曰彖總一卦而言則以一陰而當五陽

故於女爲壯爻指一畫而言五陽之下一陰甚微故於豕爲羸壯可畏也羸不可忽也

案一陰窮於上衆以爲無凶矣而曰終有凶防其後之辭也一陰伏於下衆未覺其凶矣而曰見凶察於先之辭也陰陽消息循環無端能察於先卽所以防其後能防其後卽所以察於先也

象曰繫于金柅。柔道牽也。

本義牽進也以其進故止之 程傳牽者引而進也陰始生而漸進柔道方牽也繫之于金柅所以止其進也不使進則不能消正道乃貞吉也 集說孔氏穎達曰柔道牽者陰柔之道必須有所牽繫也○鄭氏汝諧曰此羸豕也力雖微而其志則蹢躅惟信其蹢躅則不可不有所牽制故曰柔道牽也○趙氏汝楳曰姤之初言繫言牽。惡陰之長而止之也

九二包有魚无咎不利賓

本義 魚陰物二與初遇爲包有魚之象然制之在已故猶可以无咎若不制而使遇於衆則其爲害廣矣故其象占如此 程傳 姤遇也二與初密比相遇者也在他卦則初正應於四在姤則以遇爲重相遇之道主於專一二之剛中遇固以誠然初之陰柔羣陽在上而又有所應者其志所求也陰柔之質鮮克貞固二之於初難得其誠心矣所遇不得其誠心遇道之乖也包者苴裹也魚陰物之美者陽之於陰其所悅美故取魚象二於初若能固畜之如包苴之有魚則於遇爲无咎矣賓外來者也不利賓包苴之魚豈能及賓謂不可更及外人也遇道當專一二則雜矣 集說 陸氏希聲曰不正之陰與剛中之二相比能包而有之使其邪不及於外○李氏開曰剝之貫魚姤之包有魚皆能制陰者也○胡氏炳文曰包如包苴之包容之於內而制

之使不得逸於外也○何氏楷曰包字與繫豕包瓜同意古之小人所以亂天下者往往君子激之也二曰包有魚則不視小人爲異類而直以兼容之量包之既不邇之使近亦不激之使無所容其何咎焉

案制陰之義不取諸九四之相應而取諸九二之相比者陰陽主卦皆以近比者爲親切而處之又有中有不中焉故復六四之獨復亦不如六二休復之爲美也夬五近上則有莧陸之嫌姤二比初獨不以陰邪爲累乎曰夬之陰其勢極矣如病之既劇如亂之已成非有以除去之不可姤則陰始生也如病將發如亂初萌豫防而早治之則不至於盛長矣觀乎不利賓之戒未嘗不以陰邪之漸馴爲諄諄也詩云敝笱在梁其魚魴鰥齊子歸止其從如雲是不能制之而使及賓之驗矣

象曰包有魚義不及賓也

程傳二之遇初，不可使有二於外，當如包苴之有魚。包苴之魚，義不及於賓客也。

集說吳氏曰愼曰：九二既包有魚，則當盡其防制之責。以義言之，不可使遇於賓也。若不制而使遇於賓，則失其義矣。

九三，臀无膚，其行次且，厲，无大咎。

本義九三過剛不中，下不遇於初，上无應於上，居則不安，行則不進，故其象占如此。然既无所遇，則无陰邪之傷，故雖危厲而无大咎也。程傳二與初既相遇，三說初而密比於二，非所安也，又爲二所忌惡，其居不安，若臀之无膚也。處既不安，則當去之，而居姤之時，志求乎遇，一陰在下，是所欲也，故處雖不安，而其行則又次且也。次且，進難之狀，謂不能遽舍也。然三剛正而處巽，有不終迷之義，若知其不正而懷危懼，不敢妄動，則可以无大咎也。非義求遇，固已有咎矣，知危而止，則不至於大也。集說李氏簡曰：居則臀在下，故困初

六言臀行則臀在中故夬姤三四言臀

案臀无膚之義與夬四同其行次且志欲制陰也非其位任而欲制之有危道焉然於義則无咎

象曰其行次且行未牽也

程傳其始志在求遇於初故其行遲遲未牽不促其行也既知危而改之故未至於大咎也

集說郭氏雍曰无膚次且之厲蓋未嘗牽勉而妄行焉是以至此

案易中言牽者自小畜至此皆當爲牽制之義

九四包无魚起凶

本義初六正應已遇於二而不及於己故其象占如此

程傳包者所裹畜也魚所美也四與初爲

正應當相遇者也而初已遇於二矣失其所遇猶包之无魚亡其所有也四當姤遇之時居上位而失其下下之離由己之失德也四之失者不中正也以不中正而失其民所以凶也曰初之從二以比近也豈四之罪乎曰在四而言義當有咎不能保其下由失道也豈有上不失道而下離者乎遇之道君臣民主夫婦朋友皆在焉四以下睽故主民而言爲上而下離必有凶變起者將生之謂民心既離難將作矣

集說 吳氏曰慎曰九三以不遇陰而无大咎上九以不遇陰而无咎四則包无魚起凶何也蓋初六本其正應當遇而不遇故也

案四與初正應當制陰之任者也然不能制之而爲包无魚之象何也曰此與夬之九三同當決陰制陰之任而德非中正故一則剛强而懷慍怒一則疾惡而胥絕遠無包容之量無制服之方故也以是爻德而適化卦

義取女之戒。則其起凶宜矣。書曰。寬而有制。有容德乃大。又曰。爾無忿疾于頑。是包有魚无魚之所由分也。

象曰。无魚之凶。遠民也。

本義民之去已。猶已遠之。程傳下之離。由己致之。遠民者己遠之也。為上者有以使之離也。

集說余氏本曰。言其使民失道。無以結民之心。致民之去。已由己之遠乎民也。

案九四因與陰相應。故惡而欲遠之。正如夬三壯于頄之意。徒欲遠之而不能容之。此所以包無魚也。君子之於小人也。惟其能容之。是以能制之。不能容之。則彼自絕矣。欲以力制。不亦難乎。書曰。民可近。不可下。此之謂也。

九五。以杞包瓜。含章。有隕自天。

本義瓜陰物之在下者甘美而善潰杞高大堅實之木也五以陽剛中正主卦於上而下防始生必潰之陰其象如此然陰陽迭勝時運之常若能含晦章美靜以制之則可以回造化矣有隕自天本无而倏有之象也

程傳九五下亦无應非有遇也然得遇之道故終必有遇夫上下之遇由相求也杞高木而葉大處高體大而可以包物者杞也美實之在下者瓜也美而居下者側微之賢之象也九五尊居君位而下求賢才以至高而求至下猶以杞葉而包瓜能自降屈如此又其內蘊中正之德充實章美人君如是則无有不遇所求者也雖屈已求賢若其德不正賢者不屑也故必含蓄章美內積至誠則有隕自天矣猶云自天而降言必得之也自古人君至誠降屈以中正之道求天下之賢未有不遇者也高宗感於夢寐文王遇於漁釣皆由是道也

集說胡氏炳文曰魚與瓜皆陰物二與初遇故包有魚五與初無相遇之道猶以高大之杞而包在

地之瓜也然瓜雖始生而必潰九五陽剛中正能含晦章美靜以待之是雖陰陽消長時運之常而造化未有不可回者姤其將可轉而爲復乎○俞氏琰曰含即包之謂其初含蓄不露一旦瓜熟蒂脫自杞墜地故曰含章有隕自天○林氏希元曰含章不是全無所事是用意周密不動聲色而自有以消患於方萌也

案五爲卦主而與陰無比應得卦勿用取女之義也夫與陰雖無比應而爲卦主則有制陰之任焉故極言脩德回天之道

象曰九五含章中正也有隕自天志不舍命也

程傳所謂含章謂其含蘊中正之德也德充實則成章而有輝光命天理也舍違也至誠中正屈已求賢存志合於天理所以有隕自天必得之矣

集說蘇氏軾曰陰長而消陽天之命也有以勝之人之志也君

御纂周易折中　下經　姤

子不以命廢志故九五之志堅則必有自天而隕者言人之至者天不能勝也○楊氏啟新曰陰陽迭勝天運自然而心心念念不舍天命以靜制之此所以挽回造化也棻詩云桑之落矣其黃而隕故有隕自天謂天時既至而瓜隕也雖天命之必然亦由君子積誠脩德與之符會故曰志不舍命

上九姤其角吝无咎

本義角剛乎上者也上九以剛居上而无位不得其遇故其象占與九三類 程傳至剛而在最上者角也九以剛居上故以角爲象人之相遇由降屈以相從和順以相接故能合也上九高亢而剛極人誰與之以此求遇固可吝也已則如是人之遠之非他人之罪也由己致之故无所歸咎 集說徐氏幾曰上九

處姤之窮。與初無遇。雖吝。然亦无咎。陰不必遇也。○胡氏炳文曰。九三以剛居下卦之上。於初陰無所遇。故雖厲而无大咎。上九以剛居上卦之上。於初陰亦不得其遇。故雖吝而亦无咎。遇本非正。不遇不足爲咎也。

案此爻亦與共初反對。皆與陰絕遠者也。不與陰遇。不能制陰。故可吝。然非其事任也。故无咎。此如避世之士。不能救時而亦身不與亂者也。

象曰。姤其角。上窮吝也。

程傳既處窮上。剛亦極矣。是上窮而致吝也。以剛極居高而求遇。不亦難乎。

案不與陰遇。雖无咎。然君子終以不能濟時爲可羞。爲其身在事外。所處之窮故爾。

䷬ 坤下 兌上

序卦傳
物相遇而後聚故受之以萃萃者聚也

雜卦傳
萃聚而升不來也

程傳萃序卦姤者遇也物相遇而后聚故受之以萃萃者聚也物相會遇則成羣萃所以次姤也爲卦兌上坤下澤上於地水之聚也故爲萃不言澤在地上而云澤上於地則爲方聚之義也

萃亨王假有廟利見大人亨利貞用大牲吉利有攸往

本義萃聚也坤順兌說九五剛中而二應之又爲澤上於地萬物萃聚之象故爲萃亨字衍文王假有廟言王者可以至乎宗廟之中王者卜祭之吉占也祭義曰公假于太廟是也廟所以聚祖考之精神又人必能聚已之精神則可以至於廟而承祖考也物既聚則必見大人而後可以得亨然又必利於正所聚不正則亦不能亨也大牲必聚而後有聚則可以有所往皆占吉而有戒之辭 程傳王者萃聚天下之道至於有廟

萃以九五爲主而九四次之卦惟二陽而居高位爲衆陰所萃也

極也。羣生至衆也，而可一其歸仰。人心莫知其鄉也，而能致其誠敬。鬼神之不可度也，而能致其來格。天下萃合人心，總攝衆志之道非一，其至大莫過於宗廟，故王者萃天下之道，至於有廟，則萃道之至也。祭祀之報，本於人心，聖人制禮以成其德耳。故豺獺能祭，其性然也。萃下有亨字，羨文也。亨字自在下，與渙不同。渙則先言卦才，萃乃先言卦義，彖辭甚明。天下之聚，必得大人以治之。人聚則亂，物聚則爭，事聚則紊，非大人治之，則萃所以致爭亂也。萃以不正，則人聚爲苟合，財聚爲悖入，安得亨乎？故利貞。萃者豐厚之時也，其用宜稱，故用大牲吉。事莫重於祭，故以祭享而言。上交鬼神，下接民物，百用莫不皆然。當萃之時，而交物以厚，則是享豐富之吉也。天下莫不同其富樂矣。若時之厚而交物以薄，乃不享其豐美。天下莫之與而悔吝生矣。蓋隨時之宜，順理而行，故彖云順天命也。夫不能有爲者，力之不足也；當萃之時，故利有攸往。大凡興工立事，貴得可爲之時。

萃而後用是動而有裕天理然也。

集說 程子曰萃渙皆立廟因其精神之萃而形於此爲其渙散故立此以收之。○項氏安世曰卦名下元無亨字獨王肅本有王弼遂用其說孔子彖辭初不及此字。○趙氏汝騰曰陽居五而五陰從之爲比陽居五與四而四陰從之爲萃二卦相似然比者衆陰始附之初聖人作而萬物覩之時也萃者二陽相比羣陰萃而歸之君臣同德萬物盛多之時也。○龔氏煥曰假字疑當作昭假烈祖之假謂感格也王者致祭於宗廟以己之精神感格祖考之精神所以爲萃也。○何氏楷曰用大牲吉承王假有廟言利有攸往承利見大人言。

案以象傳觀之利見大人亨利貞爲一事無疑王假有廟者神人之聚也利見大人者上下之聚也用大牲吉廣言羣祀由假廟而推之皆所以聚於神也利有攸往廣言所行由見大人而推之皆所以聚於人也。

彖曰萃聚也順以說剛中而應故聚也

本義以卦德卦體釋卦名義　程傳萃之義聚也順以說以卦才言也上說而下順爲上以說道使民而順於人心下說上之政令而順從於上既上下順說又陽剛處中正之位而下有應助如此故能聚也欲天下之萃才非如是不能也

案順以說剛中而應亦非正釋卦名乃就卦德而推原所以聚者以起釋辭之端也蓋順以說是以順道感格起假廟用牲之意剛中而應是有德者居位而上下應之起見大人有攸往之意

王假有廟致孝享也利見大人亨聚以正也用大牲吉利有攸往順天命也

本義釋卦辭 程傳王者萃人心之道至於建立宗廟所以致其孝享之誠也祭祀人心之所自盡也故萃天下之心者无如孝享王者萃天下之道至於有廟則其極也萃之時見大人則能亨蓋聚以正道也見大人則其聚以正道得其正則亨矣萃不以正其能亨乎用大牲承上有廟之文以享祀而言凡事莫不如是豐聚之時交於物者當厚稱其宜也物聚而力贍乃可以有爲故利有攸往皆天理然也故云順天命也

集說來氏知德曰盡志以致其孝盡物以致其享

觀其所聚而天地萬物之情可見矣

本義極言其理而贊之 程傳觀萃之理可以見天地萬物之情也天地之化育萬物之生成凡有者皆聚也有无動靜終始之理聚散而已故觀其所聚則天地萬物之情可見矣 集說王氏弼曰方以

類聚物以羣分情同而後乃聚氣合而後乃羣○胡氏
炳文曰咸之情通恆之情久聚之情一然其所以感所
以恆所以聚則皆有理存焉如天地聖人之感感之理
也如日月之得天聖人之久於道恆之理也萃之聚以
正所謂順天命聚之理也凡天地萬物之可見者皆此
理之可見矣故本義於所感則曰極言感通之理於所
恆則曰極言恆久之道於所
聚亦曰極言其理而贊之
案順天命雖繫於用大牲利有攸往之下然連假廟見
大人之意皆在其中矣蓋萬物本乎天人本乎祖方以
類聚物以羣分聖人作而萬物覩是乃天地人物之所
以聯屬而不散者實天之命也咸恆皆推言造化人事
而後終之以天地萬物之情可見此卦則
天人之義已備故言順天命而遂極贊之

象曰澤上於地萃君子以除戎器戒不虞

本義 除者脩而聚之之謂 **程傳** 澤上於地爲萃聚之象君子觀萃象以除治戎器用戒備於不虞凡物之萃則有不虞度之事故衆聚則有爭物聚則有奪大率既聚則多故矣故觀萃象而戒也除謂簡治也去弊惡也除而聚之

集說 王氏弼曰聚而無防則衆生心所以戒不虞也 ○朱子語類云大凡物聚衆盛處必有爭故當豫爲之備 又澤本當在地中今却上於地上是水盛有潰決奔突之憂故取象如此 ○王氏申子曰澤上有地臨則聚澤者地岸也澤上於地萃則聚澤者隄防也以地岸而聚澤則無隄防之勞以隄防而聚澤則有潰決之憂故君子觀此象爲治世之防除治其戎器以爲不虞之戒若以治安而忘戰守之備則是以舊防爲無用而壞之也其可乎

初六有孚不終乃亂乃萃若號一握爲笑勿恤

往无咎

本義 初六上應九四而隔於二陰，當萃之時不能自守，是有孚而不終，志亂而妄聚也。若呼號正應，則衆以爲笑，但勿恤而往從正應，則无咎矣。戒占者當如是也。 程傳 初與四爲正應，本有孚以相從者也。然當萃時，三陰聚處，柔无守正之節，若捨正應而從其類，乃有孚而不終也。乃亂，惑亂其心也。乃萃，與其同類聚也。初若守正不從，號呼以求正應，則一握笑之矣。一握，俗語一團也，謂衆以爲笑也。若能勿恤而往從剛陽之正應，則无過咎；不然，則入小人之羣矣。 集說 胡氏瑗曰：號謂號咷也。萃聚之世，必上下相求和會，然後必有所濟，故始有號咷之怨，終得與四萃聚而有懽笑也。○王氏宗傳曰：初之於四，相信之志，疑亂而不一也。然居萃之時，上下相求，若號焉，四必說而應之，則一握之頃，變號咷而爲笑樂矣，謂得其所萃也，故戒之曰勿恤，又勉之曰往无咎。○姚氏舜牧曰初四相應此心本自相孚但孚須有終爲善如有孚而不終則乃亂而乃萃矣萃其可亂乎哉若念有孚之當終而呼號以往從之則正應可合而無妄萃之咎矣○錢氏志立曰萃與比同所異者多九四一陽耳比初無應曰有孚者一於五也萃初與四應曰有孚不終者有二陽焉不終於四也及此時而號以求萃可以破涕爲笑同人先號咷而後笑者是也

案胡氏王氏姚氏錢氏諸說皆於文義甚合蓋易中號笑二字每每相對也兩乃字不同上乃字虛字也下乃字猶汝也正如書而康而色上而字虛字也下而字猶汝也言有孚不終則必亂汝之所萃也其所以亂之故則錢氏得之矣握者手所執持以轉移之機也言能致誠迫切則一轉移之間必有和合之喜故曰若號一握爲笑

象曰乃亂乃萃其志亂也

程傳其心志爲同類所惑亂故乃萃於羣陰也不能固其守則爲小人所惑亂而失其正矣

集說李氏簡曰非其志惑亂必無舍應亂萃之理

六二引吉无咎孚乃利用禴

本義二應五而雜於二陰之間必牽引以萃乃吉而无咎又二中正柔順虛中以上應九五剛健中正誠實而下交故卜祭者有其孚誠則雖薄物亦可以祭矣

程傳初陰柔又非中正恐不能終其孚故因其才而爲之戒二雖陰柔而得中正故雖戒而微辭凡爻之辭關得失二端者爲法爲戒亦各隨其才而設也引吉无咎引者相牽也人之交相求則合相待則離二與五爲正應當萃者也而相遠又在羣陰之間必相牽引

則得其萃矣五居尊位有中正之德二亦以中正之道往與之萃乃君臣和合也其所共致豈可量也是以吉而无咎也无咎者善補過也二與五不相引則過矣孚乃利用禴孚信之在中誠之謂也禴祭之簡薄者也菲薄而祭不尙備物直以誠意交於神明也孚乃者謂有其孚則可不用文飾專以至誠交於上也以禴言者謂薦其誠而已上下相聚而尙飾焉是未誠也蓋其中實者不假飾於外用禴之義也孚信者萃之本也不獨君臣之聚凡天下之聚在誠而已

集說

胡氏瑗曰君子之進不可自媒以苟媚其君而幸其時之寵榮也是故君子進用必須有道六二以陰居陰履得其中又上應九五中正之君必待其援引於己然後往之此所以得吉而无咎也孚信也禴薄祭也君子之進必在乎誠信相交心志相接當萃聚之時誠信既著心志既通則可以不煩外飾其道得行矣孚信中立則雖禴之薄祭亦可通於神明也○張子曰能自持不變引而後任

吉乃无咎凡言利用禴皆誠素著白於幽明之際○王氏宗傳曰象以用大牲爲吉而六二以用禴爲利何也備物者王者所以隨其時有孚者人臣所以通乎上

案彖言利見大人九五者卦之大人也六二應之得見大人之義矣然見大人者聚必以正故必待其引而從之乃吉而无咎蓋聚而不正則不亨也孚乃利用禴者言相聚之道以誠爲本苟有明信雖用禴可祭矣況大牲乎亦根卦義而反其辭也易曰可用汲王明並受其福傳曰在下位不援上此引字是汲引之引非援引之引

象曰引吉无咎中未變也

程傳萃之時以得聚爲吉故九四爲得上下之萃二與五雖正應然異處有間乃當萃而未合者也故能

相引而萃則吉而无咎以其有中正之德未遠至改變也變則不相引矣或曰二既有中正之德而象云未變辭若不足何也曰羣陰比處乃其類聚方萃之時居其間能自守不變遠須正應剛立者能之二陰柔之才以其有中正之德可覬其未至於變耳故象含其意以存戒也

集說 楊氏萬里曰中未變者蓋六二所守之中道不以爲上所引而有所變也

案此中未變與比二不自失之意同中庸所謂不變塞焉孟子所謂達不離道者是也

六三萃如嗟如无攸利往无咎小吝

本義 六三陰柔不中不正上无應與欲求萃於近而不得故嗟如而无所利唯往從於上可以无咎然不得其萃困然後往復得陰極无位之爻亦小可羞矣戒占者當近捨不正之强援而遠結正應之窮交則无咎

也。**程傳**三陰柔不中正之人也，求萃於人而人莫與。求四則非其正應，又非其類，是以不正爲四所棄也；與二則二自以中正應五，是以不正爲二所不與也。故欲萃如則爲人棄絕而嗟如，不獲萃而嗟恨也。上下皆不與，无所利也。唯往而從上六，則得其萃，爲无咎也。三與上雖非陰陽正應，然萃之時以類相從，皆以柔居一體之上，又皆无與，居相應之地，上復處說順之極，故得其萃而无咎也。易道變動無常，在人識之。然而小吝何也？三始求萃於四與二，不獲而後往從上六，人之動爲如此，雖得所求，亦可小羞吝也。**集說**吳氏澄曰：與二陰萃於下，而上無應，故嗟嘆不得志。雖無應而比近九四之陽，苟能往而上求九四，則可无咎。○俞氏琰曰：萃之時利見大人，三與五非應非比，而不得其萃，未免有嗟嘆之聲，則无攸利矣。既曰无攸利，又曰往无咎，三與四比，則其往也，捨四可乎？三之從四，四亦巽而受之，故无咎。第無正應而近比於四，所聚非正，有此小疵耳。

案以象傳觀之。吳氏俞氏之說是也。易例三四隔體無相從之義，然亦有以時義而相從者，隨三之係丈夫，及此爻是也。其不正而亦以時義相從者，豫三、咸三是也。皆因九四有主卦之義者故然。

象曰：往无咎，上巽也。

程傳 上居柔說之極，三往而无咎者，上六巽順而受之也。

集說 虞氏翻曰：動之四，故上巽。○鄭氏汝諧曰：下二陰皆萃於陽矣，三獨無附，故咨嗟怨嘆而无攸利。雖然，當萃之時，下欲萃於上，上亦欲下之萃於我，三不以無應之故，能往歸於上，雖小吝而亦可以无咎。上非上六，謂在上之陽也。

九四：大吉，无咎。

本義上比九五下比衆陰得其萃矣然以陽居陰不正故戒占者必大吉然後得无咎也**程傳**四當萃之時上比九五之君得君臣之聚也下比下體羣陰得下民之聚也得上下之聚可謂善矣然四以陽居陰非正也雖得上下之聚必得大吉然後爲无咎也大爲周遍之義无所不周然後爲大无所不正則爲大吉大吉則无咎也夫上下之聚固有不由正道而得者非理枉道而得君者自古多矣非理枉道而得民者蓋亦有焉如齊之陳恆魯之季氏是也然得爲大吉乎得爲无咎乎故九四必能大吉然後爲无咎也**集說**房氏喬曰大吉謂匪躬盡瘁始終無玷可免專民之咎有謂立大功可免咎者非也○項氏安世曰無尊位而得衆心故必大吉而後可以无咎如益之初九在下位而任厚事亦必元吉而後可以无咎也○胡氏炳文曰比卦五陰皆比五之一陽萃四陰皆聚歸五與四之二陽五曰萃有位以見四之萃非有位也無尊位而得衆心非

大吉安能无咎

象曰大吉无咎位不當也

程傳以其位之不當疑其所爲未能盡善故云必得大吉然後爲无咎也非盡善安得爲大吉乎

集說○蘇氏軾曰非其位而有聚物之權非大吉則有咎矣○郭氏雍曰四得上下之聚而非君位故言不當也○鄭氏汝諧曰其位近其德同其爲下之所歸亦同自非所爲至善則其君病之烏能无咎戒之也凡言位不當其義不一此所謂不當者爲其以剛陽迫近其君也○熊氏良輔曰九四九五皆萃之主九五在上之萃也九四在下之萃也故九五曰萃有位而四象曰位不當大吉无咎者上比於君以臣而有君萃之象疑於有咎也故

案鄭氏謂凡言位不當其義不一者是已然須知是借爻位之當不當以發明其德與時位之當不當

九五萃有位无咎匪孚元永貞悔亡

本義 九五剛陽中正當萃之時而居尊固无咎矣若有未信則亦脩其元永貞之德而悔亡矣戒占者當如是也 **程傳** 九五居天下之尊萃天下之衆而君臨之當正其位脩其德以陽剛居尊位稱其位矣爲有其位矣得中正之道无過咎也如是而有不信而未歸者則當自反以脩其元永貞之德則无思不服而悔亡矣元永貞者君之德民所歸也故比天下之道與萃天下之道皆在此三者王者既有其位又有其德中正无過咎而天下尚有未信服歸附者蓋其道未光大也元永貞之道未至也在脩德以來之如苗民逆命帝乃誕敷文德舜德非不至也蓋有遠近昏明之異故其歸有先後既有未歸則當脩德也所謂德元永貞之道也

元首也，長也。爲君德首出庶物、君長羣生，有尊大之義焉，有主統之義焉。而又恆永貞固，則通於神明，光於四海，无思不服矣，乃无匪孚而其悔亡也。所謂悔，志之未光，心之未慊也。

集說 王氏宗傳曰：五，萃之主也。當萃之時，爲萃之主，莫大於有其位，尤莫大於有其道。有是位而無是道，則天下不我信者亦衆矣。故曰匪孚，謂天下之人容有言曰：上之人但以位而萃我也，而其道則未至也。故必元永貞而後悔亡。○朱子語類問：九五以陽剛中正，當萃之時而居尊位，安得又有匪孚？曰：此言有位而無德，則雖萃而不能使人信，故人有不信，當修其元永貞之德，而後悔亡也。

案：萃九五居尊以萃羣陰，與比畧同。卦象澤上於地，與比象亦畧同也。故其元永貞之辭亦同。元永貞悔亡，即所謂原筮元永貞无咎也。

象曰萃有位志未光也

本義 未光謂匪孚 **程傳** 象舉爻上句王者之志必欲誠信著於天下有感必通含生之類莫不懷歸若尚有匪孚是其志之未光大也 **集說** 龔氏煥曰五有其位者也徒有其位故人或匪孚此志之所以未光也○胡氏炳文曰四必大吉而後无咎位不當也五有位矣而匪孚志猶未光也然則欲當天下之萃者不可無其位有其位又不可無其德

上六齎咨涕洟无咎

本義 處萃之終陰柔无位求萃不得故戒占者必如此而後可以无咎也 **程傳** 六說之主陰柔小人說高位而處之天下孰肯與也求萃而人莫之與其窮至於齎咨而涕洟也齎咨咨嗟也人之絶之由己自取

又將誰咎。爲人惡絕。不知所爲。則隕穫而至嗟涕。眞小人之情狀也。

集說 方氏應祥曰。此爻照後夫凶看。比之上六。以比之最後而凶。萃之上六。亦以萃之最後而有未安者。故其憂懼若此。此正所謂孤臣孽子也。

黃氏淳耀曰。上乃孤孽之臣子也。萃極將散。而不得所萃。乃不得於君親者。齎咨涕洟四字。乃極言怨艾求萃之情。故終得萃而无咎。

案方氏黃氏之說得之。蓋不止孤臣孽子。乃放臣屏子之倫也。方氏以比上相照。亦是。然比上直曰凶。此則齎咨涕洟而无咎者。比彖有後夫凶之辭。故遂以上六當之。此彖有利見大人之辭。正與蹇卦同例。故尚有積誠求萃之理也。

象曰。齎咨涕洟。未安上也。

程傳小人所處常失其宜既貪而從欲不能自擇安地至於困窮則顛沛不知所為六之滯溺蓋不安於處上也君子慎其所處非義不居不幸而有危困則泰然自安不以累其心小人居不擇安常履非據及其窮迫則隕穫躁撓甚至滯溺為可羞也未者非遽之辭猶俗云未便也未便能安於上也陰而居上孤處无與既非其據豈能安乎

集說趙氏光大曰言危懼而不敢自安於上操心危慮患深安得晏然而已乎冥上猶外也雖在外而不敢自安如舜之耕歷山周公之處東國必號泣嘵嘵求萃於君父而後已也

序卦傳
聚而上者謂之升
故受之以升
雜卦傳

䷭ 巽下坤上

程傳升序卦萃者聚也聚而上者謂之升故受之以升物之積聚而益高大聚而上也故為升所以次於萃也為卦坤上巽下木在地下為地中生木木生地中長而益高為升之象也

升以六
五為主
彖傳曰
柔以時

柔來而升不來也

升元亨用見大人勿恤南征吉

本義 升進而上也卦自解來柔上居四內巽外順九二剛中而五應之是以其占如此南征前進也 程傳 升者進而上也升進則有亨義而以卦才之善故元亨也用此道以見大人不假憂恤前進則吉也南征前進也

集說 代氏淵曰尊爻無此人故不云利見

案卦直言元亨而無他辭者大有鼎也雖有他辭而非戒辭者升也歷選易卦惟此三者蓋大有與比相似然所比者陰也民也所有者陽也賢也鼎與井相似然往來井井者民也大烹以養者賢也升與漸相似然漸者賢之有所需待而進者也升者賢之無所阻礙而登者也易道莫大於尚賢而賢人得時之卦莫盛於此三者故其彖皆曰元亨而無戒辭也不曰利見大人而曰用見代氏之說得之

升六五升之最尊者也然升者必自下起其卦以地中生木爲象則初六者巽體之主乃木之根也故初六亦爲成卦之主

彖曰。柔以時升。

本義 以卦變釋卦名。集說 孔氏穎達曰。升之爲義。自下升高。故就六五居尊以釋名升之義。○徐氏幾曰。升晉二卦。皆以柔爲主。剛則有躁進之意。○龔氏煥曰。彖傳柔以時升。似指六五而言。非謂卦變。故下文言剛中而應。亦謂二應五也。

巽而順。剛中而應。是以大亨。

本義 以卦德卦體釋卦辭。程傳 以二體言。柔升。謂坤上行也。巽既體卑而就下。坤乃順時而上。升以時也。謂時當升也。柔既上而成升。則下巽而上順、以巽順之道升。可謂時矣。二以剛中之道應於五。五以中順之德應於二。能巽而順、其升以時。是以元亨也。彖文誤作大亨。解在大有卦。

用見大人勿恤有慶也南征吉志行也

程傳凡升之道必由大人升於位則由王公升於道則由聖賢用巽順剛中之道以見大人必遂其升勿恤不憂其不遂也遂其升則已之福慶而福慶及物也南人之所向南征謂前進也前進則遂其升而得行其志是以吉也

案柔以時升之義或主四言或主五言或主上體之坤而言然卦之有六四六五及坤居上體者多矣皆得名爲升乎則其說似皆未確蓋時升者固以坤居上體而四五得位言也然惟巽爲下體故其升也有根蓋巽乃陰生之始也陰自下生以極於上如木之自根而滋生以至於枝葉繁盛此謂升之義矣此卦與无妄反對无妄者陽爲主於內也而其究爲健升者陰爲主於內也而其究爲順无妄之彖曰剛自外來而爲主於內明剛

德自內以達於外也。升彖曰柔以時升，明陰道自下以達於上也。然則柔以時升云者，尤當以初六之義爲重。故无妄六爻獨初九曰吉，此卦六爻亦惟初六曰大吉，則二卦之所重者可知矣。其下云巽而順，剛中而應，亦與无妄動而健，剛中而應之辭相似，皆連釋名之義以釋元亨也。

象曰：地中生木，升。君子以順德，積小以高大。

本義 王肅本順作慎。今案他書引此亦多作慎，意尤明白，蓋古字通用也。說見上篇蒙卦。

程傳 木生地中，長而上升，爲升之象。君子觀升之象，以順脩其德，積累微小，以至高大也。順則可進，逆乃退也。萬物之進，皆以順道也。善不積不足以成名，學業之充實，道德之崇高，皆由積累而至。積小所以成高大，升之義也。

集說 胡氏炳文曰：木之生也，一日不長則枯；德之進也，一息不慎則退。必念念謹審，事事謹審，其德積小高大。

當如木之升矣。

初六，允升，大吉。

本義　初以柔順居下。巽之主也。當升之時。巽於二陽。占者如之。則信能升而大吉矣。程傳　初以柔居巽體之下。又巽之主。上承於九二之剛。巽之至者也。二以剛中之德。上應於君。當升之任者也。允者。信從也。初之柔巽。唯信從於二。信二而從之。同升。乃大吉也。二以德言則剛中。以力言則當任。初之陰柔。又无應援。不能自升。從於剛中之賢以進。是由剛中之道也。吉孰大焉。

集說　王氏申子曰。以柔而升。升之義也。初以柔居下。即木之升言之。乃木之根。故信其升之必達而獲大吉也。○何氏楷曰。初六巽主居下。猶木之根也。而得地氣以滋之。其升也允矣。所以為升者。巽也。所以為巽者初也。大吉孰如之。

案此允升允字當與晉之衆允同義蓋不獲上信友不可以升進也然晉三言衆允升初遂言允升則王氏何氏巽主木根之說是也

象曰允升大吉上合志也

程傳與在上者合志同升也上謂九二從二而升乃與二同志也能信從剛中之賢所以大吉

集說呂氏大臨曰初六以柔居下當升之時柔進而上雖處至下志與三陰同升衆之所允無所不利故曰允升大吉

案呂氏以上爲上體三陰者是

九二孚乃利用禴无咎

本義義見程傳二陽剛而在下五陰柔而居上夫以剛道也以暗而臨明以剛而事弱若黽勉於事勢非誠服也上下之交不以誠其可以久乎其可以有爲乎五雖陰柔然居尊位二雖剛陽事上者也當内存至誠不假文飾於外誠積於中則自不事外飾故曰利用禴謂尚誠敬也自古剛强之臣事柔弱之君未有不爲矯飾者也禴祭之簡質者也云孚乃謂既孚乃宜不用文飾專以其誠感通於上也如是則得无咎以剛强之臣而事柔弱之君又當升之時非誠意相交其能免於咎乎

集說張氏淸子曰萃六二以中虚爲孚而與九五應升九二以中實爲孚而與六五應二爻虚實雖殊其孚則一也孚則雖用禴而亦利故二爻皆曰孚乃利用禴象言剛中而應指此爻也

萃升晉之時以柔爲善二剛而亦利者以其中也剛中有應是見大人者也故亦爲升之利初言吉以君子得

時之遇言也。二言无咎，以君子進身之道言也。六四則兼之。

象曰：九二之孚，有喜也。

程傳：二能以孚誠事上，則不唯爲臣之道无咎而已，可以行剛中之道，澤及天下，是有喜也。凡象言有慶者，如是則有福慶及於物也；言有喜者，事既善而又有可喜也。如大畜童牛之牿元吉，象云有喜，蓋牿於童則易，又免强制之難，是有可喜也。

九三：升虛邑。

本義：陽實陰虛，而坤有國邑之象。九三以陽剛當升時，而進臨於坤，故其象占如此。程傳：三以陽剛之才，正而且巽，上皆順之，復有援應，以是而升，如入无人之邑，孰禦哉？

案諸爻皆有吉利之占。三獨無之。則升虛邑者。但言其勇於進而無所疑畏耳。方升之時。故無凶咎之辭。然終不如二五之中。初四之順也。九三過剛。與柔以時升之義反。故其辭非盡善。

象曰。升虛邑。无所疑也。

程傳入无人之邑。其進无疑阻也。

集說蘇氏軾曰。九三以陽用陽。其升也果矣。故曰升虛邑无所疑也。不言吉者。其爲禍福未可知也。存乎其人而已。

案乾四曰或之者疑之也故无咎。果於進而无所疑可乎。蘇氏之說善矣。

六四。王用亨于岐山。吉无咎。

本義義見隨卦。程傳四柔順之才。上順君之升。下順下之進。己則止其所焉。以陰居柔。陰而在下。止其所也昔者文王之居岐山之下上順天子而欲致之有道下順天下之賢而使之升進已則柔順謙恭不出其位至德如此周之王業用是而亨也四能如是則亨而吉且无咎矣四之才固自善矣復有无咎之辭何也曰四之才雖善而其位當戒也居近君之位在升之時不可復升升則凶咎可知故云如文王則吉而无咎也然處大臣之位不得无事於升當上升其君之道下升天下之賢已則止其分焉分雖當止而德則當升也道則當亨也盡斯道者其唯文王乎

案卦義柔以時升六四初爻上體又位在巽坤之閒有南征之象迫近尊位有見大人之義是爻之合於卦義者也在已者用之以見大人則吉爲大人者用之以享神明則宜與隨上之義同皆言王用此人以享於山川也不曰西山而曰岐山避象辭南征之文先儒或言岐山在周西南

象曰王用亨于岐山順事也

本義以順而升登祭於山之象程傳四居近君之位而當升時得吉而无咎者以其有順德也以柔居坤順之至也文王之亨于岐山亦以順時而已上順於上下順乎下已順處其義故云順事也

案用賢以享於神明是順神明之心而事之者也

六五貞吉升階

本義以陰居陽當升而居尊位必能正固則可以得吉而升階矣階升之易者程傳五以下有剛中之應故能居尊位而吉然質本陰柔必守貞固乃得其吉也若不能貞固則信賢不篤任賢不終安能吉也階所由而升也任剛中之賢輔之而升猶登進自階言有由而易也指言九二正應然在下之賢皆用升之階也

能用賢則集說李氏元量曰貞吉升階升而有序故以彙升矣階言之謂賓主以揖遜而升者也○王氏宗傳曰彖傳柔以時升蓋謂五也○熊氏良輔曰以順而升如歷階然

案升至五而極居坤地之中亦有南征之象焉乃卦之主也不取君象但爲臣位之極者與晉漸之五同也升階須從李氏熊氏之說蓋古者賓主三揖三讓而後升階將上堂矣而猶退遜如此以況君子始終之進以禮者也升晉之所以必貴於柔順者以此升階之戒不在貞字之外乃發明貞吉之意爾

象曰貞吉升階大得志也

程傳倚任賢才而能貞固如是而升可以致天下之大治其志可大得也君道之升患无賢才之助爾有助則猶自階而升也

集說何氏楷曰即彖所謂有慶志行者也

案自初而升。至此而升極矣。故初曰上合志。此曰大得志。

上六。冥升。利于不息之貞。

本義 以陰居升極。昏冥不已者也。占者遇此。无適而利。但可反其不已於外之心。施之於不息之正而已。

程傳 六以陰居升之極。昏冥於升。知進而不知止者也。其爲不明甚矣。然求升不已之心。有時而用於貞正而當不息之事。則爲宜矣。君子於貞正之德。終日乾乾自彊不息。如上六不已之心。用之於此。則利也。以小人貪求无已之心。移於進德。則何善如之。

集說 石氏介曰。已在升極。是昧於升進之理。若能知時消息。但自消退。不更求進。乃利也。○徐氏之祥曰。豫上樂極。故冥豫。升上進極。故冥升。

案冥升與晉其角之義同。皆進而不能退者也。以其剛也。故曰角。以其柔也。故曰冥。利于不息之貞。其戒亦與

繫辭下傳
困德之辨也　困

維用伐邑之義同皆勤於自治不敢以盛滿自居者也以其剛也故曰伐邑以其柔也故曰不息之貞

象曰冥升在上消不富也

程傳昏冥於升極上而不知已唯有消亡豈復有加益也不富无復增益也升既極則有退而无進也

集說胡氏瑗曰上六既不達存亡之幾以至於上位固當消虛自損不爲尊大以自至於富盛也

案胡氏之說善矣然不曰不息之貞消不富也而曰冥升在上者以在上明其位勢之滿盛故當以自消損爲貞也

䷮坎下兌上

程傳困序卦升而不已必困故受之以困升者自下而上自下升上以力進也不已必困矣故升之後受

困以九
二九五

窮而通　困以寡怨

序卦傳

升而不已必困故受之以困

雜卦傳

井通而困相遇也

之以困也困者憊乏之義爲卦兌上而坎下水居澤上則澤中有水也乃在澤下枯涸无水之象爲困乏之義又兌以陰在上坎以陽居下與上六在二陽之上而九二陷於二陰之中皆陰柔揜於陽剛所以爲困也君子爲小人所揜蔽窮困之時也

困。亨。貞大人吉。无咎。有言不信。

本義困者窮而不能自振之義坎剛爲兌柔所揜九二爲二陰所揜四五爲上六所揜所以爲困坎險兌說處險而說是身雖困而道則亨也二五剛中又有大人之象占者處困能亨則得其正矣非大人其孰能之故曰貞又曰大人者明不正之小人不能當也有言不信又戒以當務晦默不可尚口益取窮困。

程傳如卦之才則困而能亨且得貞正乃大人處困之道也故能吉而无咎大人處困不唯其道自吉樂天安命乃

爲主蓋卦以剛揜爲義謂二五以剛中之德而皆揜於陰也故兩爻皆成卦之主又皆主卦之主

不失其吉也況隨時善處復有裕乎有言不信當困而言人誰信之

集說孔氏穎達曰困者窮厄委頓之名道窮力竭不能自濟故名爲困小人遭困則窮斯濫矣君子遇之則不改其操處困而不失其自通之道故曰困亨處困而能自通必是履正體大之人能濟於困然後得吉而无咎故曰貞大人吉无咎處困求濟在於正身脩德若巧言飾辭人所不信則其道彌窮故誡之以有言不信也

案困亨者非謂處困而能亨也蓋困窮者所以動人之心忍人之性困屈以致伸有必通之理也然惟守正之大人則能進德於困而得其所以可通者爾豈小人之所能乎困者君子道屈之時也屈則不伸矣有言不信信字疑當作伸字解蓋有言而動見沮抑乃是困厄之極不特人疑之而不信也夬卦聞言不信已不信人之言也而夫子以聽不明解之以信字對聽字則信字當爲疑信之信此卦有言不信人不行已之言也而夫子

以尚口乃窮。窮解之。以信字對窮字。則信字當爲屈伸之伸。

彖曰。困。剛揜也。

本義　以卦體釋卦名。程傳　卦所以爲困。以剛爲柔所揜蔽也。陷於下而揜於上。所以困也。陷亦揜也。剛陽君子而爲陰柔小人所揜蔽。君子之道困窒之時也。

險以說。困而不失其所亨。其唯君子乎。貞大人吉。以剛中也。有言不信。尚口乃窮也。

本義　以卦德卦體釋卦辭。程傳　以卦才言處困之道也。下險而上說。爲處險而能說。雖在困窮艱險之中。樂天安義。自得其說樂也。時雖困也。處不失義。則其道自亨。困而不失其所亨也。能如是者。其唯君子乎。

若時當困而反亨，身雖亨，乃其道之困也。君子大人通稱。困而能貞，大人所以吉也，蓋其以剛中之道也，五與二是也。非剛中，則遇困而失其正矣。當困而言，人所不信，欲以口免困，乃所以致窮也。以說處困，故有尚口之戒。

集說 鄭氏汝諧曰：九二陷於中，九四九五爲上六所揜，是以爲困。以上下卦言之，則合坎兌而成也。坎，難也；兌，說也。困而安於難，則不失其所亨；困而取說於人，尚口乃窮也。

案：此卦所以爲剛揜者，本義備矣。蓋諸卦之二五剛中皆爲陰揜者，惟困與節然。以二體言之，則節坎陽居上，兌陰居下，此困所以獨爲剛揜也。此義與卦象亦相貫，水在澤上，非澤之所能揜也；水在澤中，則爲所揜矣。險以說者，非處險而說也，險有致說之理。以字與而字義不同也。惟險有致說之理，故困有所爲亨者。然以小人處之，則困而困耳，不知其所爲亨，故不能因困而得亨。因困而得其所亨者，非君子其孰能之？下剛中之大人

御纂周易折中

即不失所亨之君子也。指二五言。尚口乃窮者，處困之極，務說於人。指上六言。

象曰：澤无水，困。君子以致命遂志。

本義 水下漏則澤上枯，故曰澤无水。致命，猶言授命，言持以與人而不之有也。能如是則雖困而亨矣。

程傳 澤无水，困乏之象也。君子當困窮之時，既盡其防慮之道而不得免，則命也。當推致其命以遂其志。知命之當然也，則窮塞禍患不以動其心，行吾義而已。苟不知命，則恐懼於險難，隕穫於窮阨，所守亡矣，安能遂其爲善之志乎。

集說 王氏弼曰：澤无水，則水在澤下，水在澤下，困之象也。處困而屈其志者，小人也。君子固窮，道可忘乎。○鄭氏汝諧曰：知其不可求而聽其自至焉，致命也。在命者不可求，在志者則可遂，所謂從吾所好也。○馮氏當可曰：君子之處困也，命在天而致之，志在我則遂之。困而安於困者，命之致也。困而有不困者。志之遂也。若小人處之。則凡可以求幸免者。無不爲也。而卒不得免焉。則亦徒喪其所守而已矣。體坎險以致命。體兌說而遂志。○何氏楷曰。致猶委也。人不信其命。則死生禍福。營爲百端。居貞之志。何以自遂。今一委之命。則不以命貳志者。夫且能以志立命。

初六。臀困于株木。入于幽谷。三歲不覿。

本義 臀物之底也。困于株木。傷而不能安也。初六以陰柔處困之底。居暗之甚。故其象占如此。 程傳 六以陰柔處於至卑。又居坎險之下。在困不能自濟者也。必得在上剛明之人爲援助。則可以濟其困矣。初與四爲正應。九四以陽而居陰爲不正。失剛而不中。又方困於陰揜。是惡能濟人之困。猶株木之下。不能蔭覆於物。株木。无枝葉之木也。四近君之位。在他卦不爲无助。以居困而不能庇物。故爲株木。臀所以居也。臀困于株木。謂无所庇而不得安其居。居安則非困也。入于幽谷。陰柔之人。非能安其所遇。旣不能免於困。則益迷暗妄動。入於深困。幽谷。深暗之所也。方益入於困。无自出之勢。故至於三歲不覿。終困者也。不覿。不遇其所亨也。

集說 項氏安世曰。初六在坎下。故爲入于幽谷。卽坎初爻入于坎窞也。○張氏淸子曰。人之體。行則趾爲下。坐則臀爲下。初六困而不行。此坐困之象也。

案詩云。出于幽谷。遷于喬木。初不能自遷于喬木。而惟坐困株木之下。則有愈入于幽谷而已。陰柔處困之最下。故其象如此。在人則卑暗窮陋。而不能自拔者。言臀者。況其坐而不遷也。

象曰。入于幽谷。幽不明也。

程傳 幽。不明也。謂益入昏暗。自陷於深困也。明則不至於陷矣。

九二困于酒食朱紱方來利用亨祀征凶无咎

本義困于酒食厭飫苦惱之意酒食人之所欲然醉飽過宜則是反爲所困矣朱紱方來上應之也九二有剛中之德以處困時雖无凶害而反困於得其所欲之多故其象如此而其占利以亨祀若征行則非其時故凶而於義爲无咎也

程傳酒食人所欲而所以施惠也二以剛中之才而處困之時君子安其所遇雖窮戹險難无所動其心不恤其爲困也所困者唯困於所欲耳君子之所欲者澤天下之民濟天下之困也二未得遂其欲施其惠故爲困于酒食也大人君子懷其道而困於下必得有道之君求而用之然後能施其所蘊二以剛中之德困於下上有九五剛中之君道同德合必來相求故云朱紱方來方來方且來也朱紱王者之服蔽膝也以行來爲義故以蔽膝言之利用亨祀亨祀以至誠通神明也在困之時利用至誠如亨祀然

其德既誠，自能感通於上。自昔賢哲困於幽遠，而德卒升聞，道卒為用者，唯自守至誠而已。征凶，无咎。方困之時，若不至誠安處以俟命，往而求之，則犯難得凶，乃自取也。將誰咎乎？不度時而征，乃不安其所，為困所動也。失剛中之德，自取凶悔，何所怨咎？諸卦二五以陰陽相應而吉，唯小畜與困乃戹於陰，故同道相求。小畜陽為陰所畜，困陽為陰所揜也。

集說

石氏介曰：朱紱，祭服，謂可衣朱紱而亨宗廟也。征凶，既在險中，何可以行？无咎，以其居陽明之德，可以无咎。

案：小人以身窮為困，君子以道窮為困。困卦之三陽，所謂君子也。所困者非身之窮，乃道之窮也。故二五則紱服榮於躬，四則金車寵於行，然而道之不通，則其榮寵也適以為困而已矣。然榮寵亦非無故而來，神明之意必有在焉。惟竭誠以求當神明之意，則終有通時矣。故雖當困之時，征行必凶，而其要无咎也。用享祀者，謂服此

朱紱用此酒食以享之喻所得之爵祿不敢以之自奉而以爲竭誠盡職之具也書曰予不敢宿則禋于文王武王意義相近

象曰困于酒食中有慶也

程傳雖困於所欲未能施惠於人然守其剛中之德必能致亨而有福慶也雖使時未亨通守其中德亦君子之道亨乃有慶也

案二有中德故能以酒食享祀而有福慶

六三困于石據于蒺藜入于其宮不見其妻凶

本義陰柔而不中正故有此象而其占則凶石指四蒺藜指二宮謂三而妻則六也其義則繫辭備矣

繫辭下傳
易曰困于石據于

蒺蔾入于其宮不見其妻凶子曰非所困而困焉名必辱非所據而據焉身必危既辱且危死期將至妻其可得見邪

程傳六三以陰柔不中正之質處險極而用剛居陽用剛也不善處困之甚者也石堅重難勝之物蒺蔾刺不可據之物三以剛險而上進則二陽在上力不能勝堅不可犯益自困耳困于石也以不善之德居九二剛中之上其不安猶藉刺據于蒺蔾也進退既皆益困欲安其所益不能矣宮其居所安也妻所安之主也知進退之不可而欲安其居則失其所安矣進退與處皆不可唯死而已其凶可知繫辭曰非所困而困焉名必辱非所據而據焉身必危既辱且危死期將至妻其可得見邪二陽不可犯也而犯之以取困是非所困而困也名辱其事惡也三在二上固爲據之然苟能謙柔以下之則无害矣乃用剛險以乘之則不安而取困如據蒺蔾也如是死期將至所安之主可得而見乎

案三陰皆非能處困者初在下坐而困者也三居進退之際行而困者也傷於外者必反其家而又無所歸甚

言妄行取困

其極如此

象曰據于蒺藜乘剛也入于其宫不見其妻不祥也

程傳據于蒺藜謂乘九二之剛不安猶藉刺也不祥者不善之徵失其所安者不善之效故云不見其妻不祥也

集說鄭氏汝諧曰進阨於四故困于石退乘二之剛故據于蒺藜上其宫也其宫可入而以柔遇柔非其配也以此處困不祥莫甚焉

案爻有衆喻而傳偏舉一者舉其重者也易乘剛之義最重故睽三見輿曳此爻據于蒺藜皆以其乘剛言之

九四來徐徐困于金車吝有終

本義 初六九四之正應九四處位不當不能濟物而初六方困於下又爲九二所隔故其象如此然邪不勝正故其占雖爲可吝而必有終也

程傳 唯力不足故困亨困之道必由援助當困之時上下相求理當然也四與初爲正應然四以不中正處困其才不足以濟人之困初比二二有剛中之才足以拯困則宜爲初所從矣金剛也車載物者也二以剛在下載己故謂之金車四欲從初而阻於二故其來遲疑而徐徐是困于金車也己之所應疑其少己而之它將從之則猶豫不敢遽前豈不可羞吝乎有終者事之所歸者正也初四正應終必相從也寒士之妻弱國之臣各安其正而已苟擇勢而從則惡之大者不容於世矣二與四皆以陽居陰而二以剛中之才所以能濟困也居陰者尚柔也得中者不失剛柔之宜也

集說 胡氏瑗曰徐徐者舒緩不敢決進也

案來徐徐者喻君子當困時不欲上進也困于金車者招我以車不容不來也如是則可羞吝矣然上近九五之剛中正乃卦所謂大人者與之同德終有亨道

象曰來徐徐志在下也雖不當位有與也

程傳 四應於初而隔於二志在下求故徐徐而來雖居不當位爲未善然其正應相與故有終也

集說 蘇氏濬曰四與五同爲上六所揜進而見揜豈君子直遂之時耶惟沈潛以養其晦從容以俟其幾故五曰乃徐四曰徐徐志在下者四位雖上而心則下也然四五合德天下之事終以舒徐濟之故曰有與又曰有終○何氏楷曰五爲近比則四之所與者

九五劓刖困于赤紱乃徐有說利用祭祀

本義 劓刖者傷於上下下旣傷則赤紱无所用而反爲困矣九五當困之時上爲陰揜下則乘剛故有此象然剛中而說體故能遲久而有說也占具象中又利用祭祀久當獲福 程傳 截鼻曰劓傷於上也去足爲刖傷於下也上下皆揜於陰爲其傷害劓刖之象也五君位也人君之困由上下无與也赤紱臣下之服取行來之義故以紱言人君之困以天下不來也天下皆來則非困也五雖在困而有剛中之德下有九二剛中之賢道同德合徐必相應而來共濟天下之困是始困而徐有喜說也利用祭祀祭祀之事必致其誠敬而後受福人君在困時宜念天下之困求天下之賢若祭祀然致其誠敬則能致天下之賢濟天下之困矣五與二同德而云上下无與何也曰陰陽相應者自然相應也如夫婦骨肉分定也五與二皆陽爻以剛中之德同而相應相求而後合者也如君臣朋友義合也方其始困安有上下之與有與則非困故徐合而後有說也二云

享祀。五云祭祀。大意則宜用至誠乃受福也。祭與祀享泛言之則可通。分而言之。祭天神。祀地示。享人鬼。五君位言祭。二在下言享。各以其所當用也。

集說　王氏應麟曰。困九五曰利用祭祀。李公晦謂明雖困於人。而幽可感於神。豈不以人不能知。而鬼神獨知之乎。愚謂孔子云。知我者其天乎。韓子云。惟乖於時。乃與天通。不求人知而求天知。處困之道也。

案九五不取君象。但取位高而益困者耳。其象與九二同。但二則朱紱方將來。五則高位而已困于赤紱矣。乃徐有說者。五兌體。故能從容以處之。而有餘裕也。利用祭祀之義。亦與二同。

象曰。劓刖。志未得也。乃徐有說。以中直也。利用祭祀。受福也。

程傳：始爲陰揜，无上下之與，方困未得志之時也。徐而有說，以中直之道，得在下之賢，共濟於困也。不曰中正與二合者，云直乃宜也。直比正意差緩。盡其誠意，如祭祀然，以求天下之賢，則能亨天下之困，而享受其福慶。

集說：陸氏希聲曰：困窮而通，德辨而明，中正道行，志則大遂，故乃徐有說也。

上六：困于葛藟，于臲卼，曰動悔。有悔，征吉。

本義：以陰柔處困極，故有困于葛藟、于臲卼、曰動悔之象。然物窮則變，故其占曰：若能有悔，則可以征而吉矣。

程傳：物極則反，事極則變，困既極矣，理當變矣。葛藟，纏束之物；臲卼，危動之狀。六處困之極，爲困所纏束，而居最高危之地，困于葛藟與臲卼也。動悔，動輒有悔，无所不困也。有悔，咎前之失也。曰，自謂也。若能曰如是動皆得悔，當變前之所爲，有悔也。能悔則往而得吉也。困極而征，則出於困矣，故吉。三以陰在下卦之上而凶上居一卦之上而无凶何也曰三居剛而處險困而用剛險故凶上以柔居説唯爲困極耳困極則有變困之道也困與屯之上皆以无應居卦終屯則泣血漣如困則有悔征吉屯險極而困説體故也以説順進可以離乎困也。

集説　項氏安世曰此彖所謂尚口乃窮也若能斷葛藟而不牽辭臲卼而不居行而去之吉孰加焉○易氏祓曰陽剛不可終困而二四五皆不之言吉陰柔未免乎困而上獨言吉者困極則變如否之有泰雖險而終濟也○徐氏幾曰震无咎者存乎悔困已極矣有悔則可出困而征吉困窮而通其謂是夫○吳氏曰慎曰困非自己致而時勢適逢者則當守其剛中之德是謂困而不失其所亨也其道主於貞若困由已之柔暗而致者則當變其所爲以免於困也其道主於悔學者深察乎此則處困之道異宜而各得矣

案處困貴於説而上説之主也故雖當困極而尚有征吉之占異乎初與三之坐困行蹇者也然爲兑主則又

有尚口之象。尚口則支離繳繞，如困于葛藟然，將且臲卼不安。而失其所爲說矣。故必悔悟而離去之則吉。

象曰。困于葛藟。未當也。動悔有悔。吉行也。

程傳 爲困所纏而不能變。未得其道也。是處之未當也。知動則得悔。遂有悔而去之。可出於困。是其行而吉也。

集說 陸氏希聲曰。行而獲吉。故曰變乃通也。○田氏疇曰。諸家皆以吉行也三字爲一句。非也。蓋動悔有悔吉是句。行也是句。動悔有悔之所以吉者。以能行而得之也。行也二字。乃是解征吉之義。

總論 龔氏煥曰。卦以柔揜剛而爲困。主乎陽而言也。而陰之困爲尤甚。彖傳曰困而不失其所亨。其惟君子乎。三剛爻之謂矣。

繫辭下傳
井德之地也　井
居其所而遷井以
辨義
序卦傳
困乎上者必反下
故受之以井
雜卦傳
井通而困相遇也

御纂周易折中

下經二

䷯ 巽下坎上

程傳井序卦困乎上者必反下故受之以井承上升而不已必困爲言謂上升不已而困則必反於下也物之在下者莫如井井所以次困也爲卦坎上巽下坎水也巽之象則木也巽之義則入也木器之象木入於水下而上乎水汲井之象也

井改邑不改井无喪无得往來井井汔至亦未繘井羸其瓶凶

井以九五爲主蓋井以水爲功而九五坎體之主也井以養民爲義而九五養

本義井者穴地出水之處以巽木入乎坎水之下而上出其水故爲井改邑不改井故无喪无得而往者來者皆井其井也汔幾也繘綆也羸敗也汲井幾至未盡綆而敗其瓶則凶也其占爲事仍舊无得喪而又當敬勉不可幾成而敗也　程傳井之爲物常而不可改也邑可改而之他井不可遷也故曰改邑不改井汲之而不竭存之而不盈无喪无得也至者皆得其用往來井井也无喪无得其德也常往來井井其用也周常也周也井之道也汔幾也繘綆也井以濟用爲功幾至而未及用亦與未下繘於井同也君子之道貴乎有成所以五穀不熟不如荑稗掘井九仞而不及泉猶爲棄井有濟物之用而未及物猶无有也羸敗其瓶而失之其用喪矣是以凶也羸毀敗也　集說鄭氏康成曰井以汲人水無空竭猶人君以政教養天下惠澤無窮也○丘氏富國曰改邑不改井井之體也无喪无得井之德也往來井井井之用也此三句言井之事汔

民之君也

至亦未繘井。未及於用也。羸其瓶。失其用也。此二句言汲井之事。

案改邑不改井句。解説多錯。文意蓋言所在之邑。其井皆無異製。如諸葛孔明行軍之處。千井齊甃者。以喻王道之行。國不異政。家不殊俗也。无喪无得。則言井無盈涸。以喻道之可久。往來井井。則言所及者多。以喻道之可大。此三句皆言井。在人事則王者養民之政是也。然井能澤物。而汲之者器。政能養民。而行之者人。無器則水之功不能上行。無人則王者之澤不能下究。故汔至以下。又以汲井之事言之。

彖曰。巽乎水而上水。井。井養而不窮也。

本義以卦象釋卦名義。 集説鄭氏康成曰。坎水也。巽木。桔槔也。桔槔引瓶下入泉口。汲水而出井之象也。○荀氏爽曰。木入水出。井之象也。

案釋名之下。又著井養而不窮也一句。亦以起釋辭之意。

改邑不改井。乃以剛中也。汔至亦未繘井。未有功也。羸其瓶。是以凶也。

本義 以卦體釋卦辭。无喪无得往來井井兩句。意與不改井同。故不復出。剛中。以二五而言。未有功而敗其瓶。所以凶也。**程傳** 巽入於水下而上其水者。井也。井之養於物。不有窮已。取之而不竭。德有常也。邑可改。井不可遷。亦其德之常也。二五之爻。剛中之德。其常乃如是。卦之才與義合也。雖使幾至。既未爲用。亦與未繘井同。井以濟用爲功。水出乃爲用。未出則何功也。瓶所以上水而致用也。羸敗其瓶。則不爲用矣。是以凶也。

集說 蘇氏軾曰。井井未嘗有得喪。繘井之爲功。羸瓶之爲凶。在汲者爾。○晁氏說之曰。或謂彖主三陽言。

五寒泉食是陽剛居中邑可改而井不可改也三井渫不食是未有功也二甕敝漏是羸其瓶而凶者也○郭氏雍曰不言无喪无得往來井井者蓋皆係乎剛中之德聖人舉一以明之耳

案井惟有常故其體則无喪无得其用則往來井井王道惟有常故其體則久而無弊其用則廣而及物故言改邑不改井足以包下二者

象曰木上有水井君子以勞民勸相

本義木上有水津潤上行井之象也勞民者以君養民勸相者使民相養皆取井養之義

程傳木承水而上之乃器汲水而出井之象君子觀井之象法井之德以勞徠其民而勸勉以相助之道也勞徠其民法井之用也勸民使相助法井之施也

集說張子曰養而不窮莫若勞民而勸相也○楊氏繪曰水性潤下

能上潤於物者井之用也○朱子語類云木上有水井說者以爲木是汲器則後面却有瓶瓶自是瓦器只是說水之津潤上行至那木之杪這便是井水上行之象○又云草木之生津潤皆上行直至樹末便是木上有水之義如菖蒲葉每晨葉尾皆有水如珠顆雖藏之密室亦然非露水也問如此則井之義與木上有水何預曰木上有水便如水本在井底却能汲上來給人之食故取象如此○李氏心傳曰勸相卽相友相助相扶持之意

案大象木上有水須以朱子之說爲長彖傳巽乎水而上水則鄭氏桔槹之說不妨並存也勞民者如巽風之布號令勸相者如坎水之相灌輸

初六井泥不食舊井无禽

本義井以陽剛爲泉上出爲功初六以陰居下故爲此象蓋井不泉而泥則人所不食而禽鳥亦莫之顧矣。

程傳井與鼎皆物也就物以爲義六以陰柔居下上无應援无上水之象不能濟物乃井之不可食也井之不可食以泥汙也在井之下有泥之象井之用以其水之養人也无水則舍置不用矣井水之上人獲其用禽鳥亦就而求焉舊廢之井人既不食水不復上則禽鳥亦不復往矣蓋无以濟物也井本濟人之物六以陰居下无上水之象故爲不食井之不食以泥也猶人當濟物之時而才弱无援不能及物爲時所舍也

集說王氏弼曰最在井底上又無應沈滯滓穢故曰井泥不食也井泥而不可食則是久井不見渫治者也久井不見渫治禽所不嚮而況人乎○蔡氏清曰井以陽剛爲泉而初六則陰柔也故爲井泥爲舊井井以上出爲功而初六則居下故爲不食爲无禽

象曰。井泥不食。下也。舊井无禽。時舍也。

本義 言爲時所棄。 程傳 以陰而居井之下。泥之象也。无水而泥。人所不食也。人不食。則水不上。无以及禽鳥。禽鳥亦不至矣。見其不能濟物。爲時所舍置不用也。若能及禽鳥。是亦有所濟也。舍。上聲。與乾之時舍音不同。 集說 孔氏穎達曰。下也者。以其最在井下。故爲井泥也。時舍也者。人既不食。禽亦不向。是一時共棄舍也。

九二。井谷射鮒。甕敝漏。

本義 九二剛中。有泉之象。然上无正應。下比初六。功不上行。故其象如此。 程傳 二雖剛陽之才。而居下上无應而比於初。不上而下之象也。井之道。上行者也。澗谷之水。則旁出而就下。二居井而就下。失井之道。

乃井而如谷也。井上出。則養人而濟物。今乃下就汚泥注於鮒而已。鮒或以爲蝦。或以爲蟇。井泥中微物耳。射注也。如谷之下流注於鮒也。甕敝漏。如甕之破漏也。陽剛之才。本可以養人濟物。而上无應援。故不能上而就下。是以无濟用之功。如水之在甕。本可爲用。乃破敝而漏之。不爲用也。井之初二无功而不言悔咎。何也。曰。失則有悔。過則爲咎。无應援而不能成用。非悔咎乎。居二比初。豈非過乎。曰。處中非過也。不能上。由无援。非以比初也。

集說 張氏振淵曰。以井言則爲井谷之泉。僅下注於鮒。以汲井言則爲敝壞之甕。水反漏於下也。

案井谷者。井中出水之穴竅也。井能出水。則非泥井也。而其功僅足以射鮒者。上無汲引之人。如甁甕之敝漏然。則不能自濟於人用也決矣。在卦則以井喩政。以汲之者喩行政之人。在爻則下體以井喩材德之士。汲之者喩進用之君。上體以井喩德位之君。汲之者喩被澤之衆。三義相因而取喩不同。

象曰井谷射鮒无與也

程傳井以上出爲功二陽剛之才本可濟用以在下而上无應援是以下比而射鮒若上有與之者則當汲引而上成井之功矣 集說谷氏家杰曰謂有泉而无與與無泉而時棄者自不可同也

九三井渫不食爲我心惻可用汲王明並受其福

本義渫不停汚也井渫不食而使人心惻可用汲矣王明則汲井以及物而施者受者並受其福也九三以陽居陽在下之上而未爲時用故其象占如此 程傳三以陽剛居得其正是有濟用之才者也在井下之上水之清潔可食者也井以上爲用居下未得其用也陽之性上又志應上六處剛而過中汲汲於上進

乃有才用而切於施爲，未得其用，則如井之渫治清潔而不見食，爲心之惻怛也。三居井之時，剛而不中，故切於施爲，異乎用之則行，舍之則藏者也。然明王用人，豈求備也，故王明則受福矣。三之才足以濟用，如井之清潔可用汲而食也。若上有明王，則當用之而得其效，賢才見用，則已得行其道，君得享其功，下得被其澤，上下並受其福也。

集說 蔡氏清曰：爲我心惻，我指旁人，所謂行惻也，非謂九三自惻也。可用汲帶連王明並受其福，皆惻之之辭也。

案：不曰明王而曰王明，乃惻者祈禱之辭。言王若明，則吾儕並受其福矣。

象曰：井渫不食，行惻也。求王明，受福也。

本義 行惻者，行道之人，皆以爲惻也。

程傳 井渫治而不見食，乃人有才知而不見用，以不得行爲憂惻也。既以不得行爲惻。則豈免有求也。故求王明而受福。志切於行也。集說趙氏汝楳曰。井不以不食爲憂。賢者不以不遇而惻。心惻者。行人也。行汲之人。爲之求王者之明也。求王之明。豈朋比以干祿。爲其見知於上。則福被生民。猶井汲而出。然後利及於人也。○王氏申子曰。井渫而不爲人所食。縱不自惻。行道之人。亦爲之惻然矣。縱不求人之我用。人亦爲之求之。以並受其福矣。

六四。井甃。无咎。

本義以六居四。雖得其正。然陰柔不泉。則但能脩治而无及物之功。故其象爲井甃。而占則无咎。占者能自脩治。則雖无及物之功。而亦可以无咎矣。程傳四雖陰柔而處正。上承九五之君。才不足以廣施利物。亦可自守者也。故能脩治則得无咎。甃。砌累也。謂脩治也。四雖才弱。不能廣濟物之功。脩治其事。不至於廢可也。若不能脩治。廢其養人之功。則失井之道。其咎大矣。居高位而得剛陽中正之君。但能處正承上。不廢其事。亦可以免咎也。

集說丘氏富國曰。三在內卦。渫井內以致其潔。四在外卦。甃井外以禦其汚。蓋不渫則汚者不潔。不甃則潔者易汚。○來氏知德曰。六四陰柔得正。近九五之君。蓋脩治其井。以瀦蓄九五之寒泉者也。占者能脩治臣下之職。則可以因君而成井養之功。斯无咎矣。

象曰。井甃无咎。脩井也。

程傳甃者。脩治於井也。雖不能大其濟物之功。亦能脩治不廢也。故无咎。僅能免咎而已。若在剛陽。自不至如是。如是則可咎矣。

集說虞氏翻曰。脩。治也。以瓦甓壘井稱甃。○蘇氏軾曰。脩。潔也。陽爲動爲實。陰爲靜爲虛。泉者。所以爲井也。動也。實也。井者。泉之所寄也。靜也。虛也。初六最下。故曰泥。上六最上。故曰收。六四居其閒而不失正。故曰甃。甃之於井。所以禦惡而潔井也。井待是而潔。故无咎。

九五井洌寒泉食。

本義洌。潔也。陽剛中正。功及於物。故爲此象。占者有其德則契其象也。

程傳五以陽剛中正居尊位。其才其德盡善盡美。井洌寒泉食也。洌。謂甘潔也。井泉以寒爲美。甘潔之寒泉。可爲人食也。於井道爲至善也。然而不言吉者。井以上出爲成功。未至於上。未及用也。故至上而後言元吉。

集說易氏祓曰。三與五皆泉之潔者。三居甃下。未汲之泉也。故曰不食。五出乎甃。巳汲之泉也。故言食。

象曰寒泉之食。中正也。

程傳寒泉而可食。井道之至善者也。九五中正之德。爲至善之義。

案詩云泉之竭矣不云自中蓋不中則源不常裕而不寒也又云洌彼下泉浸彼苞蕭蓋不正則流不逮下而不食也

上六井收勿幕有孚元吉

本義收汲取也晁氏云收鹿盧收繘者也亦通幕蔽覆也有孚謂其出有源而不窮也井以上出爲功而坎口不揜故上六雖非陽剛而其象如此然占者應之必有孚乃元吉也 程傳井以上出爲用居井之上井道之成也收汲取也幕蔽覆也取而不蔽其利无窮井之施廣矣大矣有孚有常而不變也博施而有常大善之吉也夫體井之用博施而有常非大人孰能它卦之終爲極爲變唯井與鼎終乃爲成功是以吉也

案勿幕謂取之不禁所謂往來井井者也有孚謂有源不窮所謂无喪无得者也此爻得備卦之義者巽乎水

而上水至此爻則上之極也

象曰元吉在上大成也

程傳以大善之吉在卦之上井道之大成也井以上爲成功

總論 李氏過曰初井泥二井谷皆廢井也三井渫則渫初之泥四井甃則甃二之谷既渫且甃井道全矣故五井洌而泉寒上井收而勿幕功始及物而井道大成矣○丘氏富國曰先儒以三陽爲泉三陰爲井陽實陰虛之象也九二言井谷射鮒九三言井渫不食九五言井洌寒泉曰射曰渫曰洌非泉之象乎初六言井泥不食六四言井甃无咎上六言井收勿幕曰泥曰甃曰收非井之象乎以卦序而言則二之射始達之泉也三之渫已潔之泉也五之洌則可食之泉矣初之泥方掘之井也四之甃已脩之井也上之收則已汲之井矣又

序卦傳井道不可不革故受之以革
雜卦傳革去故也

以二爻爲一例則初二皆在井下不見於用故初爲泥而二爲谷三四皆在井中將見於用故三爲渫而四爲甃五上皆在井上而已見於用矣故五言食而上言收也

䷰ 離下兌上

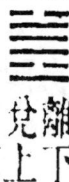

程傳革序卦井道不可不革故受之以革井之爲物存之則穢敗易之則清潔不可不革者也故井之後受之以革也爲卦兌上離下澤中有火也革變革也水火相息之物水滅火火涸水相變革者也火之性上水之性下若相違行則睽而已乃火在下水在上相就而相剋相滅息者也所以爲革也又二女同居而其歸各異其志不同爲不相得也故爲革也

革巳日乃孚元亨利貞悔亡

革以九五爲主蓋居尊位則有改革之權剛中正則能盡改革之道故其辭曰

本義革變革也兌澤在上離火在下火然則水乾水決則火滅中少二女合爲一卦而少上中下志不相得故其卦爲革也變革之初人未之信故必已日而後信又以其內有文明之德而外有和說之氣故其占爲有所更革皆大亨而得其正所革皆當而所革之程傳悔亡也一有不正則所革不信不通而反有悔矣革者變其故也變其故則人未能遽信故必已日然後人心信從元亨利貞悔亡弊壞而後革之革之所以致其通也故革之而可以大亨革之而利於正道則可久而得去故之義无變動之悔乃悔亡也革而无甚益猶可悔也況反害乎古人所以重改作也

集說李氏簡曰已日者已可革之時也先時而革則人疑而罔孚故已日乃孚元亨利貞者謂窮則變固有大通之道而利於不失正也正則其悔亡矣○何氏楷曰已日即六二所謂已日也乃孚即九三九四九五所謂有孚也悔亡即九四所謂悔亡也所以云已日者變革天下之

大人虎變

事。不當輕遽。乃能孚信於人。乃雖辭也。下三爻方欲革
故而爲新。故有謹重不輕革之意。上三爻則故者已革
而爲新矣。九四當上下卦之交。正改命之時。故悔亡
獨於九四見之。即象傳所云革而當。其悔乃亡也。
案。已日乃孚。李氏何氏之説爲
長。蓋卦辭爻辭不應互異也。

彖曰。革。水火相息。二女同居。其志不相得。曰革。

本義 以卦象釋卦名義。大略與睽相似。然以相違而爲
睽。相息而爲革也。息。滅息也。又爲生息之義。滅息
而後生 程傳 澤火相滅息。又二女志不相得。故爲革。息
息也。 爲止息。又爲生息。物止而後有生。故爲生
義。革之相息。 集説 朱氏震曰。兌澤離火。而彖曰水火。何
謂止息也。 也。曰。坎兌一也。澤者水所鍾。無水則
無澤矣。坎上爲雲。下爲雨。上爲雲者。澤之氣也。下爲雨。
則澤萬物也。故屯需之坎爲雲。小畜之兌亦爲雲。坎爲

川。大畜之兌亦爲川。坎爲水。革兌亦爲水。坎陽兌陰。陰陽二端。其理則一。知此始可言象矣。○朱子語類云。革之象。不曰澤在火上。而曰澤中有火。蓋水在火上。則水滅了火。不見得火炎則水涸之義。澤中有火。則二物並在。有相息之象。○李氏舜臣曰。不同行。不過有相離之意。故止於睽。不相得。則不免有相克之事。故至於革。○胡氏炳文曰。既濟水在火上。不曰相息者。何也。坎之水。動水也。火不能息之。澤之水。止水也。止水在上而火炎上。故息。

巳日乃孚。革而信之。文明以說。大亨以正。革而當。其悔乃亡。

本義以卦德釋卦辭。程傳事之變革。人心豈能便信。必終日而後孚。在上者於改爲之際。當詳告申令。至於巳日。使人信之。人心不信。雖强之行。不能成也。先王政令。人心始以爲疑者有矣。然其久也必信。終不孚而成善治者。未之有也。文明以說。以卦才言革之道也。離爲文明。兌爲說。文明則理无不盡。事无不察。說則人心和順。革而能照察事理。和順人心。可致大亨而得貞正。如是變革得其至當。故悔亡也。天下之事。革之不得其道。則反致弊害。故革有悔之道。唯革之至當。則新舊之悔皆亡也。

集說

胡氏炳文曰。彖未有言悔亡者。唯革言之。革易有悔也。必革而當。其悔乃亡。當字即是貞字。一有不貞。則有不信。有不通。皆不當者也。彖文明以說。大亨以正。兩以字。上句重在文明。蓋至明則事理周盡。故以此而順人心。有所更改。則無不宜也。下句重在正。蓋其大亨也。以正行之。則無不順也。凡彖傳用以字者。文體正倒皆可互用。如順以動。及動而以順行。其義一也。

天地革而四時成。湯武革命。順乎天而應乎人。革之時大矣哉。

本義極言而贊其大。程傳推革之道。極乎天地變易。時運終始也。天地陰陽推遷變易而成四時。萬物於是生長成終。各得其宜。革而後四時成也。時運既終。必有革而新之者。王者之興。受命於天。故易世謂之革命。湯武之王。上順天命。下應人心。順乎天而應乎人也。天道變改。世故遷易。革之至大也。故贊之曰革之時大矣哉。集說朱子語類云。革是更革之謂。到這裏須盡翻轉更變一番。所謂上下與天地同流。豈曰小補之哉。小補之者。謂扶衰救弊。逐些補緝。如錮露家事相似。若是更革。則須徹底從新鑄造一番。非止補其罅漏而已。

象曰。澤中有火。革。君子以治歷明時。

本義　四時之變。革之大者。　程傳　水火相息爲革。革變也。君子觀變革之象。推日月星辰之遷易。以治歷數。明四時之序也。夫變易之道。事之至大。理之至明。跡之至著。莫如四時。觀四時而順變革。則與天地合其序矣。　集說　虞氏翻曰。曆象謂日月星辰也。天地革而四時成。故君子以治曆明時也。○朱子語類云。治曆明時。非謂曆當改革。蓋四時變革中。便有箇治曆明時底道理。

初九。鞏用黃牛之革。

本義　雖當革時。居初无應。未可有爲。故爲此象。鞏。固也。黃。中色。牛。順物。革。所以固物。亦取卦名而義不同也。其占爲當堅確固守。而不可以有爲。聖人之於變革。其謹如此。　程傳　變革。事之大也。必有其時。有其位有其才。審慮而慎動。而後可以无悔。九以時則初也。動於事初。則无審慎之意。而有躁易之象。以位則下也。无時无援而動於下。則有僭妄之咎。而无體勢之重。以才則離體而陽也。離性上而剛體健。皆速於動也。其才如此。有爲則凶咎至矣。蓋剛不中而體躁。所不足者。中與順也。當以中順自固而无妄動則可也。鞏。局束也。革所以包束。黃。中色。牛。順物。鞏用黃牛之革。謂以中順之道自固。不妄動也。不云吉凶何也。曰。妄動則有凶咎。以中順自固。則不革而已。安得便有吉凶乎。

集說　干氏寶曰。在革之初。未可以動。故曰鞏用黃牛之革。○劉氏牧曰。下非可革之位。初非可革之時。要在固守中順之道。而不敢有革也。○呂氏大臨曰。初九當革之初。居下無位。比於六二。二上無正應。雖有剛德。不當自任。惟結六二以自固。故鞏用黃牛之革。六二居中柔順。故曰黃牛。與遯六二同義。○龔氏煥曰。易言黃牛之革者二。遯之六二。居中有應。欲遯而不可遯者也。革之初九。在下無應。當革而不可革者也。所指雖殊。而意實相類。

案更改之義有取於革者。革。鳥獸之皮也。鳥獸更四時則皮毛改換。堯典希革毛毨之類是也。六爻取象於牛虎豹者。以此。牛之皮至堅韌難以更革者也。以之繫物則固。故遯二之執用者似之。以之裹物則密。故革初之鞏用者似之。

象曰。鞏用黃牛。不可以有爲也。

程傳。以初九時位才皆不可以有爲。故當以中順自固也。

集說。胡氏瑗曰。凡革之道。必須已日。然後可以革之也。民固卽日而未孚。可遽革之乎。故但可固守中順。未可大有所爲。○鄭氏汝諧曰。居位之下。革之而人未必從。當革之始。遽革而人未必信。固執中順之道。循理而變通可也。自我有爲不可也。於革之初言之。

欲其謹於始也。

六二已日乃革之征吉无咎。

本義六二柔順中正而爲文明之主有應於上於是可以革矣然必已日然後革之則征吉而无咎戒占者猶未可遽變也

程傳以六居二柔順而得中正又文明之主上有剛陽之君同德相應中正則无偏蔽文明則盡事理應上則得權勢體順則无違悖時可矣位得矣才足矣處革之至善者也然臣道不當爲革之先又必待上下之信故已日乃革之也如二之才德所居之地所逢之時足以革天下之弊新天下之治當進而上輔於君以行其道則吉而无咎也不進則失可爲之時爲有咎也以二體柔而處當位體柔則其進緩當位則其處固變革者事之大故有此戒二得中而應剛未至失於柔也聖人因其有可戒之疑而明其義耳

使賢才不失可爲之時也。集說王氏宗傳曰。六二以中正之德上應九五中正之君。當革之時。卦德所謂巳日乃孚是也。故曰巳日乃革之。征吉无咎。○熊氏良輔曰。六二爲內卦之主。故卦辭之巳日。見之於此卦曰巳日乃孚。爻曰巳日乃革者。孚而後革也。

象曰。巳日革之。行有嘉也。

程傳巳日而革之。征則吉而无咎者。行則有嘉慶也。謂可以革天下之弊。新天下之事。處而不行。是无救弊濟世之心。失時而有咎也。集說俞氏琰曰。未當革而遽往。適以滋弊耳。何嘉之有。必往於巳日當革之時。則其行有嘉美之功。行釋征字。嘉釋吉无咎。

九三。征凶。貞厲。革言三就。有孚。

本義　過剛不中。居離之極。躁動於革者也。故其占有征凶貞厲之戒。然其時則當革。故至於革言三就。則亦有孚而可革也。

程傳　九三以剛陽爲下之上。又居離之上而不得中。躁動於革者也。在下而躁於變革。以是而行。則有凶也。然居下之上。事苟當革。豈可不爲也。在乎守貞正而懷危懼。順從公論。則可行之不疑。革言。猶當革之論。就。成也。合也。審察當革之言。至於三而皆合。則可信也。言重愼之至能如是。則必得至當。乃有孚也。已可信而衆所信也。如此則可以革矣。在革之時。居下之上。事之當革。若畏懼而不爲。則失時爲害。唯當愼重之至。不自任其剛明。審稽公論。至於三就而後革之。則无過矣。

集說　呂氏大臨曰。九三居下體之上。自初至三。偏行三爻。革之有漸。革道以成。故曰革言三就。至於三則民信之矣。故有孚。○龔氏煥曰。九三以過剛之才。躁動以往則凶。處當革之時。貞固自守則厲。惟於改革之言。詳審三就。則既無躁動之凶。又無固守之厲。得其時宜。所以可革也。○胡氏炳文曰。以其過剛也。故恐其征而不已則凶。以其不中也。又恐其一於貞固而失變革之義。則厲。故必革之言至於三就。審之屢則有孚而可革矣。

象曰。革言三就。又何之矣。

本義 言已審。 程傳 稽之衆論。至於三就。事至當也。又何之矣。乃俗語更何往也。如是而行。乃順理時行。非己之私意所欲爲也。必得其宜矣。 集說 徐氏幾曰。初未可革。二乃革之。三則變革之事成矣。凡事詳審至再至三。則止矣。又何往焉。

九四。悔亡。有孚改命吉。

本義 以陽居陰。故有悔。然卦已過中。水火之際。乃革之時。而剛柔不偏。又革之用也。是以悔亡。然又必有孚。然後革。乃可獲吉。明占者有其德而當其時。又必有信。乃悔亡而得吉也。程傳九四。革之盛也。陽剛。革之才也。離下體而進上體。革之時也。居水火之際。革之勢也。得近君之位。革之任也。下无係應。革之志也。以九居四。剛柔相際。革之用也。四既具此。可謂當革之時也。事之可悔而後革之。革之而當。其悔乃亡也。革之既當。唯在處之以至誠。故有孚則改命吉。改命。爲也。謂革之也。既事當而弊革。行之以誠。上信而下順。其吉可知。四非中正而至善。何也。曰。唯其處柔也。故剛而不過。近而不逼。順承中正之君。乃中正之人也。易之取義无常也。隨時而已。集說虞氏翻曰。將革而謀謂之言。革而行之謂之命。○陸氏希聲曰。革而當。故悔亡也。爲物所信。則命令不便於民者。可改易而獲吉。○劉氏牧曰。成革之體在斯一爻。且自初至三。則革道已成。故下三爻皆以革字著於爻辭。至於四。則惟曰悔亡有孚改命吉也。○朱子語類問。革下三爻有謹重難改之意。上三爻則革而善。蓋事有新故。下三爻則故事也。未變之時。必當謹審於其先。上三爻則變而爲新事矣。曰然乾卦到九四爻謂乾道乃革也。是到這處方變。○胡氏炳文曰。自三至五。皆言有孚。三議革而後孚。四有孚而後改。深淺之序也。五未占而有孚。積孚之素也。

象曰。改命之吉。信志也。

程傳 改命而吉。以上下信其志也。誠既至。則上下信矣。革之道。以上下之信爲本。不當不孚則不信。當而不信。猶不可行也。況不當乎。

集說 龔氏煥曰。信志即有孚之謂。革以有孚爲本。信足以孚乎人心。則可以改命而得吉矣。

九五。大人虎變。未占有孚。

本義虎，大人之象。變，謂希革而毛毨也。在大人則自新新民之極，順天應人之時也。九五以陽剛中正爲革之主，故有此象。占而得此，則有此應。然亦必自其未占之時，人已信其如此，乃足以當之耳。程傳九五以陽剛之才，中正之德，居尊位，大人也。以大人之道革天下之事，无不當也，无不時也。所過變化，事理炳著，如虎之文采，故云虎變。龍虎，大人之象也。變者，事物之變。曰虎何也？曰大人變之，乃大人之變也。以大人中正之道變革之，炳然昭著，不待占決，知其至當而天下必信也。天下蒙大人之革，不待占決，知其至當而信之也。

集說鄭氏汝諧曰：革之道，久而後信。五與上，其革之成乎？五陽剛中正，居尊而說體，盡革之美，是以未占而有孚也。其文曉然見於天下，道德之威，望而可信，若卜筮罔不是孚，虎變之謂也。○龔氏煥曰：革以孚信爲主，故彖與三四皆以孚爲言。至五之未占有孚，則不言而信，而無以復加矣。

象曰大人虎變其文炳也

程傳事理明著若虎文之炳煥明盛也天下有不孚乎 集說俞氏琰曰虎之斑文大而疎朗革道已成事理簡明如虎文之炳然也

上六君子豹變小人革面征凶居貞吉

本義革道已成君子如豹之變小人亦革面以聽從矣不可以往而居正則吉變革之事非得已者不可以過而上六之才亦不可以有行也故占者如之 程傳革之終革道之成也君子謂善人良善則已從革而變其著見若豹之彬蔚也小人昏愚難遷者雖未能心化亦革其面以從上之教令也龍虎大人之象故大人云虎君子云豹也人性本善皆可以變化然有下愚雖聖人不能移者以堯舜爲君以聖繼聖百有餘年

天下被化。可謂深且久矣。而有苗有象。其來格烝乂。蓋亦革面而已。小人旣革其外。革道可以爲成也。苟更從而深治之。則爲已甚。已甚非道也。故至革之終而又征則凶也。當貞固以自守。革至於極。而不守以貞。則所革隨復變矣。天下之事。始則患乎難革。已革則患乎不能守也。故革之終戒以居貞則吉也。居貞非爲六戒乎。曰。爲革終言也。莫不在其中矣。人性本善。有不可革者何也。曰。語其性。則皆善也。語其才。則有下愚之不移。所謂下愚有二焉。自暴也。自棄也。人苟以善自治。則无不可移者。雖昏愚之至。皆可漸磨而進也。唯自暴者拒之以不信。自棄者絕之以不爲。雖聖人與居。不能化而入也。仲尼之所謂下愚也。然天下自棄自暴者。非必皆昏愚也。往往強戾而才力有過人者。商辛是也。聖人以其自絕於善。謂之下愚。然考其歸則誠愚也。旣曰下愚。其能革面何也。曰。心雖絕於善道。其畏威而寡罪。則與人同也。唯其有與人同。所以知其非性之罪也。集說孔氏穎達曰。居革之終。變道已成。君子處之。雖不能同九五革命創制。如虎文之彪炳。然亦潤色鴻業。如豹文之蔚縟。故曰君子豹變也。小人革面者。但能變其顏面容色順上而已。革道已成。宜安靜守正。更有所征則凶。居而守正則吉。○龔氏煥曰。九三與上六皆曰征凶。而有貞厲貞吉之殊者。三之征凶。戒其不可妄動也。上之征凶。謂事之已革者。不可復變也。三當革而未革。故守貞則厲。上已革而當守。故居貞則吉。三革道未成。上革道已成故也。○楊氏啟新曰。革道已成。非上六革之。有革之者也。上六特承其重熙累洽之後。治定功成之日耳。若九五則必堯舜湯武。乃足以當之。首創之君。開大型範。耳目一新。若混沌初闢。其文疎朗。潤大繼體之後。則漸深邃遒密耳。周之頑民。既歷二紀。世變風移。則革面之謂。革而不守以貞。則所變者隨復變矣。天下事未革。患其不能革。既革。患其不能守也。故戒以居貞。

案五上兩爻相承。虎豹兩物相似。程傳以君子爲被王化之人。似不如孔氏楊氏以爲繼體守成之爲安也。如文武開基。肇造維新。豈非若虎之變而文采煥然者乎。成康繼世。禮明樂備。豈非若豹之變而文理繁密者乎。言君子。雖稍別於大人。然革道必至此而後爲詳且備也。至小人革面。方以被王化者言之。所謂革面者。亦非但革其面而不能革心之謂。此卦以禽獸取義。凡禽獸之有靈性而近於人者。如猩猩猿猴之類。皆革其面。故以此爲民風丕變之喻爾。王道之行。則仁義成俗。而心亦無不革矣。不然何以爲必世後仁乎。

象曰。君子豹變。其文蔚也。小人革面。順以從君也。

集說 君子從化遷善。成文彬蔚。章見於外也。中人以上莫不變革。雖不移之小人。則亦不敢肆其惡。革易

其外以順從君上之教令是革面也至此革道成矣

小人勉而假善君子所容也更往而治之則凶矣

集說張子曰以柔爲德不及九五剛中炳明故但文章蔚縟能使小人改觀而從也○呂氏大臨曰上六與九五皆革道已成之時虎之文脩大而有理豹之文密茂而成斑其文炳然如火之照而易辨也其文蔚然如草之暢茂而叢聚也○俞氏琰曰小人居革之終幡然潛道以順從君無不心悅而誠服或者乃謂面革而心不革非也

總論龔氏煥曰初言鞏用黃牛未可有革者也二言巳日乃革不可遽革者也三言革言三就謹審以爲革者也皆革道之未成也四言有孚改命則事革矣五言大人虎變則爲聖人之神化矣上言君子豹變小人革面則天下爲之丕變而革道大成矣

序卦傳
革物者莫若鼎故受之以鼎
雜卦傳
鼎取新也

䷱ 巽下離上

程傳：鼎序卦革物者莫若鼎故受之以鼎鼎之爲用所以革物也變腥而爲熟易堅而爲柔水火不可同處也能使相合爲用而不相害是能革物也鼎所以次革也爲卦上離下巽所以爲鼎則取其象焉取其義焉取其象者有二以全體言之則下植爲足中實爲腹受物在中之象對峙於上者耳也横亘乎上者鉉也鼎之象也以上下二體言之則中虛在上下有足以承之亦鼎之象也取其義則木從火也巽入也順從之義以木從火爲然之象火之用惟燔與烹燔不假器故取烹象而爲鼎以木巽火烹飪之象也制器取其象也乃象器以爲卦乎曰制器取於象也象存乎卦而卦不必先器聖人制器不待見卦而後知象以衆人之不能知象也故設卦以示之卦器之先後不害於義也或疑鼎非自然之象乃人爲也曰固人爲也然烹飪可以成物形制

鼎以六五上九爲主蓋鼎以養賢爲義而六五尊尚上九之賢其象如鼎之鉉耳之相得也

如是則可用。此非人爲自然也。在井亦然。器雖在卦先。而所取者乃卦之象。卦復用器以爲義也。

鼎。元吉亨。

本義 鼎。烹飪之器。爲卦下陰爲足。二三四陽爲腹。五陰爲耳。上陽爲鉉。有鼎之象。又以巽木入離火而致烹飪。鼎之用也。故其卦爲鼎。下巽。巽也。上離爲目而五爲耳。有內巽順而外聰明之象。卦自巽來。陰進居五而下應九二之陽。故其占曰元亨。吉。衍文也。

程傳 以卦才言也。如卦之才。可以致元亨也。止當云元亨。文羨吉字。卦才可以致元亨。未便有元吉也。彖復止云元亨。其羨明矣。

集說 易氏祓曰。易之諸卦皆言象。取諸物以名卦者。鼎與井而已。井以木巽水。鼎以木巽火。二卦以養人爲義。故皆以實象明之。○胡氏一桂曰。自元亨外無餘辭。唯大有與鼎。

案上經頤卦言養道曰聖人養賢以及萬民然則王者之所當養此兩端而已下經井言養鼎亦言養然井在邑里之間往來汲養民之象也鼎在朝廟之中燕饗則用之養賢之象也養民者存乎政行政者存乎人是其得失未可知也故井之象猶多戒辭至於能養賢則與之食天祿治天職而所以養民者在是矣故其辭直曰元亨與大有同

彖曰鼎象也以木巽火亨飪也聖人亨以享上帝而大亨以養聖賢

本義以卦體二象釋卦名義因極其大而言之享帝貴誠用犢而已養賢則饔飧牢禮當極其盛故曰大亨

程傳卦之爲鼎取鼎之象也鼎之爲器法卦之象也有象而後有器卦復用器而爲義也鼎大器也

重寳也故其制作形模法象尤嚴鼎之名正也古人訓方方實正也以形言則耳對植於上足分峙於下周圓內外高卑厚薄莫不有法而至正至正然後成安重之象故鼎者法象之器卦之爲鼎以其象也以木巽火以二體言鼎之用也以木巽火以木從火所以亨飪也鼎之爲器生人所賴至切者也極其用之大則聖人亨以享上帝大亨以養聖賢聖人古之聖王大言其廣

集說 蔡氏淵曰祭之大者無出於上帝賓客之重者無過於聖賢

案釋名之後繼以享帝養賢兩句指明卦義之所主也與井養而不窮也對觀之便明蓋彼主養民此主享帝養賢而享帝之實尤在於養賢也

巽而耳目聰明柔進而上行得中而應乎剛是

以元亨。

本義以卦象卦變卦體釋卦辭程傳上既言鼎之用矣復以卦才言人能如卦之才可以致元亨也下體巽爲巽順於理離明而中虛於上爲耳目聰明之象凡離在上者皆云柔進而上行柔在下之物乃居尊位進而上行也以明居尊而得中道應乎剛能用剛陽之道也五居中而又以柔而應剛爲得中道其才如是所以能元亨也集說單氏渢曰巽以養下則達聰而明目者也柔進而上行則不爲驕亢者也得中而應剛則能養聖賢者也○劉氏曰得中而應乎剛者以柔居中下應九二之剛乃能用賢也柔得尊位卑巽以下賢是以致元亨○張氏淸子曰上體離也離爲目而兼耳言之者蓋以六五爲鼎耳而取也

象曰木上有火鼎君子以正位凝命

本義鼎重器也故有正位凝命之意凝猶至道不凝之凝傳所謂協于上下以承天休者也

程傳木上有火以木巽火也烹飪之象故爲鼎君子觀鼎之象以正位凝命鼎者法象之器其形端正其體安重取其端正之象則以正其位謂正其所居之位君子所處必正其小至於席不正不坐毋跛毋倚取其安重之象則凝其命令安重其命令也凝聚止之義謂安重也今世俗有凝然之語以命令而言耳凡動爲皆當安重也

集說房氏喬曰鼎者神器至大至重正位凝命法其重大不可遷移也○李氏元量曰木上有火非鼎也鼎之用也猶之木上有水非井也井之功也○鄭氏汝諧曰革以故命鼎以定命知革而不知鼎則天下之亂滋矣○項氏安世曰存神息氣人所以凝壽命中心無爲以守至正君所以凝天命○王氏申子曰鼎形端而正體鎮而重君子取其端正之象以正其所居之位使之愈久而愈安取其鎮重之象以凝其所受之命使之

愈久而愈固。○胡氏炳文曰。鼎之器正。然後可凝其所受之實。君之位正。然後可凝其所受之命。

初六。鼎顛趾。利出否。得妾以其子。无咎。

本義 居鼎之下。鼎趾之象也。上應九四則顛矣。然當卦初。鼎未有實。而舊有否惡之積焉。因其顛而出之。則爲利矣。得妾而因得其子。亦由是也。此爻之象如此。而其占无咎。蓋因敗以爲功。因賤以致貴也。**程傳** 六在鼎下。趾之象也。上應於四。趾而向上。顛之象也。鼎覆則趾顛。趾顛則覆其實矣。非順道也。然有當顛之時。謂傾出敗惡以致潔取新。則可也。故顛趾利在於出否。否。惡也。四近君大臣之位。初在下之人而相應。乃上求於下。下從其上也。上能用下之善。下能輔上之爲。可以成事功。乃善道。如鼎之顛趾有當顛之時。未爲悖理也。得妾以其子无咎。六陰而卑。故爲妾。得妾。謂得其人也。若得良妾。則能輔助其主。使无過咎也。子。主也。以其子。

致其主於无咎也。六陰居下而卑巽從陽，妾之象也。以六上應四，爲顛趾而發此義。初六本无才德可取，故云得妾。言得其人則如是也。

集說 熊氏良輔曰：鼎顛趾，鼎之未用而傾仆也。未用而傾仆，則汙穢不能留，反以顛爲利也。若九四之折足，則覆敗而凶矣。得妾以其子，又就顛趾出否上取義。得妾者，顛趾也；以其子者，出否也。疑於有咎，故曰无咎。

案易例初六應九四，無亨吉之義，蓋以初六乃材德之卑，應四有援上之嫌，故於義無可取者。其動於應而凶咎者則有之矣，鳴豫、咸拇之類是也。惟晉有上進之義，萃有萃上之義，鼎有得養之義，此三者則初六九四之應，容有取焉。然晉初則晉如摧如，萃初則乃亂乃萃，蓋主於在下者之求進求萃而言，則居卑處初，未能自達者宜也。惟鼎之義主於上之養下，上之養下也，尤賢固養之矣，及其使人也，器之，薄材微品所不遺焉。當此之時雖其就上也如顚趾而因得去汚穢以自濯於潔清雖其媒鸞也如妾而因得廣嗣續以薦身於嬪御盛世所以無棄才而人入於士君子之路者此也故觀易者知時義之爲要

象曰鼎顚趾未悖也利出否以從貴也

本義鼎而顚趾悖道也而因可出否以從貴則未爲悖也從貴謂應四亦爲取新之意 程傳鼎覆而趾顚悖道也然非必爲悖者蓋有傾出否惡之時也去故而納新瀉惡而受美從貴之義也應於四上從於貴者也 集說陸氏希聲曰趾當承鼎顚而覆之悖也於是出其惡故雖覆未悖猶妾至賤不當貴以其子故得貴焉春秋之義母以子貴是也○鄭氏汝諧曰初居下乃鼎之趾必顚趾者乃出否也猶之妾也其可從上以子也子貴則母貴也凡取新之義必捨惡而取善捨賤而取貴期合於義初之應乎四顚趾也從貴也

柔而應於上必有此義乃可

案傳於得妾之辭不釋但以從貴之意包之聖言之簡而盡如此

九二鼎有實我仇有疾不我能即吉

本義 以剛居中鼎有實之象也我仇謂初陰陽相求而非正則相陷於惡而為仇矣二能以剛中自守則初雖近不能以就之矣是以其象如此而其占為如是則吉也

程傳 二以剛實居中鼎中有實之象鼎之有實上出則為用二陽剛有濟用之才與五相應上從六五之君則得正而其道可亨然與初密比陰從陽者也九二居中而應中不至失正己雖自守彼必相求故戒能遠之使不來即我則吉也仇對也陰陽相對之物謂初也相從則非正而害義是有疾也二當以正自守使之不能來就己人能自守以正則不正不能就之矣

所以吉也。

集說 胡氏炳文曰：鼎諸爻與井相似。井以陽剛爲泉，鼎以陽剛爲實。井二無應，故其功終不上行；鼎二有應，而能以剛中自守，故吉。

案此疾字是妒害之義，所謂入朝見疾是也。夫相妒害則相遠而不相即矣。然小人之害人也，必託爲親愛以伺其隙，故必不惡而嚴，使之不我能即，而後無隙之可乘也。此只據九二剛中能自守而取此象，不必定指一爻爲我仇也。

象曰：鼎有實，慎所之也。我仇有疾，終无尤也。

本義 有實而不謹其所往，則爲仇所即而陷於惡矣。

程傳 鼎之有實，乃人之有才業也，當慎所趨向。不慎所往，則亦陷於非義。二能不暱於初，而上從六五之正應，乃是慎所之也。我仇有疾，舉上文也。我仇對己

者謂初也初比己而非正是有疾也既自守以正則彼不能即我所以終无過尤也

集說 張子曰以陽居中故有實實而與物競則所喪多矣故所之不可不慎也

案尤者己之過尤也人之怨尤也能慎其所行則雖我仇有疾害之心无過尤之可指而怨尤之念亦消矣

九三鼎耳革其行塞雉膏不食方雨虧悔終吉

本義 以陽居鼎腹之中本有美實者也然以過剛失中越五應上又居下之極爲變革之時故爲鼎耳方革而不可舉移雖承上卦文明之腴有雉膏之美而不得以爲人之食然以陽居陽爲得其正苟能自守則陰陽將和而失其悔矣占者如是則初雖不利而終得吉也 程傳 鼎耳六五也爲鼎之主三以陽居巽之上剛而能巽其才足以濟務然與五非應而不同五中而非正三正而非中不同也未得於君者也不得於君則

其道何由而行。革。變革爲異也。三與五異而不合也。其行塞。不能亨也。不合於君則不得其任。无以施其用。膏甘美之物。象祿位。雉指五也。有文明之德。故謂之雉。三有才用。而不得六五之祿位。是不得雉膏食之也。君子蘊其德。久而必彰。守其道。其終必亨。五有聰明之象。而三終上進之物。陰陽交暢則雨。方雨。且將雨也。言五與三方將和合。虧悔終吉。謂不足之悔。終當獲吉也。三懷才而不偶。故有不足之悔。然其有陽剛之德。上聰明而下巽正。終必相得。故吉也。三雖不中。以巽體故无過剛之失。若過剛則豈能終吉。

集說

易氏祓曰。三鼎腹有實者也。耳謂六五。正所以運其腹中所容者。惟上無應。塞而不行。實在其中。美如雉膏。誰得而亨之。然君子處心。要使美實備於我。而不計行之通塞。及其終也陰陽相濟。有至和將雨之兆。此所以虧其始之悔。而終必獲吉也。○胡氏炳文曰。井鼎九三。皆居下而未爲時用。井三如清潔之泉而不見食。鼎三如鼎中有雉膏而不得以爲人食。然君子能爲可食。不能使人必食。六五鼎耳。三與五不相遇。如鼎耳方變革而不可舉移。故其行不通。然五文明之主。三上承文明之腴。以剛正自守。五終當求之。方且如陰陽和而爲雨。始雖有不遇之悔。終當有相遇之吉。井三所謂王明並受其福者。亦猶是也。

象曰。鼎耳革。失其義也。

程傳始與鼎耳革異者。失其相求之義也。與五非應。失求合之道也。不中。非同志之象也。是以其行塞而不通。然上明而下才。終必和合。故方雨而吉也。

案象傳凡言義者。謂卦義也。此失其義。非謂己之所行失義。蓋謂爻象無相應之義爾。

九四。鼎折足。覆公餗。其形渥。凶。

繫辭下傳
子曰德薄而位尊
知小而謀大力小
而任重鮮不及矣
易曰鼎折足覆公
餗其形渥凶言不
勝其任也

本義晁氏曰形渥諸本作刑剭謂重刑也今從之九四居上任重者也而下應初六之陰則不勝其任矣故其象如此而其占凶也程傳四大臣之位任天下之事者也天下之事豈一人所能獨任必當求天下之賢智與之協力得其人則天下之治可不勞而致也用非其人則敗國家之事貽天下之患四下應於初初陰柔小人不可用者也而四用之其不勝任而敗事猶鼎之折足也鼎折足則傾覆公上之餗餗鼎實也居大臣之位當天下之任而所用非人至於覆敗乃不勝其任可羞愧之甚也其形渥謂赧汗也其凶可知繫辭曰德薄而位尊知小而謀大力小而任重鮮不及矣言不勝其任也蔽於所私德薄知小也集說王氏弼曰渥沾濡之貌也既覆公餗體為沾濡知小謀大不堪其任受其至辱災及其身故曰其形渥凶也○胡氏瑗曰夫鼎之實必有齊量不可以盈溢若過其盈溢則有覆餗之凶君子之人雖有才德亦有分量若職事過其才

分則有墮官之謗矣。○蘇氏軾曰：鼎之量極於四，其上則耳矣。受實必有餘量，以爲溢地也。溢則覆矣。○朱氏震曰：其形渥，蓋赧之象。澤流被面，沾濡其體也。○易氏祓曰：四亦鼎腹有實，在二陽之上，已過於溢，而又以陽剛之才，下應於初。初趾已顛，故有折足之象。覆公餗，四近君，爲公之象。○胡氏炳文曰：初未有鼎實，故因顛趾而出否。四已有鼎實，故折足而覆餗。

案：四之得凶，諸家之說備矣。蓋三陽爲實，而四適當其盈也。盈則有傾覆之象矣。又應初爲無輔，故有折足覆餗之象。凡易例，九四應初六，皆有損而無助，大過之不橈乎下，解之解而拇，皆是也。其形渥，從王氏說爲是。詩曰渥赭，曰渥丹，皆以顏貌言之。愧生於中，則顏發赤也。

象曰：覆公餗，信如何也。

本義言失信也。程傳大臣當天下之任，必能成天下之治安，則不誤君上之所倚，下民之所望，與己致身任道之志，不失所期，乃所謂信也。不然則失其職，誤上之委任，得爲信乎？故曰信如何也。集說楊氏簡曰：居大臣之位，是許國以大臣之事業也，而實則不稱，折足覆餗，失許國之信矣。

六五，鼎黃耳，金鉉，利貞。

本義五於象爲耳，而有中德，故云黃耳。金，堅剛之物。鉉，貫耳以舉鼎者也。五虛中以應九二之堅剛，故其象如此，而其占則利在貞固而已。或曰：金鉉以上九而言，更詳之。程傳五在鼎上，耳之象也。鼎之舉措在耳，爲鼎之主也。五有中德，故云黃耳。鉉，加耳者也。二應於五，來從於耳者，鉉也。二有剛中之德，陽體剛，中色黃，故爲金鉉。五文明得中而應剛，二剛中巽體而上應，才无不足也，相應至善矣，所利在貞固而已。六五居中應中。不至於失正。而質本陰柔。故戒以貞固於中也。

集說 王氏宗傳曰。在鼎之上。受鉉以舉鼎者耳也。六五之象也。在鼎之外。貫耳以舉鼎者鉉也。上九之象也。

○王氏申子曰。黃中色。謂五之中也。金剛德。謂上之陽也。主一鼎者在乎耳。耳不虛中。則鼎雖有鉉而無所措。耳而無鉉。則鼎雖有實而無所施。故鼎之六五虛其中以納上九陽剛之助。而後一鼎之實得以利及天下。猶鼎黃耳得金鉉也。曰利貞。亦以陰居陽而有此戒。○胡氏一桂曰。程傳及諸家多以六五下應九二為金鉉。本義從之。然猶舉或曰之說。謂金鉉以上九言。竊謂鉉所以舉鼎者也。必在耳上。方可貫耳。九二在下。勢不可用。或說為優。然上九又自謂玉鉉者。金象以九爻取。玉象以爻位剛柔相濟取。

象曰。鼎黃耳。中以為實也。

程傳六五以得中爲善是以中爲實德也五之所以聰明應剛爲鼎之主得鼎之道皆由得中也集說陸氏績曰得中承陽故曰中以爲實○郭氏雍曰中以爲實者六五陰虛以黃中之德爲實也猶坤之六五美在其中之道也

上九鼎玉鉉大吉无不利

本義上於象爲鉉而以陽居陰剛而能溫故有玉鉉之象而其占爲大吉无不利蓋有是德則如其占也

程傳井與鼎以上出爲用處終鼎功之成也在上鉉之象剛而溫者玉也九雖剛陽而居陰履柔不極剛而能溫者也居成功之道唯善處而已剛柔適宜動靜不過則爲大吉无所不利矣在上爲鉉雖居无位之地實當用也與它卦異矣井亦然集說易氏祓曰鼎與井其用在五而其功皆在上井至上而後爲元吉鼎

至上而後爲大吉皆所以全養人之利者也○胡氏炳文曰上九一陽橫亙乎鼎耳之上有鉉象金剛物自六五之柔而視上九之剛則以爲金鉉玉具剛柔之體上九以剛居柔而又下得六五之柔則以爲玉鉉○熊氏良輔曰井鼎皆以上爻爲吉蓋水以汲而出井爲用食以烹而出鼎爲用也

案此卦與大有只爭初六一爻耳餘爻皆同也大有之彖辭直曰元亨他卦所無也惟鼎亦曰元亨大有上爻曰吉无不利他卦所無也惟鼎上爻亦曰大吉无不利以其皆爲尚賢之卦故也上九剛德爲賢六五尊而尚之是尚賢也在他卦有此象者如賁大畜頤之類其義皆善其象傳亦多發尚賢養賢之義然以卦義言之則大有與鼎獨爲盛也卦義之盛重於此兩爻之相得故吉无不利皆於上爻見之卽彖所謂元亨者也又易中大象言天命者亦惟此兩卦一曰順天休命一曰正位凝命書曰天命有德五服五章哉故退不肖而進賢者

天之命也。大有以遏惡揚善爲順天。此則推本於正位以凝命。所謂君正莫不正者。用能協於上下。以承天休也。

象曰。玉鉉在上。剛柔節也。

程傳 剛而溫。乃有節也。上居成功致用之地。而剛柔中節。所以大吉无不利也。井鼎皆以上出爲成功。而鼎不云元吉何也。曰。井之功用皆在上出。又有博施有常之德。是以元吉。鼎以烹飪爲功。居上爲成德與井異以剛柔節。故得大吉也。

集說 熊氏良輔曰。上以剛居柔。故曰剛柔節。而比德於玉也。

集說 丘氏富國曰。初爲足。故曰顚趾。二三四爲腹。故曰有實。曰雉膏。曰公餗。五爲耳。故曰黃耳。上爲鉉。故曰玉鉉。此豈非全鼎之象乎。然初曰趾。四亦曰足者。以四應乎初。而四之足即初也。上曰鉉。而五亦曰鉉者。以

五附乎上五之鉉卽上也五曰耳而三亦曰耳者則以三無應乎五而有鼎耳革之象

☳☳ 震下震上

程傳 震序卦主器者莫若長子故受之以震鼎者器也震爲長男故取主器之義而繼鼎之後長子傳國家繼位號者也故爲主器之主序卦取其一義之大者爲相繼之義震之爲卦一陽生於二陰之下動而上者也故爲震震動也不曰動者震有動而奮發震驚之義乾坤之交一索而成震生物之長也故爲長男其象則爲雷其義則爲動雷有震奮之象動爲驚懼之義

震亨震來虩虩笑言啞啞震驚百里不喪匕鬯

本義 震動也一陽始生於二陰之下震而動也其象爲雷其屬爲長子震有亨道震來當震之來時也虩

震以二陽爲主然震陽動於下者也故四不爲主而初爲主•

說卦傳

雷以動之 帝出乎震 萬物出乎震震東方也 動萬物者莫疾乎雷 震動也 震爲龍 震爲足 震一索而得男故謂之長男 震爲雷爲龍爲玄黃爲旉爲大塗爲長子爲決躁爲蒼筤竹爲

萑葦其於馬也爲善鳴爲馵足爲作足爲的顙其於稼也爲反生其究爲健爲蕃鮮

序卦傳

主器者莫若長子故受之以震震者動也

雜卦傳

震起也

虩恐懼驚顧之貌震驚百里以雷言匕所以舉鼎實鬯以秬黍酒和鬱金所以灌地降神者也不喪匕鬯以長子言也此卦之占爲能恐懼則致福而不失其所主之重

程傳 陽生於下而上進有亨之義又震爲動爲恐懼爲有主震而奮發動而進懼而脩有主而保大皆可以致亨故震則有亨當震動之來則恐懼不敢自寧旋顧周慮虩虩然也虩虩顧慮不安之貌蠅虎謂之虩者以其周環顧慮不自寧也處震如是則能保其安裕故笑言啞啞啞啞言笑和適之貌震驚百里不喪匕鬯言震動之大而處之之道動之大者莫若雷震爲雷故以雷言雷之震動驚及百里之遠人无不懼而自失雷聲所及百里也唯宗廟祭祀執匕鬯者則不致於喪失人之致其誠敬莫如祭祀匕以載鼎實升之於俎鬯以灌地而降神方其酌祼以求神薦牲而祈享盡其誠敬之心則雖雷震之威不能使之懼而失守故臨大震懼能安而不自失者唯誠敬而已此處震之道也卦才无

取故但言處震之道。

集說

干氏寶曰：祭禮薦陳甚多，而經獨言不喪匕鬯者，匕牲體，薦鬯酒，人君所自親也。○胡氏瑗曰：百里，雷聲之所及也。匕者，宗廟之器，以棘木爲之，似畢而無兩岐，所以舉鼎之實而升於俎也。鬯者，以鬱金草和酒，而有芬芳調鬯之氣。○胡氏炳文曰：震驚百里，以震爲雷取象；不喪匕鬯，以長子主器取象。震亨，謂震有亨之道，又自以震來虩虩釋之震字，以笑言啞啞以下釋亨字。○蔡氏清曰：震來，當震之來時也，以心言，謂事之可懼而吾懼之也。其震懼之也虩虩然，非震來而後虩虩也，虩虩所以狀其震來也。或曰來者自外來也，故爻云震來虩虩，又云震不于其躬于其鄰。此說非惟睽卦辭震來之義，亦失卦名震字之義矣。蓋震之來，來猶至也，固亦有其事，然震之至則在我也。六二震來厲，謂當震之來而危厲，此震來正與卦辭旨同。至於震不於其躬，本義分明有恐懼脩省字，其與卦辭同蓋明矣。凡有所事者，皆當懼懼，便是震來也。君子之心常存敬畏執事便敬所以致福而不失其所主之重○又曰震來虩虩以心言震驚百里以事言不喪匕鬯不懼也不懼由於能懼○余氏本曰震驚百里只是足笑言啞啞一句意大意謂人平時若能恐懼則可以致福雖卒然禍變之來亦無可畏也

案震來之義蔡氏得之矣

彖曰震亨

本義震有亨道不待言也

震來虩虩恐致福也笑言啞啞後有則也

本義恐致福恐懼以致福也則法也程傳震自有亨之義非由卦才震來而能恐懼自脩自慎則可

反致福吉也。笑言啞啞，言自若也。由能恐懼而後自處有法則也。有則則安而不懼矣。處震之道也。

集說

董氏曰：致福云者，見君子常以危爲安也。有則云者，見君子不以忽忘敬也。

李氏過曰：有則謂君子所履出處語默皆有常則，不以恐懼而變也。

震驚百里，驚遠而懼邇也，出可以守宗廟社稷，以爲祭主也。

本義　程子以爲邇也下脫不喪匕鬯四字，今從之。出謂繼世而主祭也。或云出即鬯字之誤。

程傳　雷之震及於百里，遠者驚，邇者懼，言其威遠大也。象文脫不喪匕鬯一句。卦辭云不喪匕鬯，本謂誠敬之至，威懼不能使之自失。象以長子宜如是，因承上文用長子之義通解之，謂其誠敬能不喪匕鬯，則君出而可以守宗廟社稷爲祭主也。長子如是。而後可以守世祀承國家也。

集說 朱子語類云：震便自是亨。震來虩虩，是恐懼顧慮而後便笑言啞啞。震驚百里，便也不喪匕鬯。文王語已是解震亨了。孔子又自說長子事。○丘氏富國曰：驚者卒然遇之而動乎外，懼者惕然畏之而變於中。○張氏清子曰：出者，即說卦帝出乎震之謂。主者，即序卦主器莫若長子之謂。若舜之烈風雷雨弗迷，可以出而嗣位矣。○蔡氏清曰：懼深於驚，遠近之別也。○楊氏啟新曰：乾者自強而已矣，而曰惕，震者動而已矣，而曰懼。惕之爲強也，見惕之非惴懾也。懼之爲動也，見懼之非驚恐也。

象曰：洊雷震，君子以恐懼脩省。

程傳 洊，重襲也。上下皆震，故爲洊雷。雷重仍則威益盛。君子觀洊雷威震之象，以恐懼自修飭循省也。君

子畏天之威則脩正其身思省其過咎而改之不唯雷震凡遇驚懼之事皆當如是

集說 項氏安世曰恐懼脩省所謂洊也人能恐懼則既震矣又脩省焉洊在其中矣○胡氏炳文曰恐懼作於心脩省見於事脩克治之功省審察之力

案恐懼脩省者君子之洊雷也非遇雷震而恐懼也須從項氏

初九震來虩虩後笑言啞啞吉

本義 成震之主處震之初故其占如此

程傳 初九成震之主致震者也在卦之下處震之初也知震之來當震之始若能以爲恐懼而周旋顧慮虩虩然不敢寧止則終必保其安吉故後笑言啞啞也

集說 石氏介曰初九有陽明之德居震之始是能先戒懼者故繇彖所言此爻當之○胡氏炳文曰初九在內

卦之內震之主也故辭與卦同蓋震之用在下而重震之初爻最下者所以為震之主也

象曰震來虩虩恐致福也笑言啞啞後有則也

程傳 震來而能恐懼周顧則无患矣是能因恐懼而反致福也因恐懼而自脩省不敢違於法度是由震而後有法則故能保其安吉而笑言啞啞也 **集說** 范氏仲淹曰君子之懼於心也思慮必愼其始則百志弗違於道懼於身也進退不履於危則百行弗罹於禍故初九震來而致福愼於始也

六二震來厲億喪貝躋于九陵勿逐七日得

本義 六二乘初九之剛故當震之來而危厲也億字未詳又當喪其貨貝而升於九陵之上然柔順中正足以自守故不求而自獲也此爻占具象中但九陵七日之象則未詳耳 **程傳** 六二居中得正善處震者

也而乘初九之剛九震之主震剛動而上奮孰能禦之厲猛也危也彼來既猛則已處危矣億度也貝所有之資也躋升也九陵陵之高也逐往追也以震來之厲度不能當而必喪其所有則升至高以避之也九言其重岡陵之重高之至也九重之多也如九天九地也勿逐七日得二之所貴者中正也遇震懼之來雖量勢巽避當守其中正无自失也億之必喪也故遠避以自守過則復其常矣是勿逐而自得也逐即物也以已即物失其守矣故戒勿逐避遠自守處震之大方也如二者當危懼而善處者也卦位有六七乃更始事既終時既易也不失其守雖一時不能禦其來然時過事已則復其常故云七日得

集說

鄭氏汝諧曰億度也度實貨之可喪而喪之不懼九陵之險而升之避害以自全靜退以觀變事定則必得其所謂安利也○楊氏簡曰六二乘初九之剛不可安處故億喪貝往而躋于九陵雖今未得至於歷七日則時當得矣勿用逐也避難曲

折有如此者昔太王既不可禦狄不可安處去而邑於岐山之下而他日興周焉此象也○○蔣氏悌生曰億度也事未至未著而先謀度之謂億○楊氏啟新曰喪自喪之也躋于九陵飄然遠舉之意人之所以常蹈禍者利耳遠利而自處於高豈惟無厲所喪者可以不久而獲矣

象曰震來厲乘剛也

程傳當震而乘剛是以彼厲而已危震剛之來其可禦乎 **集說**胡氏炳文曰屯六二豫六五噬嗑六二困六三震六二皆言乘剛惟困六三乘坎之中爻其餘皆乘震之初也

六三震蘇蘇震行无眚

本義蘇蘇緩散自失之狀以陰居陽當震時而居不正是以如此占者若因懼而能行以去其不正則可

以无蘇蘇神氣緩散自失之狀三以陰居陽不正眚矣。**程傳** 處不正於平時且不能安況處震乎故其震懼而蘇蘇然若因震懼而能行去不正而就正則可以无過眚過也三行則至四正也動以就正爲善故二勿逐則自得三能行則无眚以不正而處震懼有眚可知 **集說** 趙氏光大曰當震時而懼益甚精神渙散故爲震蘇蘇之象然天下不患有憂懼之時而患無脩省之功若能因此懼心而行則持身無妄動應事有成規又何眚之有。楊氏啓新曰震而不行徒震耳行者省改圖也此恐懼所以脩省也

象曰震蘇蘇位不當也

程傳 其恐懼自失蘇蘇然由其所處不當故也不中不正其能安乎

案 震當虩虩不當蘇蘇六三當重震之間正奮厲以有爲之時也而以陰不中正處之至於蘇蘇緩散故曰位

不當

九四震遂泥

本義以剛處柔不中不正陷於二陰之間不能自震也遂者无反之意泥滞溺也**程傳**九四居震動之時不中不正處柔失剛健之道居四无中正之德陷溺於重陰之間不能自震奮者也故云遂泥泥滞溺之也以不正之陽而上下重陰安能免於泥乎遂无反之意處震懼則莫能守也欲震動則莫能奮也震道亡矣豈復能光亨也**集說**項氏安世曰初九以一陽動乎二陰之下得震之本象故其福與卦辭合九四以一陽動乎四陰之中則震變成坎震而遂陷於泥也○胡氏炳文曰初與四皆震震之所以爲震者然震之用在下四溺於陰柔之中故震之亨在初而不在四

案卦爻震字雖以人心爲主然震之本象則雷也凡雷乘陽氣而動然所乘之氣不同故邵子曰水雷玄火雷赫土雷連石雷霹蓋雷聲有動而不能發達者陷於陰氣也此爻陽動於四陰之中故有震遂泥之象在人則志氣未能自遂乃困心衡慮之時也

象曰震遂泥未光也

程傳陽者剛物震者動義以剛處動本有光亨之道乃失其剛正而陷於重陰以致遂泥豈能光也云未光見陽剛本能震也以失德故泥耳

案四有剛德非失德者此言未光蓋志氣未能自遂行拂亂其所爲耳與噬嗑九四之未光同皆謂所處者未能遂其所志非兌上未光之比

六五震往來厲億无喪有事。

本義以六居五而處震時无時而不危也以其得中故无所喪而能有事也占者不失其中則雖危无喪矣。

程傳六五雖以陰居陽不當位為不正然以柔居剛又得中乃有中德者也不失中則不違於正矣所以中為貴也諸卦二五雖不當位多以中為美三四雖當位或以不中為過中常重於正也蓋中則不違於正正不必中也天下之理莫善於中於六二六五可見五之動上往則柔不可居動之極下來則犯剛是往來皆危也當君位為動之主隨宜應變在中而已故當億度无喪失其所有之事而已所有之事謂中德苟不失中雖有危不至於凶也億度謂圖慮求不失中也五所以危由非剛陽而无助若以剛陽有助為動之主則能亨矣往來皆危時則甚難但期於不失中則可自守以柔主動固不能致亨濟也

集説虞氏翻曰可以

守宗廟社稷爲祭主故无喪有事也。項氏安世曰二居下震之上故稱來五居重震之上故稱往來億度也二五之厲即震之恐懼也二五之億即震之脩省也。熊氏良輔曰震往亦厲來亦厲皆以危懼待之故能无喪有事蓋不失其所有也此卦辭所謂不喪匕鬯能以主器以君天下者與○俞氏琰曰二曰震來指初之來以五視初則初之始震爲既往四之洊震爲復來五蓋震往而復來之時也有事謂有事於宗廟社稷也震之主爻在初而无喪有事乃歸之五五乃震之君也

案春秋凡祭祀皆曰有事故此有事謂祭也二五之震同其有中德而能億度於事理者亦同然二喪貝而五无喪者二居下位所有者貝耳五居尊所守者則宗廟社稷也貝可喪也宗廟社稷可以失守乎故二以喪貝爲中五以无喪有事爲中。

象曰震往來厲危行也其事在中大无喪也

程傳往來皆厲行則有危也動皆有危唯在无喪其事而已其事謂中也能不失其中則可自守也大无喪以无喪爲大也 集說張子曰无喪有事猶云不失其所有也以其乘剛故危以其在中故无喪禍至與不至皆懼則无喪有事○郭氏雍曰二以來厲而喪貝則五之往來皆厲宜其大有喪也六五位雖不正而用中焉其事既不失中道雖涉危行可以大无喪矣

上六震索索視矍矍征凶震不于其躬于其鄰无咎婚媾有言

本義以陰柔處震極故爲索索矍矍之象以是而行其凶必矣然能及其震未及身之時恐懼脩省則可

以无眚而亦不能免於婚媾之有言戒占者當如是也

程傳 索索消索不存之狀謂其志氣如是六以陰柔居震動之極其驚懼之甚志氣殫索也矍矍不安定貌志氣索索則視瞻徊徨以陰柔不中正之質而處震動之極故征則凶也震之及身乃于其躬也不于其躬謂未及身也鄰者近於身者也能震懼於未及身之前則不至於極矣故得无咎苟未至於極尚有可改之道震終當變柔不固守故有畏鄰戒而能變之義聖人於震終示人知懼能改之義爲勸深矣婚媾所親也謂同動者有言有怨咎之言也六居震之上始爲衆動之首今乃畏鄰戒而不敢進與諸處震者異矣故婚媾有言也

集說 鄭氏汝諧曰上以陰柔之資而居一卦之上其中無所得不能自安故震索索而氣不充視矍矍而神不固人之過於恐懼者固無足取若能舉動之際觀事之未然而知戒亦聖人之所許也○趙氏光大曰陰處震極故當震之來志氣消沮瞻視彷徨驚懼

之甚也以是而行其志先亂凶也所以然者以不能圖之於早也若震未及身而方及鄰之時恐懼修省豫爲之圖則自無索索矍矍之咎矣

案此婚媾有言與夬四聞言不信同皆占戒之外反言以決之之辭也瑣瑣姻婭見識凡近當禍患之未至則相誘以宴安而已爾安能爲人深謀長慮而相與儆戒於未然乎

象曰震索索中未得也雖凶无咎畏鄰戒也

本義中謂中心 **程傳**所以恐懼自失如此以未得於中道也謂過中也使之得中則不至於索索矣極而復征則凶也若能見鄰戒而知懼變於未極之前則无咎也上六動之極震極則有變義也

集說吳氏澄曰畏鄰戒謂因鄰之戒而知畏也○龔氏煥曰中未得者慮震之極志氣消索中無所主也

說卦傳
艮以止之　成言乎艮　艮東北之卦也萬物之所成終而所成始也故曰成言乎艮　終萬物始萬物者莫盛乎艮　艮止也　艮爲狗　艮爲手　艮三索而得男故謂之少男　艮爲山爲徑路爲小石爲門闕爲果蓏爲閽寺爲指爲

䷳ 艮下艮上

程傳艮序卦震者動也物不可以終動止之故受之以艮艮者止也動靜相因動則有靜靜則有動物无常動之理艮所以次震也艮者止也不曰止者艮山之象有安重堅實之意非止義可盡也乾坤之交三索而成艮一陽居二陰之上陽動而上進之物既至於上則止矣陰者靜也上止而下靜故爲艮也然則與畜止之義何異曰畜止者制畜之義力止之也艮止者安止之義止其所也

艮其背不獲其身行其庭不見其人无咎

本義艮止也一陽止於二陰之上陽自下升極上而止也其象爲山取坤地而隆其上之狀亦止於極而不進之意也其占則必能止於背而不有其身行其庭而不見其人乃无咎也蓋身動物也唯背爲止艮其背

艮亦以二陽爲主然艮陽止于上者也故三不爲主而上爲主

狗爲鼠爲黔喙之屬其於木也爲堅多節

序卦傳

物不可以終動止之故受之以艮艮者止也

雜卦傳

艮止也

則止於所當止也止於所當止則不隨身而動矣是不有其身也如是則雖行於庭除有人之地而亦不見其人矣蓋艮其背而不獲其身者止也行其庭而不見其人者行而止也動靜各止其所而皆主夫靜焉所以得无咎也

程傳　人之所以不能安其止者動於欲也欲牽於前而求其止不可得也故艮之道當艮其背所見者在前而背乃背之是所不見也止於所不見則无所欲以亂其心而止乃安不獲其身不見其身也謂忘我也无我則止矣不能无我无可止之道行其庭不見其人庭除之間至近也在背則雖至近不見謂不交於物也外物不接內欲不萌如是而止乃得止之道於止爲无咎也

集說　周子曰艮其背背非見也靜則止止非爲也爲不止矣其道也深乎

○郭氏忠孝曰人之耳目口鼻皆有欲也至於背則無欲也內欲不動則外境不入是以行其庭不見其人也不獲其身止其止矣不見其人止於行矣內外兼止故人欲滅而天

理固存孟子曰養心莫善於寡欲其艮其背之謂乎○郭氏雍曰中庸曰喜怒哀樂之未發謂之中艮之爲止其在茲時乎○朱子語類云艮其背只是言止也人之四體皆能動惟背不動取止之義止其所則廓然而大公○又云艮其背便不獲其身不獲其身便不見其人行其庭對艮其背只是對得輕身是動物不道動都是妄然而動斯妄矣不動自无安○又云艮其背不獲其身只是見道理不見自家行其庭不見其人只是見道理不見箇人也○又云明道云與其非外而是內不若內外之兩忘也說得最好便是不獲其身行其庭不見其人不見有物不見有我只見所當止也○問伊川云內欲不萌外物不接如是而止乃得其正似只說得靜中之止否曰然此段分作兩截艮其背不獲其身爲靜之止行其庭不見其人爲動之止總說則艮其背是止之時當其所而止矣其所以時自不獲其身行時自不見其人此三句乃艮其背之效驗○問艮其背不獲其

身曰不見有身也行其庭不見其人曰不見有人也曰不見有身不見有人所見者何物曰只是此理○陸氏九淵曰艮其背不獲其身無我行其庭不見其人無物○許衡曰人平地行不困沙行便困爲其立處不穩故也○蔡氏淸曰艮背本義云背者止之所也夫天有四時冬不用地有四方北不用人有四體背不用一理也蓋體立而後用行此理用若充得盡卽是定之以中正仁義而主靜○又曰四句只略對艮其背一何是腦故彖傳中言是以不獲其身行其庭不見其人此段功夫全在艮其背上人多將行其庭對此句說便不是了行其庭只輕帶過緣艮其背了則自然不見有已也不見有人故云此四句只略對○陳氏琛曰背者北也人之一心靜之所養有淺深則發之所中有多寡也於靜全無得者一步不可行也○吳氏曰愼曰程子廓然而大公物來而順應卽其義蓋廓然大公則忘我而不獲其身物來順應則忘物而不見其人動靜各止其

所斯能內外兩忘

彖曰艮止也時止則止時行則行動靜不失其時其道光明

本義此釋卦名艮之義則止也然行止各有其時故時止而止止也時行而行亦止也艮體篤實故又有光明之義大畜於艮亦以輝光言之**程傳**艮爲止止之道唯其時行止動靜不以時則妄也不失其時則順理而合義在物爲理處物爲義動靜合理義不失其時也乃其道之光明也君子所貴乎時仲尼行止久速是也艮體篤實有光明之義**集說**程子曰時止則止時行則行時對時止而言亦止其所也動靜不失其時皆止其所也○張子曰艮一陽爲主於兩陰之上各得其位而其勢止也易言光明者多艮之象著則

明之義也朱子語類云時止則止時行則行行固非止然行而不失其理乃所以爲止也問艮之象何以爲光明曰定則明凡人胷次煩擾則愈見昏昧中有定止則自然光明莊子所謂泰宇定而天光發是也案釋名之下先著此四句亦所以爲釋辭之端時止則止則所謂艮其背不獲其身也時行則行則所謂行其庭不見其人也

艮其止止其所也上下敵應不相與也是以不獲其身行其庭不見其人无咎也

本義此釋卦辭易背爲止以明背即止也背者止之所也以卦體言內外之卦陰陽敵應而不相與也不相與則內不見己外不見人而无咎矣晁氏云艮其止當依卦辭作背

程傳艮其止謂止之而止也止

之而能止者，由止得其所也。止而不得其所，則无可止之理。夫子曰「於止，知其所止」，謂當止之所也。夫有物必有則，父止於慈，子止於孝，君止於仁，臣止於敬，萬物庶事莫不各有其所，得其所則安，失其所則悖。聖人所以能使天下順治，非能爲物作則也，唯止之各於其所而已。上下敵應，以卦才言也。上下二體以敵相應，无相與之義。陰陽相應則情通而相與，乃以其敵，故不相與也。不相與則相背，爲艮其背，止之義也。相背故不獲其身，不見其人，是以能止，能止則无咎也。

【集說】孔氏穎達曰：易背爲止，以明背者無見之物，卽是可止之所也。艮其止，是止其所止也，故曰艮其止，止其所也。凡應者，一陰一陽，二體不敵。今上下之位爻皆峙敵，不相交與，故曰上下敵應不相與也。然八純之卦皆六爻不應，何獨於此言之？謂此卦既止而不交，爻又峙而不應，與止義相協，故兼取以明之。○蘇氏軾曰：艮其止，止其所也。此所以不獲其身也。上下敵應，不相與也，此所以行其庭不見其人也。○朱子語類云艮其止止其所也上句止字便是背字故下文便繼之云是以不獲其身更不再言艮其背也下句止字是解艮字所字是解背字蓋云止止於所當止也艮其背是止於止行其庭不見其人是止於動故曰止時止則行行則止○又云艮其背了靜時不獲其身動時不見其人所以彖辭傳中說是以不獲其身行其庭不見其人无咎也周先生所以說定之以仁義中正而主靜○項氏安世曰卦辭爲艮其背傳爲艮其止晁氏說之曰傳亦當爲艮其背自王弼以前無艮其止之說今彖古文背字爲北有訛爲止字之理○胡氏炳文曰不獲其身以下三句皆從背說背則止自視不獲其身行其庭則不見其人本義所謂止而止行而止卽程子所謂靜亦定動亦定也

案此是以卦體爻位釋卦辭以卦體言陽上陰下止其所也以爻位言陰陽無應不相與也艮其背內兼此二

義故其止所者爲不獲其身不相與者爲不見其人孔氏所謂卦既止而不交交又峙而不應者極爲得之

象曰兼山艮君子以思不出其位

程傳上下皆山故爲兼山此而幷彼爲兼謂重複也重艮之象也君子觀艮止之象而思安所止不出其位也位者所處之分也萬事各有其所得其所則止而安若當行而止當速而久或過或不及皆出其位也況踰分非據乎

集說董氏曰兩雷兩風兩火兩水兩澤皆有相往來之理惟兩山並立不相往來此止之象也○丘氏富國曰凡人所爲所以易至於出位者以其不能思也思則心有所悟知其所當止而得所止矣

案思不出位諸家皆作思欲不出其位思字不甚重今觀咸卦云貞吉悔亡憧憧往來朋從爾思而夫子以何思何慮明之則此思字蓋不可略雜擾之思動於欲者也通微之思濬於理者也大學云安而后能慮蓋思不

出位之說也。

初六。艮其趾。无咎。利永貞。

本義 以陰柔居艮初。爲艮趾之象。占者如之則无咎。而又以其陰柔。故又戒其利永貞也。程傳 六在最下。趾之象。趾動之先也。艮其趾。止於動之初也。事止於初。未至失正。故无咎也。以柔處下。當趾之時也。行則失其正矣。故止乃无咎。陰柔患其不能常也。不能固也。故方止之初。戒以利在常永貞固。則不失止之道也。

集說 胡氏炳文曰。事當止者。當於其始而止之。乃可无咎。止於始。猶懼不能止於終。而況不能止於始者乎。初六陰柔。懼其始之不能終也。故戒以利永貞。欲常久而貞固也。

象曰。艮其趾。未失正也。

程傳當止而行非正也止之於初故未至失正事止於始則易而未至於失也集說虞氏翻曰動而得正故未失正也○郭氏雍曰趾初象也動莫先於趾止於動之先則易而止於既動之後則難傳言未失正者止於動之先未有失正之事也

六二艮其腓不拯其隨其心不快

本義六二居中得正既止其腓矣三爲限則腓所隨也而過剛不中以止乎上二雖中正而體柔弱不能往而拯之是以其心不快也此爻占在象中下爻放此程傳六二居中得正得止之道者也上无應援不獲其君矣三居下之上成止之主主乎止者也乃剛而失中不得止之宜剛止於上非能降而下求二雖有中正之德不能從也二之行止係乎所主非得自由故爲腓之象股動則腓隨動止在股而不在腓也二既不

得以中正之道拯救三之不中則必勉而隨之不能拯而唯隨也雖咎不在己然豈其所欲哉言不聽道不行也故其心不快不得行其志也士之處高位則有拯而无隨在下位則有當拯有當隨有拯之不得而後隨

集說楊氏簡曰腓不隨上而動者也上行而不見拯不得不隨而動故心不快

案此爻隨字與咸三同咸三謂隨四此爻謂隨三也蓋咸艮皆以人身取象凡人心屬陽體屬陰咸卦三陽居中而九四尤中之中故以四爲心此卦惟九三一陽居中故以三爲心也人心之動則體隨之而易例以相近之下位爲隨故咸三艮二皆言隨也兩卦直心位者皆德非中正若一以隨爲道則隨之者亦失其正矣故咸三則執其隨而往吝此爻則不拯其隨而不快然六二有中正之德本有以自守者故以不能拯其隨爲不快於心與咸三之志在隨人異矣

象曰：不拯其隨，未退聽也。

本義　三止乎上，亦不肯退而聽乎二也。程傳　所以不拯之而唯隨者，在上者未能下從也。退聽，下從也。

九三：艮其限，列其夤，厲薰心。

本義　限，身上下之際，即腰胯也。夤，膂也。止於腓則不進而已。九三以過剛不中，當限之處，而艮其限，則不得屈伸，而上下判隔，如列其夤矣，危厲薰心，不安之甚也。程傳　限，分隔也，謂上下之際。三以剛居剛而不中，爲成艮之主，決止之極也。已在下體之上，而隔上下之限，皆爲止義，故爲艮其限，是確乎止而不復能進退者也。在人身如列其夤，夤，膂也，上下之際也。列絕其夤，則上下不相從屬，言止於下之堅也。止道貴乎得宜，行止不能以時而定於一其堅强如此則處世乖戾與物睽絶其危甚矣人之固止一隅而舉世莫與宜者則艱蹇忿畏焚撓其中豈有安裕之理厲薰心謂不安之勢薰爍其中也

集說

王氏宗傳曰九三下體之終也以上下二體觀之則交際之地也故曰限夫人之身雖有體節程度然其脈絡血氣必也周流會通曾無上下之間故能屈伸俯仰無不如意而心得以夷然居中今也艮其限而有所止焉則截然不相關屬而所謂心者其能獨寧乎故曰厲薰心○胡氏炳文曰震所主在下初九下之最下者也九四雖亦震所主而溺於四柔之中有泥之象故不如初之吉艮所主在上上九上之最上者也九三雖亦艮所主然界乎四柔之中有限之象有列其夤之象故不如上之吉蓋寂然不動者心之體如之何可以徇物感而遂通者心之用如之何可以絶物三過剛不中確乎止而不能進退以至上下隔絶是絶物者也惟見其危厲薰心而已○楊氏啓新曰此爻

是惡動以爲靜而反至於動心者蓋心之與物本相聯屬時止而止時行而行則事應於心而心常泰然有意絶物則物終不可絶而心終不可靜矣

案夤爲夾脊骨正與心相對列峙也峙其脊骨而不得爲艮背之象者蓋艮背者能動而止也如人之坐尸立齊而揖讓俯仰之用則未嘗廢此所以能行其庭而與物酬酢也此之列夤由於艮限則因腰之不能屈伸而脊爲之峙是不能動而止如人之有痿疾者安得不危而薰心哉心猶火也可揚而不可遏也揚之則明遏之則薰矣危薰心者言其堙鬱昏塞無光明通泰之象也震之九四不當動而動此爻則不當止而止咸之九四感之妄此爻則止之偏皆因失中正之德故如此

象曰艮其限危薰心也。

程傳謂其固止不能進退危懼之慮常薰爍其中心也 集說鄭氏汝諧曰三雖止而不與物交而其危則實薰心也○何氏楷曰以强制故危薰心艮限者强制之謂也

六四艮其身无咎

本義以陰居陰時止而止故爲艮其身之象而占得无咎也 程傳四大臣之位止天下之當止者也以陰柔而不遇剛陽之君故不能止物唯自止其身則可无咎所以能无咎者以止於正也言止其身无咎則見其不能止物施有政則有咎矣在上位而僅能善其身无取之甚也 集說胡氏瑗曰人之體統而言之則謂之一身分而言之則腰足而上謂之身六四出下體之上在上體之下是身之象也夫人患不能自止其身今能止之得其道使四肢不妄動故无咎也○吳氏曰愼曰視聽言動身之用也非禮勿視聽言動艮其

身也。時止而止，故无咎。若艮限則一於止，是猶絕視聽言動而以寂滅為道者矣。

案：咸五居心上，故咸其脢者，背也。此爻亦居心上，則亦背之象矣。不言艮其背者，艮其背為卦義，非中正之德不足以當之。四雖直其位，而德非中，故但言艮其身而已。蓋艮其背則不獲其身矣，不獲其身者，忘也。若艮其身，則能止而未能忘也。然止者忘之路，故其占亦曰无咎。正猶同人之卦義曰于野，上九雖直野位，而其德未至，故次於野而曰郊。此之卦義曰艮背，此爻雖直背位，而其德亦未至，故次於不獲其身而曰艮其身也。

象曰：艮其身，止諸躬也。

程傳：不能為天下之止，能止於其身而已，豈足稱大臣之位也。

集說：孔氏穎達曰：止諸躬也者，躬猶身也。明能靜止其身，不為躁動也。○王氏應麟曰：艮六四艮其身，象以躬解之，傴背為躬，見背而不見面，朱文公詩云反躬艮其背。柰止諸躬。便是艮其身。但易其字爲諸字爾。蓋易其字爲諸字。便見得是止之於躬與夫正本清源自然而止者畧異矣。王氏解姑備一說。

六五。艮其輔。言有序。悔亡。

本義六五當輔之處。故其象如此。而其占悔亡也。悔謂以陰居陽。程傳五君位。艮之主也。主天下之止者也。而陰柔之才。不足以當此義。故止以在上取義言之。人之所當慎而止者。惟言行也。五在上。故以輔言之。輔言之所由出也。艮於輔。則不妄出而有序也。言輕發而无序。則有悔。止之於輔。則悔亡也。有序。中節有次序也。輔與頰舌皆言所由出。而輔在中。艮其輔。謂止於中也。集說蘇氏軾曰。口欲止。言欲寡。○趙氏彥肅曰能默故能言非默而不言也由言以推行所謂艮者亦如是而已○龔氏煥曰艮其輔非不言也言而有序所以爲艮也○谷氏家杰曰止在言前非出口方思止也然有序爲止止亦非緘默之謂也

象曰艮其輔以中正也

本義正字羨文叶韻可見**程傳**五之所善者中也艮其輔謂止於中也言以得中爲正止之於輔使不失中乃得正也**集說**余氏本曰言不妄發發必當理唯有中德者能之

上九敦艮吉

本義以陽剛居止之極敦厚於止者也**程傳**九以剛實居上而又成艮之主在艮之終止之至堅篤者也敦篤實也居止之極故不過而爲敦人之止難於久終故節或移於晚守或失於終事或廢於久人之

所同患也。上九能敦厚於終，止道之至善，所以吉也。六爻之德，唯此爲吉。

集說 項氏安世曰：上九與三相類，皆一卦之主也。然九三當上下之交，時不可止而止，故危；上九當全卦之極，時可止而止，故吉。○又曰：彖曰「艮其背，不獲其身，行其庭，不見其人，无咎」，惟六四一爻足以當之；象曰「兼山艮，君子以思不出其位」，惟上九一爻足以當之。○胡氏炳文曰：敦臨、敦復，皆取坤土象。艮山乃坤土而隆其上者也，其厚也彌固，故其象爲敦，其占曰吉。艮之在上體者凡八，而皆吉。

象曰：敦艮之吉，以厚終也。

程傳 天下之事，唯終守之爲難。能敦於止，有終者也。上之吉，以其能厚於終也。

集說 王氏申子曰：德愈厚而止愈安，是止之善終者也，其吉可知。

序卦傳
物不可以終止故

案艮者萬物之所成終而所成始故於上言厚終凡人之心。惟患其養之不厚不患其發之不光水蓄則彌盛火宿則彌壯厚其終則萬事皆由此始

總論朱子語類云咸艮皆以人身爲象但艮卦又差一位○項氏安世曰咸艮二卦取象相類艮四爲背故五爲輔咸四爲心故五爲背肉上爲輔又上兌爲口則輔宜在上也

案咸艮之象所以差一位者咸以四爲心故五爲背而上爲口艮以三爲心故四爲背而五爲口其位皆緣心而變者也二之腓兼股爲一象故與咸三俱言隨

䷴ 艮下巽上

程傳漸序卦艮者止也物不可以終止故受之以漸漸者進也止必有進屈伸消息之理也止之所生亦

漸以女
歸爲義

受之以漸漸者進也

雜卦傳

漸女歸待男行也

進也。所反亦進也。漸所以次艮也。進以序爲漸。今人以緩進爲漸。進以序不越次。所以緩也。爲卦上巽下艮。山上有木。木之高而因山。其高有因也。其高有因。乃其進有序也。所以爲漸也。

漸。女歸吉。利貞。

本義　漸。漸進也。爲卦止於下而巽於上。爲不遽進之義。有女歸之象焉。又自二至五。位皆得正。故其占爲女歸吉。而又戒以利貞也。

程傳　以卦才兼漸義而言也。乾坤之變爲巽艮。巽艮重而爲漸。在漸體而言。中二爻交也。由二爻之交。然後男女各得正位。初終二爻。雖不當位。亦陽上陰下。得尊卑之正。男女各得其正。亦得位也。與歸妹正相對。女之歸。能如是之正則吉也。天下之事。進必以漸者。莫如女歸。臣之進於朝。人之進於事。固當有序。不以其序。則陵節犯義。凶咎隨之。然以義之輕重。廉恥之道。女之從人。最爲大也。故以女歸爲義。

而諸爻惟六二應五。合乎女歸之象。則六二卦主也。然漸又以進爲義。而九五進居高位。有剛中之德。則九五亦卦之主也。

且男女萬事之先也。諸卦多有利貞而所施或不同，有涉不正之疑而爲之戒者，有其事必貞乃得其宜者，有言所以利者以其有貞也。所謂涉不正之疑而爲之戒者，損之九二是也，處陰居說，故戒以宜貞也。有其事必貞乃得宜者，大畜是也，言所畜利於貞也。有言所以利者以其有貞者，漸是也，言女歸之所以吉，利於如此貞正也，蓋其固有，非設戒也。漸之義宜能亨，而不云亨者，蓋亨者通達之義，非漸進之義也。

集說

胡氏瑗曰：天下萬事莫不有漸，然於女子尤須有漸，何則？女子處於閨門之內，必須男子之家問名、納采、請期以至於親迎，其禮畢備，然後乃成其禮而正夫婦之道。君子之人處窮賤，不可以干時邀君，急於求進；處於下位者，不可諂諛佞媚以希高位，皆由漸而致之，乃獲其吉也。○郭氏雍曰：進之漸者無若女之歸，女歸不以漸則奔也。漸則爲歸，速則爲奔，故女歸以漸爲吉。凡天下之進，如女歸之漸，無不吉也。利貞者，女歸之道，正固守之，无不利也。胡氏炳文曰咸取女吉取者之占也漸女歸吉嫁者之占也然皆以貞艮爲主艮止也止而說則其感也以正是爲取女之吉止而巽則其進也以正是爲女歸之吉

彖曰漸之進也女歸吉也

本義 之字疑衍或是漸字 **程傳** 如漸之義而進乃女歸之吉也謂正而有漸也女歸爲大耳它進亦然。**集說** 郭氏雍曰傳言漸之進如女之歸則吉所以明卦辭也蓋世俗多失漸進之道獨女歸有漸存焉耳。毛氏璞曰易未有一義明兩卦者晉進也漸亦進何也漸非進以漸而進耳

案曰漸之進也以別於晉之進升之進也

進得位往有功也進以正可以正邦也

本義以卦變釋利貞之意蓋此卦之變自渙而來九進居三自旅而來九進居五皆爲得位之正 程傳漸進之時而陰陽各得正位進而有功也四復由上進而得正位三離下而爲上遂得正位亦爲進得位之義以正道而進可以正邦國至於天下也集說梁氏寅曰凡進於事進於德進於位莫不皆當以正也

卦自二至五陰陽各得正位此所以進而有功也進得位以位言進以正以道言

案梁氏之說得之蓋進得位以卦位言進以正以人事言在卦爲得位者在人事即是得正也正邦亦只是中有功之意易卦中四爻得位者旣濟曰定也家人曰正家而天下定矣蹇漸皆曰以正邦也蓋董子正朝廷以正百官正百官以正萬民之意也

其位剛得中也

本義以卦體言謂九五。程傳上云進得位往有功也。統言陰陽得位是以進而有功。復云其位剛得中也。所謂位者。五以剛陽中正得尊位也。諸爻之得正。亦可謂之得位矣。然未若五之得尊位。故特言之。

集說梁氏寅曰。上言進得位。以自二至五四爻言之也。此又言其位剛得中。以九五言之也。

止而巽。動不窮也。

本義以卦德言漸進之義。程傳內艮止。外巽順。止爲安靜之象。巽爲和順之義。人之進也。若以欲心之動。則躁而不得其漸。故有困窮。在漸之義。內止靜而外巽順。故其進動不有困窮也。

集說吳氏曰愼曰。止而巽。終是進。但進以漸。故卦名爲漸。若巽而止。則終於止而事壞亂矣。故卦名爲蠱。內外先後之辨。不可易也。

案剛得中止而巽又就中四爻內特舉九五與卦德申女歸利貞之義節卦說以行險當位中正同

象曰山上有木漸君子以居賢德善俗

本義二者皆當以漸而進疑賢字衍或善下有脫字 程傳山上有木其高有因漸之義也君子觀漸之象以居賢善之德化美於風俗人之進於賢德必有其漸習而後能安非可陵節而遽至也在己且然敎化之於人不以漸其能入乎移風易俗非一朝一夕所能成故善俗必以漸也

集說楊氏曰地中生木以時而升山上有木其進以漸○馮氏當可曰居積也德以漸而積俗以漸而善內卦艮止居德者止諸內也外卦巽入善俗者入於外也體艮以居德體巽以善俗

案地中生木始生之木也山上有木高大之木也凡木始生枝條驟長旦異而夕不同及既高大則自拱把而

合抱自振手而干霄必須踰年積歲此升與漸之義所以異也居德善俗皆須以漸又居賢德然後可以善俗亦漸之意也

初六鴻漸于干小子厲有言无咎

本義 鴻之行有序而進有漸干水涯也始進於下未得所安而上復无應故其象如此而其占則爲小子厲雖有言而於義則无咎也

程傳 漸諸爻皆取鴻象鴻之爲物至有時而羣有序不失其時序乃爲漸也干水涯水鳥止於水之涯水至近也其進可謂漸矣行而以時乃所謂漸進不失漸得其宜矣六居初至下也陰之才至弱也而上无應援以此而進常情之所憂也君子則深識遠照知義理之所安時事之所宜處之不疑小人幼子唯能見已然之事從衆人之知非能燭理也故危懼而有言蓋不知在下所以有進也用柔所

以不躁也。无應所以能漸也。於義自无咎也。若漸之初而用剛急進，則失漸之義，不能進而有咎必矣。

集說　李氏鼎祚曰：鴻隨陽鳥，喻女從夫。卦明漸義，爻皆稱焉。○楊氏簡曰：進欲其知時，故鴻爲象；進欲其漸，故以干磐陸木陵爲象。○何氏楷曰：六爻皆取鴻象，往來有時，先後有序，於漸之義爲切也。昏禮用鴈，取不再偶，又於女歸之義爲切也。

案：昏禮用鴈，大夫執贄亦用鴈，皆取有別有序之義。此爻小子厲有言，正如晉之摧如。凡始進之初，未有便得所安而人信之者。然正惟如此，乃所以安其身而信於人。若謀便於身，圖而求合於衆議，則危疑之大者至矣。惟升之初六曰衆允，蓋以其爲卦主，時義不同也。

象曰：小子之厲，義无咎也。

程傳雖小子以爲危厲在義理實无咎也

六二鴻漸于磐飲食衎衎吉

本義磐大石也漸遠於水進於干而益安矣衎衎和樂意六二柔順中正進以其漸而上有九五之應故其象如此而占則吉也　程傳二居中得正上應於五進之安裕者也但居漸故進不速磐石之安平者江河之濱所有象進之安自干之磐又漸進也二與九五之君以中正之道相應其進之安固平易莫加焉故其飲食和樂衎衎然吉可知也　集說胡氏炳文曰艮爲石故有磐象鴻食則呼衆飲食衎衎和鳴初之小子于厲有言危而傷也二飲食衎衎安且樂矣時使之然也在初則无應在二則柔順中正而上有九五之應也

象曰飲食衎衎不素飽也

本義素飽如詩言素餐得之以道則不爲徒飽而處之安矣　程傳爻辭以其進之安平故取飲食和樂爲言夫子恐後人之未喻又釋之云中正君子遇中正之主漸進於上將行其道以及天下所謂飲食衎衎謂其得志和樂不謂空飽飲食而已素空也　集說龔氏煥曰二以中正應五故食之衎衎而樂也而得祿非尸位素餐者比

案六爻以鴻取進象自水涯以至山上自遠而近自下而高也干爲最遠是士之將進而不苟進者故在詩曰置之河之干兮彼君子兮不素餐兮二雖進爲時用漸于磐矣而不忘不素餐之義所謂達不變塞者也

九三鴻漸于陸夫征不復婦孕不育凶利禦寇

本義鴻水鳥陸非所安也九三過剛不中而无應故其象如此而其占夫征則不復婦孕則不育凶莫甚

焉然以其過剛也故利禦寇

程傳

平高曰陸平原也三在下卦之上進至於陸也陽上進者也居漸之時志將漸進而上无應援當守正以俟時安處平地則得漸之道若或不能自守欲有所牽志有所就則失漸之道四陰在上而密比陽所說也三陽在下而相親陰所從也二爻相比而无應相比則相親而易合无相應則无適而相求故爲之戒夫陽也夫謂三三若不守正而與四合是知征而不知復征行也復反也不復謂不反顧義理婦謂四若以不正而合則雖孕而不育蓋非其道也如是則凶也三之所利在於禦寇非理而至者寇也守正以閑邪所謂禦寇也不能禦寇則自失而凶矣

集說

郭氏雍曰以卦辭言女歸吉故以夫婦爲言○程氏敬承曰三以過剛之資當漸進之時懼其進而犯難也故有戒辭焉征孕皆凶言不可進也利在禦寇言可止也

案此卦以女歸爲義則必陰陽相應乃與義合故初之厲者無應也二之安者有應也三亦無應而位愈高則不止於厲而已上九在卦外不與三應如夫征而不復不顧其家也三剛質失柔道如婦有産孕而不能養育不恤其子也以士君子之進言之上不下交而下又失順勤之道於義則凶矣上下不交必有讒邪間於其間所謂寇也惟能謹慎自守使寇無所乘則可以救其過剛之失而利

象曰夫征不復離羣醜也婦孕不育失其道也利用禦寇順相保也

程傳夫征不復則失漸之正從欲而失正離判其羣類爲可醜也卦之諸爻皆无不善若獨失正是離其羣類婦孕不由其道所以不育也所利在禦寇謂以順道相保君子之與小人比也自守以正豈唯君子自完

其已而已乎亦使小人得不陷於非義 集說 楊氏簡曰夫征不復是以順道相保禦止其惡故曰禦寇

上九不應離羣醜也婦孕不育九三失其所以爲婦也三不中有失道之象故凶非正者足以害我故曰寇慮三之失道或親於寇而不能禦也故教之禦寇則我不失於正順而夫婦可以相保矣○熊氏良輔曰順相保順愼通用只是謹愼以相保守也

案楊氏之說爻義文意兩得之矣君子之仕也上雖不交而已必盡其道故周公曰恩斯勤斯育子之閔斯不可以不遇而遂棄其殷勤也王仲淹曰美哉公旦之爲周也必使我君臣相安而禍亂不作其順相保之謂乎

六四鴻漸于木或得其桷无咎

本義鴻不木棲桷平柯也或得平柯則可以安矣六四乘剛而順巽故其象如此占者如之則无咎也

程傳當漸之時，四以陰柔進據剛陽之上，陽剛而上進，豈能安處陰柔之下？故四之處非安地，如鴻之進于木也。木漸高矣，而有不安之象。鴻趾連，不能握枝，故不木棲。桷，橫平之柯，唯平柯之上乃能安處。謂四之處本危，或能自得安寧之道，則无咎也。如鴻之於木，本不安，或得平柯而處之，則安也。四居正而巽順，宜无咎者也，必以得失言者，因得失以明其義也。

集說房氏喬曰：進而漸于木，失所也，或得勁直之桷，可容綱足而安棲。謂上附於五，故无咎。○胡氏炳文曰：巽爲木，而處艮山之上，鴻漸於此，則愈高矣。鴻之掌不能握木，木雖高，非鴻所安也。然陰居陰得正，如於木之中或得平柯而處之，則亦安矣，故无咎。

案六四亦無應者也，然六四承九五，例皆吉者，以陰承陽，合於女歸之義矣。順以事上，高而不危，故有集木得桷之象。

象曰或得其桷順以巽也

程傳 桷者平安之處求安之道唯順與巽若其義順正其處卑巽何處而不安如四之順正而巽乃得桷也

九五鴻漸于陵婦三歲不孕終莫之勝吉

本義 陵高阜也九五居尊六二正應在下而爲三四所隔然終不能奪其正也故其象如此而占者如是則吉也 程傳 陵高阜也鴻之所止最高處也象君之位雖得尊位然漸之時其道之行固亦非遽與二爲正應而中正之德同乃隔於三四三比二四比五皆隔其交者也未能卽合故三歲不孕然中正之道有必亨之理不正豈能隔害之故終莫之能勝但其合有漸耳終得其吉也以不正而敵中正一時之爲耳久其能

勝乎

案此卦之爻象與歸妹同不擇陰爻陽爻皆有婦象也先儒見三五兩陽爻皆言婦故於三則以婦指四於五則以婦指二今推爻意蓋三五皆取婦象三無應者也五雖有應而反其類者也既取婦象而所應者陰是之謂反類其失卦義又有甚於無應者矣故三猶孕也但不育耳五則三歲不孕蓋不相和合之甚者也三過剛故戒以禦寇恐其不能愼也五有中正之德故無戒辭而直以終莫之勝決之勝字蒙九三禦寇之義夫讒邪國之寇也君子之進所以不能和合而通者寇勝之也然如九五之德則所謂可以正邦者當漸之時有終吉之理豈讒邪所能勝哉

象曰終莫之勝吉得所願也

程傳君臣以中正相交其道當行雖有間其間者終豈能勝哉徐必得其所願乃漸之吉也

上九鴻漸于陸其羽可用爲儀吉

本義胡氏程氏皆云陸當作逵謂雲路也今以韻讀之良是儀羽旄旌纛之飾也上九至高出乎人位之外而其羽毛可用以爲儀飾蓋雖極高而不爲无用之象故其占爲如是則吉也

程傳安定胡公以陸爲逵逵雲路也謂虛空之中爾雅九達謂之逵逵通達无阻蔽之義也上九在至高之位又益上進是出乎位之外在它時則爲過矣於漸之時居巽之極必有其序如鴻之離所止而飛於雲空在人則超逸乎常事之外者也進至於是而不失其漸賢達之高致也故可用爲儀法而吉也羽鴻之所用進也以其進之用況上九進之道也

集說孔氏穎達曰上九與三皆處卦上故並稱陸上九最居上極是進處高潔故曰鴻漸于陸

也其羽可用爲儀吉者居無位之地是不累於位者也處高而能不以位自累則其羽可用爲物之儀表可貴可法也○王氏安石曰其進也以漸而不失時其翔也以羣而不失序所謂進退可法者也

案六爻皆有女歸之義獨於三五言婦者陰爻則其爲臣道妻道不必言也上九又處卦上以爲妻道則女之已老而非歸者以爲臣道則臣之已退而非進者既在卦義之外則亦不必言也惟三與五既居高位又爲陽爻疑其無婦象也故稱婦焉蓋雖五位亦時以臣道妻道言各隨其卦義而已初以陰應陰三以陽應陽皆不合女歸之義故各有凶厲之辭五應二陰陽相求者也然以二爲女則歸於陽爲正耦故飲食衎衎而和也以五爲女則歸於二爲反類故三歲不孕而不和也四則雖無應而承五亦得所歸可以无咎上卦之終也進之極也既無所取於歸與進之義則反以無應爲宜蓋在家爲保姆在國爲黎老超然於進退之外者也陸宇與

九三重故先儒改作逵字以叶韻然逵儀古韻實非叶也意者陸乃阿字之誤阿大陵也進於陵則阿矣儀古讀俄正與阿叶詩云菁菁者莪在彼中阿既見君子樂且有儀

象曰其羽可用爲儀吉不可亂也

本義 漸進愈高而不爲无用其志卓然豈可得而亂哉 程傳 君子之進自下而上由微而著跬步造次莫不有序不失其序則无所不得其吉故九雖窮高而不失其吉可用爲儀法者以其有序而不可亂也

集說 胡氏炳文曰二居有用之位有益於人之國家而非素飽者上在無用之地亦足爲人之儀表而非無用者二志不在溫飽上志卓然不可亂士大夫之出處於此當有取焉○張氏振淵曰志慮高潔而功名富貴不足以累其心故其志可則使志可得而亂又安可用爲儀哉

序卦傳
進必有所歸故受
之以歸妹
雜卦傳
歸妹女之終也

䷵ 兌下 震上

程傳歸妹序卦漸者進也進必有所歸故受之以歸妹進則必有所至故漸有歸義歸妹所以繼漸也歸妹者女之歸也妹少女之稱爲卦震上兌下以少女從長男也男動而女說又以說而動皆男說女女從男之義卦有男女配合之義者四咸恆漸歸妹也咸男女之相感也男下女二氣感應止而說男女之情相感之象恆常也男上女下巽順而動陰陽皆相應是男女居室夫婦唱隨之常道漸女歸之得其正也男下女而各得正位止靜而巽順其進有漸男女配合得其道也歸妹女之嫁歸也男上女下女從男也而有說少之義以說而動動以說則不得其正矣故位皆不當初與上雖當陰陽之位而陽在下陰在上亦不當位也與漸正相對咸恆夫婦之道漸歸妹女歸之義咸與歸妹男女之情也咸止而說歸妹動於說皆以說也恆與漸夫婦之義

歸妹以女之自歸爲從其德不善故象傳曰无攸利柔乘剛也是六三上六成卦之主也然六五居尊下交則

也。恆巽而動，漸止而巽，皆以巽順也。男女之道，夫婦之義備於是矣。歸妹爲卦，澤上有雷，雷震而澤動，從之象也。物之隨動莫如水，男動於上而女從之，嫁歸從男之象。震長男，兌少女，少女從長男，以說而動，動而相說也。人之所說者少女，故云妹，爲女歸之象。又有長男說少女之義，故爲歸妹也。

歸妹。征凶，无攸利。

本義 婦人謂嫁曰歸。妹，少女也。兌以少女而從震之長男，而其情又爲以說而動，皆非正也，故卦爲歸妹。而卦之諸爻，自二至五，皆不得正，三五又皆以柔乘剛，故其占征凶而无所利也。

程傳 以說而動，動而不當，故凶。不當，位不當也。征凶，動則凶也，如卦之義，不獨女歸，无所往而利也。

集說 蔡氏清曰：不曰妹歸而曰歸妹，歸者在妹也，如漸則曰女歸矣。○張氏振淵曰：妹乃少女，而從長男，又其情以說而動，是其情勝而

反變不善而爲善，化凶而爲吉，是六五又主卦之主也

不計乎匹偶之宜者故爲歸妹所歸在妹不正可知故凶而无所利也

案歸妹文意如春秋歸地歸田之例以物歸於人非其人來取物也歸妹所以失者有二一則不待取而自歸失昏姻之禮以卦象女先於男與咸之男下女相反也一則以少女歸長男失昏姻之時與咸兩少之交相反也故不曰妹歸而曰歸妹以明其失禮不曰歸女而曰歸妹以見其失時凡彖辭直著吉凶而無他戒者大有鼎直曰元亨此直曰征凶无攸利蓋尊賢育才者人君之盛節也自媒自薦者士女之醜行也

彖曰歸妹天地之大義也天地不交而萬物不興歸妹人之終始也

本義釋卦名義也歸者女之終生育者人之始程傳一陰一陽之謂道陰陽交感男女配合天地之

常理也。歸妹，女歸於男也，故云天地之大義也。男在女上，陰從陽動，故爲女歸之象。天地不交，則萬物何從而生？女之歸男，乃生生相續之道。男女交而後有生息，有生息而後其終不窮。前者有終，而後者有始，相續不窮，是人之終始也。**集說** 項氏安世曰：有男女然後有夫婦，天地之大義也。有夫婦然後有父子，人之終始也。

案：將言歸妹之凶，而先言其本天地之大義，猶姤言柔遇剛之失，而又推本於天地相遇之正也。由此言之，陰陽原不可以相無，而惟當慎之始以防其敝者，是易之道也。

說以動，所歸妹也。

本義 又以卦德言之。**集說** 鄭氏汝諧曰：長男居上，少女居下，以說女下男也。少女說以動，而又先下於男，其所歸者妹，故以征則凶，且无攸利。

案卦德說以動則與咸之止而說者異矣卦象女先於男是所欲歸者妹也又以少女從長男是所歸者乃妹也所歸妹一句兼此二意可見其失於禮又愆於義也夫說以動則徇乎情所歸妹則不能止乎禮義此卦之所以凶乎本義以卦德言之實則兼卦德卦象在內

征凶位不當也无攸利柔乘剛也

本義 又以卦體釋卦辭男女之交本皆正理唯若此卦則不得其正也

程傳 以二體釋歸妹之義男女相感說而動者少女之事故以說而動所歸者妹也所以征則凶者以諸爻皆不當位也所處皆不正何動而不凶大率以說而動安有不失正者不唯位不當也又有乘剛之過三五皆乘剛男女有尊卑之序夫婦有唱隨之禮此常理也如恆是也苟不由常正之道徇情肆欲唯說是動則夫婦瀆亂男牽欲而失其剛婦狃

說而忘其順，如歸妹之乘剛是也。所以凶，无所往而利也。夫陰陽之配合，男女之交媾，理之常也。然從欲而流放，不由義理，則淫邪无所不至，傷身敗德，豈人理哉？歸妹之所以凶也。

集說　陸氏希聲曰：易以咸恆爲夫婦之道，漸歸妹爲夫婦之義。漸四爻得正，故女歸吉。歸妹四爻失正，故征凶。○吳氏曰愼曰：卦以少女從長男，則非其配偶；說以動，則恣情縱慾；中爻不正，則陰陽皆失其常；三五柔乘剛，則不順：宜其凶也。然四者又以說以動爲重。

案：中四爻皆失正位者，除未濟外，惟睽、解及此卦，而家人、睽、漸、歸妹皆言男女之道者也。家人以得位而正，故睽以失位而乖；漸以得位而吉，故歸妹以失位而凶也。他卦有柔乘剛而義與歸妹不同者，義與卦變。

象曰：澤上有雷，歸妹。君子以永終知敝。

本義　雷動澤隨，歸妹之象。君子觀其合之不正，知其終之有敝也。推之事物，莫不皆然。

程傳　雷震於上，澤隨而動；陽動於上，陰說而從，女從男之象也，故為歸妹。君子觀男女配合，生息相續之象，而以永其終，知有敝也。永終謂生息嗣續，永久其傳也；知敝謂知物有敝壞而為相繼之道也。女歸則有生息，故有永終之義。又夫婦之道，當常永有終，必知其有敝壞之理而戒慎之。敝壞謂離隙。歸妹，說以動者也，異乎恆之巽而動、漸之止而巽也。少女之說，情之感動，動則失正，非夫婦正而可常之道，久必敝壞。知其必敝，則當思永其終也。天下之反目者，皆不能永終者也。不獨夫婦之道，天下之事莫不有終有敝，莫不有可繼可久之道。觀歸妹則當思永終之戒也。

集說　崔氏憬曰：歸妹，人之始終也。始則征凶，終則无攸利，故君子以永終知敝為戒者也。○吳氏曰慎曰：永終知敝，言遠慮其終而知有敝也。氓之詩，不思其反，所以終見棄於人與。

案澤上有雷不當以澤從雷取象當以澤
感雷取象蓋取於陰氣先動爲歸妹之義

初九。歸妹以娣。跛能履。征吉。

本義 初九居下而无正應故爲娣象然陽剛在女子爲
賢正之德但爲娣之賤僅能承助其君而已故又
爲跛能履之象而其占則征吉也 程傳 女之歸居下而无正應娣之象
也剛陽在婦人爲賢貞之德而
處卑順娣之賢正者也處說居下爲順義娣之卑下雖
賢何所能爲不過自善其身以承助其君而已如跛之
能履言不能及遠也然在其分爲善故以是而行則吉也 集說 孔氏穎達曰征吉者
少長非偶爲妻而行
則凶爲娣而行則吉○胡氏瑗曰跛者足之偏也姪娣
非正配而能盡其道以配君子猶足之雖偏而能履地
而行不至
於廢也

案初在下娣之象凡女之歸不待六禮備者爲失禮惟娣可以從歸而不嫌於失禮少長非偶者爲失時惟可以待年而不嫌於失時是卦義雖凶而於初則無嫌故變征凶而爲征吉也

象曰歸妹以娣以恆也跛能履吉相承也

本義恆謂有常久之德 程傳歸妹之義以說而動非夫婦能常之道九乃剛陽有賢貞之德雖娣之微乃能以常者也雖在下不能有所爲如跛者之能履然征而吉者以其能相承助也能助其君娣之吉也

集說鄭氏汝諧曰初少女且微而在下以娣媵而歸乃其常也娣媵不能成內助之功雖有其德如跛者之履耳跛者之履雖不足以有行然亦可以行者以其佐小君能相承助也如是而征則爲安分故吉○俞氏琰曰相承者佐其嫡以相與奉承其夫也

案言以恆者女而自歸非常惟娣則從嫡而歸乃其常也

九二眇能視利幽人之貞

本義眇能視承上爻而言九二陽剛得中女之賢也上有正應而反陰柔不正乃女賢而配不良不能大成內助之功故爲眇能視之象而其占則利程傳九二陽剛幽人之貞也幽人亦抱道守正而不偶者也陽剛而得中女之賢正者也上有正應而反陰柔之質動於說者也乃女賢而配不良故二雖賢不能自遂以成其內助之功適可以善其身而小施之如眇者之能視而已言不能及遠也男女之際當以正禮五雖不正二自守其幽靜貞正乃所利也二有剛正之德幽靜之人也二之才如是而言利貞者利言宜於如是之貞非不足而爲之戒也集說郭氏雍曰九二剛中賢女也守其幽獨之操不奪其志故曰利幽人之貞○胡氏一

桂曰初二跛眇兑毁折象履卦六三亦兑體故取象同

案此卦與漸相似凡以陰應陽者女之有配者也以陰應陰以陽應陽者女之無配者也若以陽應陰則雖有應而反其類比之無應者加甚矣乃女之有配而失配者也衛詩曰汎彼栢舟亦汎其流則配之不良者也又曰汎彼栢舟在彼中河則配之不終者也然皆自執其志如石之不移至於之死而矢靡他豈非所謂幽人之貞乎凡足以兩而行目以兩而明夫婦以兩而成跛者一正而一偏也眇者一昏而一明也娣雖屈於偏側而猶能佐理故曰能履幽人雖失所仰望而其志炯然故曰能視

象曰利幽人之貞。未變常也。

程傳守其幽貞未失夫婦常正之道也世人以媟狎為常故以貞靜為變常不知乃常久之道也

說俞氏琰曰：屯六二曰反常，謂字乃女子之常，不字則非常，至十年之後而乃字，則返其常也。此曰未變常，謂嫁者女子之常，九二不願嫁，似乎變常，然能以幽靜自守，是亦女德之常，未爲變常也。○來氏知德曰：一與之齊，終身不改，此婦道之常也。守幽人之貞，則未變其常矣。

六三，歸妹以須，反歸以娣。

本義 六三陰柔而不中正，又爲說之主，女之不正，人莫之取者也，故爲未得所適，而反歸爲娣之象。或曰：須，女之賤者。

程傳 三居下之上，本非賤者，以失德而无正應，故爲欲有歸而未得其歸。須，待也，待者，未有所適也。六居三，不當位，德不正也；柔而尚剛，行不順也；爲說之主，以說求歸，動非禮也；上无應，无受之者也。无所適，故須也。女子之處如是，人誰取之？不可以爲人配矣。當反歸而求爲娣媵則可也，以不正而失其所也。

集說陸氏希聲曰，在天文織女爲貴，須女爲賤。○胡氏炳文曰：初九居下，娣也。六三居下之上，非娣也。陰柔而不中正，又爲兌說之主，無德之女也。無德之女，人無取之者，故本宜須而反歸以娣也。

案：須當從本義賤女之解爲是。三不中正而無應，故取象於女之賤者。人不之取，但反歸而爲娣也。然亦惟下卦無應，有娣之象，從在上之同類而歸也。上卦無應，則幷無娣之象矣，故在四爲愆期，在上爲虛筐。

象曰：歸妹以須，未當也。

程傳未當者，其處其德其求歸之道皆不當，故无取之者，所以須也。集說朱氏震曰：六三居不當位，德不正也。柔而上剛，行不順也。爲說之主，以說而歸，動非禮也。上無應，無受之者也。如是而賤矣，故曰未當也。未當，故無取之者，反歸以娣也。

九四歸妹愆期遲歸有時。

本義九四以陽居上體而无正應，賢女不輕從人而愆期以待所歸之象，正與六三相反。程傳九以陽居四，四上體，地之高也。陽剛在女子爲正德，賢明者也。无正應，未得其歸也。過時未歸，故云愆期。女子居貴高之地，有賢明之資，人情所願取，故其愆期乃爲有時。蓋自有待，非不售也，待得佳配而後行也。九居四，雖不當位，而處柔，乃婦人之道，以无應，故爲愆期之義，而聖人推理，以女賢而愆期，蓋有待也。集說瑗胡氏曰：以剛陽之質，居陰柔之位，不爲躁進，故待其禮之全備，俟其年之長大，然後歸於君子，斯得其時也。遲，待也。

象曰：愆期之志，有待而行也。

程傳所以愆期者，由己而不由彼，賢女人所願取，所以愆期，乃其志欲有所待，待得佳配而後行也。集說孔氏穎達曰嫁宜及時今乃過期而遲歸者此嫁者之志欲有所待而後乃行也○俞氏琰曰爻辭言愆期而爻傳直述其志以見愆期在我而不苟從人蓋有待而行非爲人所棄也行謂出嫁詩泉水云女子有行是也

六五帝乙歸妹其君之袂不如其娣之袂良月幾望吉

本義六五柔中居尊下應九二尚德而不貴飾故爲帝女下嫁而服不盛之象然女德之盛无以加此故又爲月幾望之象而占者如之則吉也

程傳六五居尊位妹之貴高者也下應於二爲下嫁之象王姬下嫁自古而然至帝乙而後正婚姻之禮明男女之分雖至貴之女不得失柔巽之道有貴驕之志故易中陰

尊而謙降者則曰帝乙歸妹泰六五是也貴女之歸唯謙降以從禮乃尊高之德也不事容飾以說於人也娣媵者以容飾爲事者也衣袂所以爲容飾也六五尊貴之女尚禮而不尚飾故其袂不及其娣之袂良也良美好也月望陰之盈也盈則敵陽矣幾望未至於盈也五之貴高常不至於盈極則不亢其夫乃爲吉也女之處尊貴之道也。

集說 薛氏溫其曰至尊之妹必歸於夫人倫之正。

案女不待夫家之求而自歸非正也卦之所以凶也然惟天子之女則必求於夫家而自歸焉是歸妹之義在他人則爲越禮犯義而凶在天子則爲降尊屈貴而吉矣六五居尊而下應九二適合此象故其辭如此卦惟此爻有應而又於歸妹之義正爲所宜而非所病則其爲吉宜矣

象曰帝乙歸妹不如其娣之袂良也其位在中

以貴行也。

本義以其有中德之貴而行故不尚飾　程傳以帝乙歸妹之道言其袂不如其娣之袂良尚禮而不尚飾也五以柔中在尊高之位以尊貴而行中道也柔順降屈尚禮而不尚飾乃中道也　集說王氏申子曰上二句舉爻辭下二句釋之也言五居尊位而用中故能以至貴而行其勤儉謙遜之道也

上六女承筐无實士刲羊无血无攸利。

本義上六以陰柔居歸妹之終而无應約婚而不終者也故其象如此而於占爲无所利也　程傳上六女歸之終而无應女歸之无終者也婦者所以承先祖奉祭祀不能奉祭祀則不可以爲婦矣筐篚之實婦職所供也古者房中之俎葅歜之類后夫人職之諸侯之祭親割牲卿士大夫皆然割取血以祭禮云血祭

盛氣也女當承事筐篚而无實无實則无以祭謂不能奉祭祀也夫婦共承宗廟婦不能奉祭祀乃夫不能承祭祀也故刲羊而无血亦无以祭也謂不可以承祭祀也婦不能奉祭祀則當離絶矣是夫婦之无終者也何所往而利哉

集說 胡氏炳文曰震有虛筐之象兌羊象上與三皆陰虛而無應故有承筐无實刲羊无血之象程傳以爲女歸之无終本義以爲約婚而不終蓋曰士曰女未成夫婦也先女而後士罪在女也故无攸利之占與卦辭同

象曰上六无實承虛筐也

程傳 筐无實是空筐也空筐可以祭乎言不可以奉祭祀也女不可以承祭祀則離絶而已是女歸之无終者也

集說 王氏宗傳曰專取虛筐无實爲言者上六女子也

序卦傳 得其所歸者必大故受之以豐豐者大也

雜卦傳 豐多故

䷶ 離下震上

程傳 豐序卦得其所歸者必大故受之以豐物所歸聚必成其大故歸妹之後受之以豐也豐盛大之義爲卦震上離下震動也離明也以明而動動而能明皆致豐之道明足以照動足以亨然後能致豐大也

豐亨王假之勿憂宜日中

本義 豐大也以明而動盛大之勢也故其占有亨道焉然王者至此盛極當衰則又有憂道焉聖人以爲徒憂无益但能守常不至於過盛則可矣故戒以勿憂宜日中也

程傳 豐爲盛大其義自亨極天下之光大者唯王者能至之假至也天位之尊四海之富羣生之衆王道之大極豐之道其唯王者乎豐之時人民之繁庶事物之殷盛治之豈易周爲可憂慮宜如日中之盛明廣照无所不及然後无憂也

集說 張子

豐以六五爲主蓋其彖辭曰王假之勿憂宜日中六五之位則王之位也柔而居中則日中之德也

曰宜日中不宜過中也○郭氏忠孝曰豐者盛大之名盛大所以亨然物極盛大者憂必將至日過中則昃豐過盛則衰聖人欲持滿以中故言宜日中○項氏安世曰豐卦皆以明爲主故下三爻皆明而无咎上三爻皆暗以能求明爲吉不能求爲凶此所以宜日中也○胡氏炳文曰豐之大有亨道焉大則必通也亦有憂道焉大則可憂也不必過於憂如日之中斯可矣泰晉夬家人升皆曰勿恤此曰勿憂皆當極盛之時常人所不憂而聖人所深憂其辭曰勿憂深切之辭非謂無憂也○何氏楷曰豐有憂道焉而云勿憂蓋於此有道焉可不必憂也其道安在亦曰致豐之本即保豐之道何以致豐離明主之而震動將之也宜常如日之方中使其明無所不及則幽隱畢照斯可永保夫豐亨矣

彖曰。豐。大也。明以動。故豐。

本義以卦德釋卦名義程傳豐者盛大之義離明而震動明動相資而成豐大也集說楊氏簡曰以明而動故豐故亨以昏而動則反是矣

案明以動故豐亦非正釋名義乃推明其所以致豐之故以起釋辭之端與壯萃同以字與而字不同而字有兩意以字只是一意重在首字如以剛而動所以致壯可見處壯者之必貞也以順而說所以致聚可見處萃者之必順也以明而動所以致豐可見處豐者之必明也卦爻之義皆欲其明而防其昏故傳先發此義以示玩辭之要

王假之尚大也勿憂宜日中宜照天下也

本義釋卦辭程傳王者有四海之廣兆民之衆極天下之大也故豐大之道唯王者能致之所有

既大。其保之治之之道亦當大也。故王者之所尚至大也。所有既廣。所治既衆。當憂慮其不能周及。宜如日中之盛明普照天下。无所不至。則可勿憂矣。如是。然後能保其豐大。保有豐大。豈小才小知之所能也。集說吴氏曰慎曰。所以宜日中者。恐日中則昃也。照天下。日中時。昃日中後。

案尚大。謂王者至此所尚者大也。志意廣大。則不能謹小慮微而明有所不照。卽昏之徵而衰之兆也。故言宜日中者。謂能常明不昏。則能常中不昃。

日中則昃。月盈則食。天地盈虛。與時消息。而況於人乎。況於鬼神乎。

本義此又發明卦辭外意。言不可過中也。程傳既言豐盛之至。復言其難常以爲誡也。日中盛極則當昃昳。月既盈滿。則有虧缺。天地之盈虛。尚與時消息。況人與鬼神乎。盈虛謂盛衰。消息謂進退。天地之運。亦隨時進退也。鬼神謂造化之迹。於萬物盛衰可見其消息也。於豐盛之時而爲此誡。欲其守中不至過盛。處豐之道。豈易也哉。

集說 孔氏穎達曰。先陳天地。後言人鬼神者。欲以輕譬重。亦先尊後卑也。日月先天地者。承上宜日中之文。遂言其昃食。因舉日月以對。然後并陳天地。作文之體也。○朱子語類云。豐卦彖許多言語。其實只在日中則昃。月盈則食。天地盈虛。與時消息數語上。這盛得極。常須謹謹保守得日中時候方得。不然。便是偃仆傾壞了。○問鬼神者造化之迹。然天地盈虛。即是造化之迹矣。而復言鬼神何耶。曰天地舉全體而言。鬼神指其功用之迹。似有人所爲者。○毛氏璞曰。豐大也。亦盈也。惟有道者明德若不足。未嘗中故不昃。未嘗盈故不食。日新則爲大。反是則爲盈。知日中之宜。則知日昃之可戒。○林氏希元曰。卦辭勿憂宜日中。所以然處未之及此方言之以補卦辭之所未及故曰發明卦辭外意言辭外之意也雖曰辭外之意然實有此意但辭不及耳。

案林氏之說得之朱子釋彖辭亦曰盛極當衰也。

象曰。雷電皆至。豐。君子以折獄致刑。

本義 取其威照並行之象

程傳 雷電皆至明震並行也二體相合故云皆至明動相資成豐之象離明也照察之象震動也威斷之象折獄者必照其情實惟明克允致刑者以威於姦惡惟斷乃成故君子觀雷電明動之象以折獄致刑也噬嗑言先王飭法豐言君子折獄以明在上而麗於威震王者之事故為制刑立法以明在下而麗於威震君子之用故為折獄致刑旅明在上而云君子者旅取慎用刑與不留獄君子皆當

然也。集說孔氏穎達曰斷决獄訟須得虛實之情致用刑罰必得輕重之中若動而不明則淫濫斯及故君子象於此卦而折獄致刑。○蘇氏軾曰傳曰為刑罰威獄以類天之震曜故易至於雷電相遇則必及刑獄取其明以動也至於離與艮相遇曰无折獄无留獄取其明以止也。○朱氏震曰電明照也所以折獄雷威怒也所以致刑。○朱子語類問雷電噬嗑與雷電豐亦同曰噬嗑明在上是明得事理先立這法在此未有犯威人留待異時之用故云明罰飭法豐威在上明在下是用這法時須是明見下情曲折方得不然威動於上必有過錯也故云折獄致刑。

初九。遇其配主。雖旬无咎。往有尚。

本義配主謂四。旬均也謂皆陽也。當豐之時明動相資故初九之遇九四雖皆陽剛而其占如此也程傳雷電皆至成豐之象明動相資致豐之道非明无以照非動无以行相須猶形影相資猶表裏初九明之初九四動之初宜相須以成其用故雖旬而相應位則相應用則相資故初謂四爲配主已所配也配雖匹稱然就之者也如配天以配君子故初於四云配四於初云夷也雖旬无咎旬均也天下之相應者常非均敵如陰之應陽柔之從剛下之附上敵則安肯相從唯豐之初四其用則相資其應則相成故雖均是陽剛相從而无過咎也蓋非明則動无所之非動則明无所用相資而成用同舟則胡越一心共難則仇怨協力事勢使然也往而相從則能成其豐故云有尚有可嘉尚也在它卦則不相下而離隙矣

集說

胡氏瑗曰旬者十日也謂數之盈滿也言初與四其德相符雖居盈滿盛大之時可以无咎以此而往則行有所尚也○蘇氏軾曰凡人知生於憂患而患生於安佚豐之患常在於闇故文皆以明闇爲吉凶也初九六二九三三者皆離也而

有明德者也。九四六五上六。則所謂豐而闇者也。離火也。日也。以下升上。其性也。以明發闇。其德也。故三離皆上適於震。初九適四。其配之所在也。故曰配主。○項氏安世曰。初以四爲配。四以初爲夷。上下異辭也。自下並上曰配。○胡氏炳文曰。初不言豐。初未至豐也。五亦不言豐者。陰虛歉然。方賴在下之助。不知有其豐也。凡卦爻取剛柔相應。豐則取明動相資。初之剛與四之剛同德而相遇。雖兩陽之勢均敵。往而從之。非特无咎。且有尚矣。或曰十日爲旬。○來氏知德曰。因宜日中句。爻辭皆以日言。文王象豐以一日。象之故曰勿憂宜日中。周公象豐以十日。象之故曰雖旬无咎。十日爲旬。言初之豐以一月論。已一旬也。正豐之時也。

象曰。雖旬无咎。過旬災也。

本義戒占者不可求勝其配。亦爻辭外意。程傳聖人因時而處宜。隨事而順理。夫勢均則不相下者。

常理也。然有雖敵而相資者，則相求也，初四是也。所以雖旬而无咎也。與人同而力均者，在乎降己以相求，協力以從事。若懷先己之私，有加上之意，則患當至矣。故曰過旬災也。均而先己，是過旬也。一求勝，則不能同矣。

集說 劉氏牧曰：旬，數之極也，猶日之中也。言无咎者，謂初未至中，猶可進也。若進而過中，則災，故象稱過旬災也。爻辭不言豐者，謂初未至豐也。○胡氏瑗曰：言雖居豐盈之時，可以无咎，若過於盈滿，則必有傾覆之災也。○俞氏琰曰：爻辭云雖旬无咎，文傳云過旬災，則戒其不可過也。蓋與彖傳天地日月說同。

案：過旬災，即日中則昃、月盈則食之意也。經意謂同德相濟，雖當盈滿之時，可以无咎，況初居豐之始，未及日中乎。傳意則謂正宜及今而圖之耳。稍過於中，便將有災矣。其義相備也。

六二。豐其蔀，日中見斗。往得疑疾，有孚發若，吉。

本義　六二居豐之時，爲離之主，至明者也。而上應六五之柔暗，故爲豐蔀見斗之象。蔀，障蔽也。大其障蔽，故日中而昏也。往而從之，則昏暗之主必反見疑。唯在積其誠意以感發之則吉。戒占者宜如是也。虛中有孚之象。

程傳　明動相資，乃能成豐。二爲明之主，又得中正，可謂明者也。而五在正應之地，陰柔不正，非能動者。二五雖皆陰，而在明動相資之時，居相應之地，五才不足。既其應之才不足資，則獨明不能成豐。既不能成豐，則喪其明功，故爲豐其蔀，日中見斗。二至明之才，以所應不足與，而不能成其豐，喪其明功。无明功則爲昏暗，故云見斗。斗，昏見者也。蔀，周匝之義，用障蔽之物掩晦於明者也。斗屬陰而主運平，象五以陰柔而當君位。日中盛明之時乃見斗，猶豐大之時乃遇柔弱之主。斗以昏見，言見斗，則是明喪而暗矣。二雖至明中正之才，所遇乃柔暗不正之君，既不能下求於已，若往求之，則反得疑猜忌疾，暗主如是也。然則如之何而可？夫君子之事上也。不得其心。則盡其至誠以感發其志意而已。苟誠意能動。則雖昏蒙可開也。雖柔弱可輔也。雖不正可正也。古人之事庸君常主。而克行其道者。已之誠意上達。而君見信之篤耳。管仲之相桓公。孔明之輔後主是也。若能以誠信發其志意。則得行其道。乃爲吉也。

集說 服氏虔曰。日中而昏也。○張子曰。凡言往者皆陰進而之上也。初進而上則遇陽而有尚。二既以陰居陰。又所應亦陰。故往增疑疾。○郭氏雍曰。六二爲離明之中。而有豐蔀之闇者。以陰居陰。上非正應。所以有從闇之象也。天下之理明則無疑。闇則疑。六二用明投闇。往得疑疾。乃其宜也。然任其中正。有孚而發。則動無不吉。○徐氏幾曰。卦言宜日中。以下體言之。則二爲中。以一卦言之。則三四爲中。故二三四皆言日中。剛生明。故初應四則爲往有尚。柔生暗。故二應五爲往得疑疾也。

象曰。有孚發若。信以發志也。

程傳有孚發若，謂以巳之孚信感發上之心志也。苟能發，則其吉可知，雖柔暗有可發之道也。

集說趙氏汝楳曰：疾得於境之疑，孚發於志之信。○王氏申子曰：二虛中故有孚，五亦虛中故可發，言以誠相感也。

九三豐其沛，日中見沬，折其右肱，无咎。

本義沛，一作旆，謂幡幔也，其蔽甚於蔀矣。沬，小星也。三處明極而應上六，雖不可用，而非咎也，故其象占如此。

程傳沛字古本有作旆字者，王弼以爲幡幔，則是旆也。幡幔圍蔽於內者，豐其沛，其暗更甚於蔀也。三明體而反暗於四者，所應陰暗故也。三居明體之上，陽剛得正，本能明者也。豐之道，必明動相資而成，三應於上，上陰柔又无位而處震之終，既終則止矣，不能動者也。它卦至終則極，震至終則止矣，三无上之應，則不能成豐。沬，星之微小无名數者，見沬，暗之甚也。豐之時而遇上六，日中而見沬者也。右肱，人之所用，乃折矣，其无能爲可知。賢智之才遇明君則能有爲於天下。上无可賴之主則不能有爲如人之折其右肱也人之爲有所失則有所歸咎曰由是故致是若欲動而无右肱欲爲而上无所賴則不能而已更復何言。无所歸咎也

案九三之蔽又甚於二四者爻取日中爲昏義二三四在一卦之中而九三又在三爻之中也且二應五爲柔中之主四應初爲同德之助三所應者乃過中處極之陰其蔽安得不甚哉上六以其昏昏使人昏昏故九三雖以剛明之才爲之股肱而不免於毀折然於義爲无咎者守其剛正以事上反已無怍而衆無尤也○又案易中所取者雖虛象然必天地間有此實事非憑虛造設也日中見斗甚而至於見沫所取喻者固謂至昏伏於至明之中然以實象求之則如太陽食時是也食限多則大星見食限甚則小星亦見矣所以然者陰氣蔽障之故故所謂豐其蔀豐其沛者乃蔽日之物非蔽人之物也且此義亦與彖傳日中則昃月盈則食相發

象曰。豐其沛。不可大事也。折其右肱。終不可用也。

程傳三應於上。上應而无位。陰柔无勢力而處既終。其可共濟大事乎。既无所賴。如右肱之折。終不可用矣。集說潘氏士藻曰。六二雖當豐蔀之時。然五得位得所應上六。无可發之明矣。不可用而不用。保身之哲也。猶可以大事。故六二發若之孚可施也。九三

九四。豐其蔀。日中見斗。遇其夷主。吉。

本義象與六二同。夷等夷也。謂初九也。其占爲當豐而遇暗主。下就同德則吉也。程傳四雖陽剛。爲動之主。又得大臣之位。然以不中正遇陰暗柔弱之主。豈能致豐大也。故爲豐其蔀。蔀周圍掩蔽之物。周圍

則不大掩蔽則不明日中見斗當盛明之時反昏暗也夷主其等夷也相應故謂之主初四皆陽而居初是其德同又居相應之地故爲夷主居大臣之位而得在下之賢同德相輔其助豈小也哉故吉也如四之才得在下之賢爲之助則能致豐大乎曰在下者上有當位爲之與在上者下有賢才爲之助豈无益乎故吉也然而致天下之豐有君而後能也五陰柔居尊而震體无虛中巽順下賢之象下雖多賢亦將何爲蓋非陽剛中正不能致天下之豐也

集說

孔氏穎達曰據初適四蓋非陽剛中正曰遇其配主自四之初則以四爲主故曰遇其夷主也○張子曰近比於五故則以初爲主故亦陽故云夷主○郭氏雍曰二之豐蔀亦云見斗正應非正應也而有孚發若吉者中正也四見斗以重陰而中正也而遇其夷主吉者應初而有遇之豐蔀見斗非類故其辭同而皆終之以吉有爲之時也二爻之義相後有成故初謂四爲配主四謂初爲夷主迭稱主者明

動相須。莫適爲主。惟明者知求動。以爲主。動者知求明以爲主故也。○鄭氏汝諧曰。初視四爲配。以下偶上也。四視初爲夷。降上就下也。

象曰。豐其蔀。位不當也。日中見斗。幽不明也。遇其夷主。吉行也。

程傳位不當。謂以不中正居高位。所以闇而不能致豐。日中見斗。幽不明也。謂幽暗不能光明。君陰柔而臣不中正故也。遇其夷主吉行也。陽剛相遇。吉之行也。下就於初。故云行。下求則爲吉也。

集說項氏安世曰。六二指六五爲蔀。爲斗。故往則入於闇而得疑。九四之蔀與斗。皆自指也。故行則遇明而得吉。○吳氏澄曰。豐蔀見斗。六二爻辭已備。象傳不釋。而獨九四致其詳者。蓋二象由九四而成。四爲蔀故二見斗。二爻之象同。

而所重在四也。

六五。來章。有慶譽。吉。

本義 質雖柔暗。若能來致天下之明。則有慶譽而吉矣。蓋因其柔暗而設此以開之。占者能如是。則如其占矣。程傳 五以陰柔之才。爲豐之主。固不能成其豐大。若能來致在下章美之才而用之。則有福慶。復得美譽。所謂吉也。六二文明中正。章美之才也。爲五者誠能致之在位而委任之。可以致豐大之慶。名譽之美。故吉也。章美之才。主二而言。然初與三四皆陽剛之才。五能用賢。則彙征矣。二雖陰。有文明中正之德。大賢之在下者也。五與二雖非陰陽正應。在明動相資之時。有相爲用之義。五若能來章。則有慶譽而吉也。然六五无虛己下賢之義。聖人設此義以爲教耳。集說 馮氏當可曰。六二言往。六五言來。往來交合。章明之象。○項氏安世曰，六二以五爲蔀，在上而暗也，六五以二爲章，在下而明也。○陳氏曰，五陰暗，則往而疑，二文明，則來而章，章者，離體文明之象。○胡氏炳文曰，三爻稱日中，皆有所蔽，六五不稱日中，蓋宜日中無蔽也。

案五君位也，彖辭所謂王假之者，即此位，則五乃卦主也，卦義所重，在明以照天下，六五雖非明體，然下應六二，爲文明之主，而五有柔中之德，能資其章明以自助，則卦義所謂勿憂宜日中者，實與此爻義合。

象曰，六五之吉，有慶也。

程傳其所謂吉者，可以有慶福及於天下也，人君雖柔暗，若能用賢才，則可以爲天下之福，唯患不能耳。

集說何氏楷曰，人君以天下常豐爲慶，慶以天下，故吉，言慶則譽在其中矣。

上六，豐其屋，蔀其家，闚其戶，闃其无人，三歲不覿。凶。

本義　以陰柔居豐極。處動終。明極而反暗者也。故爲豐大其屋。而反以自蔽之象。无人不覿。亦言障蔽之深。其凶甚矣。

程傳　六以陰柔之質。而居豐之極。處動之終。其滿假躁動甚矣。處豐大之時。宜乎謙屈。而處極高。致豐大之功。在乎剛健。而體陰柔。當豐大之任。在乎得時。而不當位。如上六者。處无一當。其凶可知。豐其屋。處太高也。蔀其家。居不明也。以陰柔居豐大。而在无位之地。乃高亢昏暗。自絕於人。人誰與之。故闚其戶。闃其无人也。至於三歲之久而不知變。其凶宜矣。不覿謂尚不見人。蓋不變也。六居卦終。有變之義。而不能遷。是其才不能也。

集說　龔氏煥曰。豐卦與明夷相似。唯變九四一爻。豐其蔀蔽。皆六五上六二陰所爲。二豐其蔀。以五爲應也。三豐其沛。以上爲應也。四豐其蔀。以承五也。然五雖柔暗。以其得中。故有來章之吉。上居豐極。始則蔽人之明。終以自蔽。與明夷上六相似。○何氏楷曰。處豐之極。亢然自高。豐大其居。以明得意。方且深居簡出。距人於千里之外。豈知凶將及矣。能無懼乎。

象曰。豐其屋。天際翔也。闚其戶。闃其无人。自藏也。

本義 藏。謂障蔽。 程傳 六處豐大之極。在上而自高。若飛翔於天際。謂其高大之甚。闚其戶而无人者。雖居豐大之極。而實无位之地。人以其昏暗自高大。故皆棄絕之。自藏避而弗與親也。

集說 石氏介曰。始顯大。終自藏。皆聖人戒其過盛。子雲曰。炎炎者滅。隆隆者絕。觀雷觀火。爲盈爲實。天收其聲。地藏其熱。高明之家。鬼瞰其室。正合此義。○張子曰。豐屋蔀家。自蔽之甚。窮大而失居者也。處上之極。不交於下。而居動之末。

序卦傳
窮大者必失其居
故受之以旅
雜卦傳

故曰天際翔也。○朱子語類云：豐其屋，天際翔也。似說如翬斯飛樣。言其屋高大，到於天際，却只是自蔽障得潤。

總論　熊氏良輔曰：豐六爻以不應爲善。初四皆陽，初曰遇其配主，四曰遇其夷主。二五皆陰，二曰有孚發若吉，五曰來章有慶譽吉。三與上爲正應，三不免於折肱，而上則甚凶。當豐大之時，以同德相輔爲善，不取陰陽之應也。

䷷ 艮下離上

旅

程傳　旅，序卦：豐，大也。窮大者必失其居，故受之以旅。豐盛至於窮極，則必失其所安，旅所以次豐也。爲卦離上艮下，山止而不遷，火行而不居，違去而不處之象，故爲旅也。又麗乎外，亦旅之象。

旅亦以
六五爲
主故彖
傳曰柔

親寡旅也

旅小亨旅貞吉

本義旅羈旅也山止於下火炎於上爲去其所止而不處之象故爲旅以六五得中於外而順乎上下之二陽艮止而離麗於明故其占可以小亨而能守其旅之正則吉旅非常居若可苟者然道无不在故自有其正不可須臾離也

程傳以卦才言也如卦之才可以小亨得旅之貞正而吉也

集說胡氏炳文曰在旅而亨亨之小者也然事有小大道無不在大亨固利於貞不可以亨之小而失其貞也正道果可須臾離哉

彖曰旅小亨柔得中乎外而順乎剛止而麗乎明是以小亨旅貞吉也

得中乎外又曰止而麗乎明五居外體旅於外之象也處中位爲離體之主得中麗明之象也

本義以卦體卦德釋卦辭。程傳六上居五柔得中乎外也麗乎上下之剛順乎剛也下艮止上離麗止而麗於明也。柔順而得在外之中。所止能麗於明是以小亨得旅之貞正而吉也。旅困之時非陽剛中正有助於下。不能致大亨也。所謂得在外之中。中非一揆。旅有旅之中也。止麗於明則不失時宜。然後得處旅之道。

集說王氏宗傳曰用剛非旅道也。故莫尚乎用柔。然柔不可過也。故莫尚乎得中。以六居五得中位而屬外體。麗乎二剛之間。故曰柔得中乎外而順乎剛。

案處旅之道。審幾度勢。貴於明也。待人接物。亦貴於明也。然明不可以獨用。故必以止靜爲本而明麗焉。與晉睽之主於順說者同。

旅之時義大矣哉。

本義旅之時爲難處。

程傳天下之事。當隨時各適其宜。而旅爲難處。故稱其時義之大。

集說俞氏琰曰。旅之時最難處。旅之義不可不知。蓋其亨雖小。其時義則大。聖人小其亨而大其時義。非大旅也。大其處旅之道也。○錢氏一本曰。難處者旅之時。難盡者旅之義。或以旅興。或以旅喪。所關甚大。

象曰。山上有火。旅。君子以明慎用刑而不留獄。

本義慎刑如山。不留如火。

程傳火之在高。明无不照。君子觀明照之象。則以明慎用刑。明不可恃。故戒於慎。明而止。亦慎象。觀火行不處之象。則不留獄。獄者不得已而設。民有罪而入。豈可留滯淹久也。

集說孔氏穎達曰。火在山上。逐草而行。勢不久留。故爲旅象。又上下二體。艮止離明。故君子象此以明察審慎用刑。而不稽留獄訟。○項氏安世曰。山非火之所留也。野燒延緣。過之而已。故名之曰旅。而象之以不留獄。○

趙氏汝楳曰火煬則宅於竈治則宅於爐在山則野燒之暫猶旅寓耳故爲旅之象離虛爲明艮止爲謹君子體之明謹於用刑而不留獄蓋獄者人之所旅也不留獄不使久處其中也用刑固貴於明然明者未必謹者或留獄明矣謹矣而淹延不決雖明猶闇也雖謹反害也○張氏淸子曰明則無遁情愼則無濫罰明愼旣盡斷決隨之聖人取象於旅正恐其留獄也

初六旅瑣瑣斯其所取災

本義當旅之時以陰柔居下位故其象占如此 程傳六以陰柔在旅之時處於卑下是柔弱之人處旅困而在卑賤所存汚下者也志卑之人旣處旅困鄙猥瑣細无所不至乃其所以致侮辱取災咎也瑣瑣猥細之狀當旅困之時才質如是上雖有援无能爲也四陽性而離體亦非就下者也又在旅與他卦爲大臣之

位者異矣。集說王氏應麟曰：旅初六斯其所取災，王輔嗣注云為斯賤之役，唐郭京謂斯合作斷。愚按後漢左雄傳職斯祿薄，注云斯賤也，不必改斷字。案易中初爻多取童稚小子之象，在旅則童僕之象，王氏之說是也。

象曰：旅瑣瑣，志窮災也。

程傳志意窮迫，益自取災也。災眚對言則有分，獨言則謂災患耳。集說谷氏家杰曰：爻賤其行，象鄙其志。○楊氏啓新曰：窮不是困窮，局促猥陋之義。

六二，旅即次，懷其資，得童僕貞。

本義即次則安，懷資則裕，得其童僕之貞信，則无欺而有賴，旅之最吉者也。二有柔順中正之德，故其象占如此。

程傳

二有柔順中正之德，柔順則衆與之，中正則處不失當，故能保其所有，童僕亦盡其忠信，雖不若五有文明之德、上下之助，亦處旅之善者也。次舍，旅所安也；財貨，旅所資也；童僕，旅所賴也。得就次舍，懷畜其資財，又得童僕之貞良，旅之善也。柔弱在下者，童也；強壯處外者，僕也。二柔順中正，故得內外之心。在旅所親比者，童僕也。不云吉者，旅寓之際，得免於災厲則已善矣。

集說

胡氏炳文曰：旅中不能無賴乎童僕之用，亦多不免乎童僕之欺，惟得其貞信者，則無欺而有賴。○趙氏玉泉曰：二處旅而有柔順中正之德，則內不失已，而已無不安；外不失人，而人無不與。凡旅之所恃以不可無者，皆有以全之也。

案：二得位得中，故曰即次懷資，與九四之旅處而得其資斧者異矣。下有初六比之，故曰得童僕，與九三之喪其童僕者異矣。在初則為童僕之瑣瑣者，自二視之，則為童僕之貞者，義不相害也。

象曰。得童僕貞。終无尤也。

程傳 羈旅之人所賴者童僕也既得童僕之忠貞終无尤悔矣 集說 王氏弼曰既得童僕然後即次懷資皆无所失故終无尤

九三。旅焚其次。喪其童僕。貞厲。

本義 過剛不中居下之上故其象占如此喪其童僕則不止於失其心矣故貞字連下句爲義 程傳 處旅之道以柔順謙下爲先三剛而不中又居下體之上與艮之上有自高之象在旅而過剛自高致困災之道也自高則不順於上故上不與而焚其次失所安也上離爲焚象過剛則暴下故下離而喪其童僕之貞信謂失其心也如此則危厲之道也 集說 潘氏夢旂曰居剛而用剛平時猶不可況旅乎以此與下焚次

喪僕固其宜也九三以剛居下體之上則焚次上九以剛居上體之上則焚巢位愈高剛愈亢則禍愈深矣○丘氏富國曰九三爻辭全與二反二即次而三焚二得童僕而三喪二之貞无尤而三之貞則厲蓋二柔順得中三過剛不中故也過剛豈處旅之道哉

案三得位故亦有即次象以其過剛故焚之也六爻惟二三言次得位故也

象曰。旅焚其次。亦以傷矣。以旅與下。其義喪也。

本義以旅之時而與下之道如此義當喪也

程傳旅焚失其次舍亦以困傷矣以旅之時而與下之道如此義當喪也在旅而以過剛自高待下必喪其忠貞謂失其心也在旅而失其童僕之心爲可危也

集說郭氏雍曰九三剛而不中故不能安旅失其所安亦可傷矣以剛暴之才而以旅道居童僕宜其失

衆心而喪也夫旅豈與人之道哉君子自厚而已故終無以旅與下之事。○王氏宗傳曰既已有焚其次之傷矣而又喪其童僕焉此暴厲之過也夫旅親寡之時也朝夕之所與者童僕而已爾豈可以旅視之也九三以旅視乎下則彼童僕也亦必以旅視乎上矣其能久留乎故曰其義喪也。○黃氏淳耀曰下即童僕以旅與下者謂視童僕如旅人也焚次而失其身所依庇亦已傷而不安矣況又喪其童僕乎然非童僕之無良也當旅時而與下之道刻薄寡恩直若旅人然宜不得其心力義當喪也將誰咎哉

九四。旅于處。得其資斧。我心不快。

本義 以陽居陰處上之下用柔能下故其象占如此然非其正位又上无剛陽之與下唯陰柔之應故其心有所不快也。程傳 四陽剛雖不居中而處柔在上體之下有用柔能下之象得旅之宜也以剛明之才。

爲五所與爲初所應在旅之善者也然四非正位故雖得其處止不若二之就次舍也有剛明之才爲上下所與乃旅而得貨財之資器用之利也雖在旅爲善然上无剛陽之與下唯陰柔之應故不能伸其才行其志其心不快也云我者據四而言

集說 蔣氏悌生曰凡卦爻陽剛皆勝陰柔惟旅卦不然二五皆以柔順得吉三上皆以陽剛致凶六爻六五最善二次之上九最凶三次之九四雖得其處姑足以安其身而已豈得盡遂其志

案四居位非正故不曰即次而曰于處在旅而處多懼之地故雖得資與六二同而未免加斧以自防衛其未忘戒心可知安得快然而安樂乎

象曰旅于處未得位也得其資斧心未快也

程傳四以近君爲當位，在旅五不取君義，故四爲未得位也。曰：然則以九居四不正，爲有咎矣。曰：以剛居柔，旅之宜也。九以剛明之才，欲得時而行其志，故雖得資斧，於旅爲善，其心志未快也。

集說 黄氏淳耀曰：資斧，防患之物，得其資斧，不過有以自防，故曰心未快也。

六五，射雉一矢亡，終以譽命。

本義 雉，文明之物，離之象也。六五柔順文明，又得中道，爲離之主，故得此爻者，爲射雉之象，雖不无亡矢之費，而所喪不多，終有譽命也。

程傳六五有文明柔順之德，處得中道，而上下與之，處旅之至善者也。人之處旅，能合文明之道，可謂善矣。羈旅之人，動而或失，則困辱隨之，動而无失，然後爲善。離爲雉，文明之物，射雉，謂取則於文明之道而必合，如射雉一矢而亡之，發无不中，則終能致譽命也。譽，令聞也；命，福祿也。五居文明之位。有文明之德。故動必中文明之道也。五君位。人君无旅。旅則失位。故不取君義。集說朱氏震曰。五在旅卦。不取君象。有文明之德。則令譽升聞而爵命之矣。○朱子語類云。亡字正如秦無亡矢遺鏃之亡。不是如伊川之說。易中凡言終吉者。皆是初不甚好也。○王氏申子曰。一矢亡。言中之易也。

案五在旅卦。不取君義。程傳之說是也。古者士大夫出疆則以贄。行而士執雉。以相見。射雉而得。是進身而有階之象也。信於友則有譽。獲乎上則有命。

象曰。終以譽命。上逮也。

本義上逮。言其譽命聞於上也。程傳有文明柔順之德。則上下與之。逮與也。能順承於上。而上與之。為上所逮也。在上而得乎下。為下所上逮也。在旅而上下與之。所以致譽命也。旅者。困而未得所安之時也。終以譽命終當致譽命也已譽命則非旅也困而親寡則爲旅不必在外也集說胡氏瑗曰六五所謂柔得中乎外而順乎剛者也柔順中正之德爲上九所信尊顯之命及之也

案六五有位而上九無位不必以六五爲上九所尊顯也蓋居高位便是上逮爾此爻雖不以君位言而亦主於大夫士之載贄而獲乎名位者故曰上逮言其地望已高也

上九鳥焚其巢旅人先笑後號咷喪牛于易凶

本義上九過剛處旅之上離之極驕而不順凶之道也故其象占如此

程傳鳥飛騰處高者也上九剛不中而處最高又離體其亢可知故取鳥象在旅之時謙降柔和乃可自保而過剛自高失其所安宜矣巢鳥所安止焚其巢失其所安无所止也在離上爲焚象陽剛自處於至高始快其意故先笑旣而失安莫與

故號咷輕易以喪其順德所以凶也牛順物喪牛于易謂忽易以失其順也離火性上爲躁易之象上承鳥焚其巢故更加旅人字不云旅人則是鳥笑哭也。集說王氏宗傳曰上九之視九三尤爲剛亢者也凡物棲高處亢而寄諸危地者鳥之巢是也故旅之上取以爲象夫高極必危離火有焚象也故曰鳥焚其巢先笑謂喜居物上也後號咷謂巢焚之故也夫牛順物也旅道以柔順謙下爲本上九喪其至順之德此所以凶也。

徐氏幾曰旅貴柔順中正三陽爻皆失之而最亢者上九也

象曰以旅在上其義焚也喪牛于易終莫之聞也。

程傳以旅在上而以尊高自處豈能保其居其義當有焚巢之事方以極剛自高爲得志而笑不知喪其

順德於躁易，是終莫之聞，謂終不自聞知也。使自覺知，則不至於極而號咷矣。陽剛不中而處極，固有高亢躁動之象，而火復炎上，則又甚焉。

集說 張子曰：以陽極上，旅而驕肆者也。失柔順之正，故曰喪牛于易。怨而忤物，雖有凶危，其誰告之，故曰終莫之聞也。

案：九三以旅與下，郭氏、王氏、黃氏之說美矣。惟以旅在上，則未有說。蓋以旅之道在上，則視所居之位如寄寓然，其無敬慎之心可知，故曰其義焚也。

總論 范氏仲淹曰：內止而不動於心，外明而弗迷其往，以斯適旅，故得小亨而貞吉。夫旅人之志，卑則自辱，高則見疾，能執其中，可謂智矣。故初瑣瑣卑以自辱者也，三焚次而上焚巢，高而見疾者也，二懷資而五譽命，柔而不失其中者也。

繫辭下傳 巽德之制也 巽稱而隱 巽以行權

說卦傳 風以散之 齊乎巽 巽東南也 齊也者言萬物之潔齊也 撓萬物者莫疾乎風 巽入也 巽為雞 巽為股 巽一索而得女故謂之長女 巽為木

☴ 巽下巽上

程傳 巽序卦旅而无所容故受之以巽巽者入也羈旅親寡非巽順何所取容苟能巽順雖旅困之中何往而不能入巽所以次旅也為卦一陰在二陽之下巽順於陽所以為巽也

巽小亨。利有攸往。利見大人。

本義 巽入也。一陰伏於二陽之下。其性能巽以入也。其象為風。亦取入義。陰為主。故其占為小亨。以陰從陽。故又利有所往。然必知所從。乃得其正。故又曰利見大人也。程傳 卦之才可以小亨。利有攸往。利見大人也。巽與兌皆剛中正。巽說義亦相類。而兌則亨。巽乃小亨者。兌陽之為也。巽陰之為也。兌柔在外。用柔也。巽柔在內。性柔也。巽之亨所以小也。集說 郭氏雍曰。巽入也。能入故利有攸往。故利見大人。是亦沈潛剛

巽離主於二陰然陰卦以陰為主者惟離為然以其居中故也巽之二陰則為成卦之主而不得為主卦之主

爲風爲長女爲繩直爲工爲白爲長爲高爲進退爲不果爲臭其於人也爲寡髮爲廣顙爲多白眼爲近利市三倍其究爲躁卦

序卦傳

旅而无所容故受之以巽巽者入也

雜卦傳

兌見而巽伏也

兌之意與。○朱子語類云巽有入之義巽爲風如風之入物只爲巽便能入義理之中無細不入。○趙氏汝楳曰一陰生於下二陽巽之於上卦以剛爻得名陰生而陽巽之。○蔡氏清曰順字解巽字不盡潛心熟到方爲巽也程傳只說順然孔子不曰順而每仍卦名曰巽是必巽字與順字有辨矣大傳曰巽入也又曰巽德之制也又曰巽稱而隱未嘗只以順字當之也。○何氏楷曰凡巽之所以致亨皆陽之爲也所謂申命乃陽事也有陽以巽之於上故小亨。

案巽入也從來說者皆以爲一陰入於二陽之下非也蓋一陰伏於內陽必入而散之陰性凝滯必散而後與陽合德也其在造化則吹浮雲散積陰者也其在人心則察幾微窮隱伏者也其在國家則除奸慝釐弊事者也三者皆非入不能卦之所以名巽者以此亨之所以小者如蠱則壞極而更新之故其亨大巽但脩敝舉廢

主卦之主者九五也申命行事非居尊位者不可故彖傳曰剛巽乎中正而志行指五也

而已。觀卦爻庚甲之義可見也。天下之事。既察知之。則必見之於行。故曰利有攸往。非有剛德之人不能濟也。故又曰利見大人。

彖曰。重巽以申命。

本義　釋卦義也。巽順而入。必究乎下。命令之象。重巽故爲申命也。程傳　重巽者。上下皆巽也。上順道以出命。下奉命而順從。上下皆順。重巽之象也。又重爲重複之義。君子體重巽之義。以申復其命令。申。重復也。丁寧之謂也。集說　石氏介曰。巽者齊也。齊者申之以命令。○朱氏震曰。巽爲風。風者天之號令也。故巽爲命。內巽者命之始。外巽者申前之命也。重巽之象施之於申命。先儒謂不違其令。命乃行也。○朱子語類問申字是兩番降命令否。曰。非也。只是丁寧反復說便是申命。巽。風也。風之吹物。無處不入。無物不鼓動。詔令之入人淪膚浹髓，亦如風之動物也。○俞氏琰曰：巽之取象，在天爲風，在人君爲命。風者天之號令，其入物也無不至；命者人君之號令，其入人也亦無不至。

案：頒發號令以象天之風聲，是已。然須知巽者入也。王者欲知民之休戚、事之利弊，則必清問於下而察之周，告誡於上而行之切，此其所以申命也。蓋始則入民情之隱而散其不善者，終乃入人心之深而動其善者。

剛巽乎中正而志行，柔皆順乎剛，是以小亨，利有攸往，利見大人。

本義：以卦體釋卦辭。剛巽乎中正而志行，指九五。柔，謂初、四。

程傳：以卦才言也。陽剛居巽而得中正，巽順於中正之道也。陽性上，其志在以中正之道上行也。又上下之柔皆巽順於剛，其才如是，雖内柔可以小亨也巽順之道无往不能入故利有攸往巽順雖善道必知所從能巽順於陽剛中正之大人則爲利故利見大人也如五二之陽剛中正大人也巽順不於大人未必不爲過也

集說

胡氏瑗曰利見大有德之人以果斷而決白之然後所申之命令所行之事施之於人人莫有不順之者如風之及於物罔有不入者也○朱氏震曰剛巽乎中正則所施當乎人心是以志行乎上下柔皆順乎剛則物無違者大人者九五剛巽乎中正者也○李氏舜臣曰柔順乎剛剛巽乎中正者所以爲巽之體也若徒以一陰潛伏謂之爲巽而不究乎陰畫在二陽之下有順乎陽剛之象陽畫在二五之位有巽乎中正之德則巽之所以致亨者不可得而見矣利見大人者蓋指二五以陽剛之畫處中正之位而初四二陰出而順從之乃所以爲利也○項氏安世曰以卦體言之重巽以申命是小亨也以九五言之剛巽乎中正而志行是利有攸往也以初六六四言之柔皆順乎

剛是利見大人也彖辭與旅相類皆總陳卦義而用是以二字結之○趙氏汝楳曰卦本乾體一陰下生剛有巽之之象剛巽柔居二五中正之位柔既已生皆在二五之下有順乎剛之象○何氏楷曰成卦之主在初與四陰始生而陽巽之二五其最近者也剛巽乎中正則不暴急以忤物故命不下格而志可行初四各處卦下柔皆順剛無有違逆所以效命得申成小亨以下之義也

案卦義是陰在內而陽入之非陽在外而陰入之也陰在內而陽入之者將以制之也制之者將以齊之也剛以中正之德爲巽則能入而制之矣至於柔皆順剛則豈有不受其制而至於不齊者乎彖傳詞義甚明李氏項氏何氏說皆合經意

象曰。隨風巽。君子以申命行事。

本義 隨相繼之義

程傳 兩風相重隨風也隨相繼之義君子觀重巽相繼以順之象而以申命令行政事隨與重上下皆順也上順下而出之下順上而從之上下皆順重巽之義也命令政事順理則合民心而民順從矣

集說 荀氏爽曰巽爲號令兩巽相隨故申命也法教百端令行爲上故曰行事也○胡氏瑗曰巽之體上下皆巽如風之入物無所不至無所不順故曰隨風巽君子法此巽風之象以申其命行其事於天下無有不至而無有不順者也○郭氏雍曰君子之德風也有風之德而下無不從然後具重巽之義易姤於巽主教命猶詩之言風也故觀則省方觀民設教姤則施命誥四方皆主巽而言也○丘氏富國曰申命者所以致其戒於行事之先行事者所以踐其言於申命之後○俞氏琰曰既告戒之又丁寧之使人聽信其說然後見之行事則民之從之也亦如風之迅速也大抵命令之出務在必行不行則徒爲虛文耳

初六進退利武人之貞

本義 初以陰居下爲巽之主卑巽之過故爲進退不果之象若以武人之貞處之則有以濟其所不及而得所宜矣 程傳 六以陰柔居卑巽而不中處最下而承剛過於卑巽者也陰柔之人卑巽太過則志意恐畏而不安或進或退不知所從其所利在武人之貞若能用武人剛貞之志則爲宜也勉爲剛貞則无過卑恐畏之失矣 集說 王氏弼曰處令之初未能服令者也故進退也成命齊邪莫善武人故利武人之貞以整之 ○ 胡氏瑗曰初六以陰柔之質復在一卦之下是以有進退之疑利在武人之正勇於行事然後可獲其吉也 ○ 俞氏琰曰巽申命行事之卦也令出則務在必行豈宜或進或退初六卑巽而不中柔懦而不武故或進或退而不能自決也若以武人處之則貞固足以幹事矣故曰利武人之貞

象曰進退志疑也利武人之貞志治也

程傳進退不知所安者其志疑懼也利用武人之剛貞以立其志則其志治也治謂脩立也　集說趙氏汝楳曰治與疑對志疑而不決故進退靡定志治而不亂故決於行○黃氏淳耀曰兩可不決之謂疑一定不亂之謂治

九二巽在牀下用史巫紛若吉无咎

本義二以陽處陰而居下有不安之意然當巽之時不厭其卑而二又居中不至已甚故其占爲能過於巽而丁寧煩悉其辭以自道達則可以吉而无咎亦竭誠意以祭祀之吉占也程傳二居巽時以陽處陰而在下過於巽者也牀人之所安巽在牀下是過於巽過所安矣人之過於卑巽非恐怯則諂說皆非正也二

實剛中雖巽體而居柔爲過於巽非有邪心也恭巽之過雖非正禮可以遠恥辱絕怨咎亦吉道也史巫者通誠意於神明者也紛若多也苟至誠安於謙巽能使通其誠意者多則吉而无咎謂其誠足以動人也人不察其誠意則以過巽爲諂矣

集說　馮氏椅曰周官史掌卜筮巫掌祓禳卜筮所以占其吉凶祓禳所以除其烖害

案牀下者陰邪所伏也入於牀下則察之深矣於是既以史占而知之復以巫祓而去之雖有物祅神怪無能爲害矣紛若者以喻申命之頻煩而行事之纖悉也二與五皆所謂剛巽乎中正而志行者卦之主也故能盡中命行事之道如此

象曰紛若之吉得中也

程傳二以居柔在下，爲過巽之象，而能使通其誠意者衆多紛然，由得中也。陽居中，爲中實之象。中既誠實，則人自當信之。以誠意則非謟畏也，所以吉而无咎。集說郭氏雍曰：二有剛中之德，能行巽之道，是其所以无咎也。○何氏楷曰：申命行事，紛若而得中也。

九三，頻巽，吝。

本義過剛不中，居下之上，非能巽者，勉爲屢失，吝之道也。故其象占如此。程傳三以陽處剛，不得其中，又在下體之上，以剛亢之質而居巽順之時，非能巽者，勉而爲之，故屢失也。居巽之時，處下而上臨之以巽，又四以柔順相親，所乘者剛，而上復有重剛，雖欲不巽得乎？故頻失而頻巽，是可吝也。集說趙氏汝楳曰：頻巽者，既巽復巽，猶頻復也。

案巽者入也，然又曰德之制，若不能斷制，則其入之深者，徒足使弊益以滋，而奸無所畏，非惟無益，而又害之也。夫子曰再思可矣，言事貴斷也。九三上九皆過於中，則是蓄疑以敗謀，多思而少斷。然三未如上九之甚也，故但爲頻巽之象，而占曰吝。

象曰：頻巽之吝，志窮也。

程傳：三之才質，本非能巽，而上臨之以巽，承重剛而履剛，勢不得行其志，故頻失而頻巽，是其志窮困，可吝之甚也。

集說：蘇氏濬曰：九三之頻巽，非勉爲之而失，習爲之而過也。巽而頻焉，則振作之氣不足，其志亦窮而無所復之矣。○張氏振淵曰：志疑者，可以治救之，志窮則有吝而已。

六四：悔亡，田獲三品。

本義 陰柔无應。承乘皆剛。宜有悔也。而以陰居陰。處上之下。故得悔亡。而又爲卜田之吉占也。三品者。一爲乾豆。一爲賓客。一以充庖。

程傳 陰柔无援。而承乘皆剛。宜有悔也。而四以陰居陰。得巽之正。在上體之下。居上而能下也。居上之下。巽於上也。以巽臨下。巽於下也。善處如此。故得悔亡。所以得悔亡。以如田之獲三品也。田獲三品。及於上下也。田獵之獲。分三品。一爲乾豆。一供賓客與充庖。一頒徒御。四能巽於上下之陽。如田之獲三品。謂遍及上下也。四之地本有悔。以處之至善。故悔亡而復有功。天下之事。苟善處則悔或可以爲功也。

集說 王氏弼曰。雖以柔遇剛。而依尊履正。以斯行命。必能獲強暴。遠不仁者也。獲而有益。莫善三品。故曰悔亡。田獲三品。○王氏安石曰。田者。興事之大者也。三品。有功之盛者也。○郭氏雍曰。六四近君。志決於進。無初六之疑。則悔亡矣。是以有田獲三品之功也。六四至柔。不當有田獲之功。而此以順乎剛得之由是觀之則巽之爲道豈柔弱畏懦之謂哉○沈氏該曰田獲三品令行之效也田除害也獲得禽也行君之令而致之民將以興利除害也害去利獲令行而功著是以田獲三品也○胡氏炳文曰田武事也初利武人之貞四之田獲用武而有功者也

案以卦義論則初與四皆伏陰也陽所入而制之者也有以制之則柔順乎剛而在內者無陰慝矣以爻義論則初與四能順乎剛是皆有行事之責者蓋質雖柔而能以剛克則所謂柔而立者也初居重巽之下猶有進退之疑至四則居高當位上承九五視初又不同矣故在初利武人之貞四則載纘武功而田害悉去解獲三狐而此獲三品所獲者多不止於狐也

象曰田獲三品有功也

程傳巽於上下。如田之獲三品。而徧及上下。成巽之功也。集說孔氏穎達曰。有功者。田獵有獲。以喻行命有功也。

九五。貞吉。悔亡。无不利。无初有終。先庚三日。後庚三日。吉。

本義九五剛健中正。而居巽體。故有悔。以有貞而吉也。故得亡其悔而无不利。有悔。是无初也。亡之。是有終也。庚。更也。事之變也。先庚三日。丁也。後庚三日。癸也。丁所以丁寧於其變之前。癸所以揆度於其變之後。有所變更而得此占者。如是則吉也。程傳五居尊位。爲巽之主。命令之所出也。處得中正。盡巽之善。然巽者柔順之道。所利在貞。非五之不足。在巽當戒也。既貞則吉而悔亡。无所不利。貞。正中也。處巽出令。皆以中正爲吉柔巽而不貞則有悔安能无所不利也命令之出有所變更也无初始未善也有終更之始善也若已善則何用命也何用更也先庚三日後庚三日吉出命更改之道當如是也甲者事之端也庚者變更之始也十干戊己爲中過中則變故謂之庚事之改更當原始要終如先甲後甲之義如是則吉也解在蠱卦

集說

張氏浚曰巽孰爲貞先庚後庚巽之貞也先三日蓋愼始而圖其幾後三日蓋思終而考其成愼始思終權斯行矣庚有制變之義當以剛德爲主不然其弊將淪溺而入於蠱矣○郭氏雍曰愼乃出令君人之道也先後三日而申命之者愼之至也愼之至者令出惟行弗惟反故也命令之出有必可行之善而無不可行復反之失是以吉也上曰貞吉九五之貞吉也下曰吉蓋命令以是爲吉也庚卽命令也先庚謂申命後庚謂出令之後而行事也○胡氏炳文曰蠱者事之壞先甲後甲者飭之使復興起巽者事之權先庚後庚者行之使適變

通。○張氏清子曰。甲者十干之首。事之端也。故謂之終則有始。庚者十干之過中。事之當更者也。故謂之无初有終。況巽九五乃蠱六五之變。以造事言之。故取諸甲。以更事言之。故取諸庚。易於甲庚皆曰先後三日者。蓋聖人謹其始終之意也。○梁氏寅曰。五居尊位。乃命令之所自出也。巽之義爲入。入於理者深而見於行者決。巽之道然後爲盡矣。不然。優游牽制。其多思者乃其所以爲累者也。曷足貴乎。○鄭氏維嶽曰。九五一爻。正所謂剛巽乎中正而志行者。五居巽體。有蠱壞之病。故有悔。而以剛中正之道渙號更命。得其貞正。故吉悔亡而无不利。先三後三。即是申命行事。即是貞處。○吳氏曰愼曰。苟有所變。必丁寧揆度而後行事。則入於事理。順於人心。以得重巽之中。盡權宜之制。是以吉也。

象曰。九五之吉。位正中也。

程傳九五之吉以處正中也得正中之道則吉而其悔亡也正中謂不過无不及正得其中也處柔巽與出命令唯得中爲善失中則悔也 集說丘氏富國曰以九居五位乎中正此所以貞吉而爲中命之主也

上九巽在牀下喪其資斧貞凶

本義巽在牀下過於巽者也喪其資斧失所以斷也如是則雖貞亦凶矣居巽之極失其陽剛之德故其象占如此 程傳牀人所安也在牀下過所安之義也九居巽之極過於巽者也資所有也斧以斷也陽剛本有斷以過巽而失其剛斷失其所有喪資斧也居上而過巽至於自失在正道爲凶也 集說王氏弼曰處巽之極極巽過甚故曰巽在牀下也斧所以斷者也過巽失正喪所以斷故曰喪其資斧○胡氏瑗曰斧斤

也。善於斷割。處無位之地。無剛明之才。不能斷割以自決其事。故凶也。

案資斧古本作齊斧。爲是。蓋因承旅卦同音而誤也。說卦齊乎巽。齊斧者。所以齊物之斧也。

象曰。巽在牀下。上窮也。喪其資斧。正乎凶也。

本義 正乎凶。言必凶。 **程傳** 巽在牀下。過於巽也。處卦之上。巽至於窮極也。居上而過極於巽。至於自失。得爲正乎。乃凶道也。巽本善行。故疑之曰。得爲正乎。復斷之曰。乃凶也。

集說 楊氏啟新曰。巽在牀下。居巽之極也。天下事惟斷乃成。今焉喪其資斧。是失所以斷矣。無斷則敗可必。其凶也。

總論 蘇氏濬曰。巽者入也。然所謂入者。豈徒藉口於迂徐漸次之功。以濟其因循悠緩之習已耶。是故武人之貞。不可弛也。三品之獲。不可後也。史巫紛若。不以爲激也。先庚後庚。不以爲煩也。傳曰。巽以行權。

說卦傳　兌以說之　說言乎兌　兌正秋也萬物之所說也故曰說言乎兌　說萬物者莫說乎澤　兌說也　兌爲羊　兌爲口　兌三索而得女故謂之少女　兌爲澤爲少女爲巫爲口舌爲毀折爲附决其於地也爲剛鹵爲妾爲羊

☱ 兌下兌上

程傳　兌序卦巽者入也入而後說之故受之以兌兌者說也物相入則相說相說則相入兌所以次巽也

兌。亨。利貞。

本義　兌說也。一陰進乎二陽之上，喜之見乎外也。其象爲澤，取其說萬物，又取坎水而塞其下流之象。卦體剛中而柔外，剛中故說而亨，柔外故利於貞。蓋說有亨道，而其妄說不可以不戒，故其占如此。又柔外故爲說亨，剛中故利於貞，亦一義也。

程傳　兌說也。說致亨之道也。能說於物，物莫不說而與之，足以致亨。然爲說之道利於貞正。非道求說，則爲邪諂而有悔咎，故戒利貞也。

集說　焦氏竑曰：人有喜說，必見而在外。蓋陽假陰之和柔以爲用，喜說非由於陰也。故二陰一陽，則陽爲之主；二陽一陰，則陰非爲主，但爲陽之用耳。一陽蓋

兌之二陰亦爲成卦之主而不得爲主卦之主主卦之主則二五也故彖傳曰剛中而柔外說以利貞

序卦傳 兌入而後說之故受之以兌兌者說也

雜卦傳 兌見而巽伏也

案地有積濕春氣至則潤升於上人身有血陽氣盛則腴敷於色此兌為澤為說之義蓋說雖緣陰而所以用陰者陽也人有柔和之質而非以忠直之心行之則失正而入於邪矣故利貞

彖曰兌說也

本義釋卦名義 集說張氏雨若曰此釋名義類咸兌者無言之說以說解兌兌本為說特以其說不在言而稱兌耳

剛中而柔外說以利貞是以順乎天而應乎人說以先民民忘其勞說以犯難民忘其死說之大民勸矣哉

本義以卦體釋卦辭而極言之。程傳兌之義說也一陰居二陽之上陰說於陽而爲陽所說也陽剛居中中心誠實之象柔爻在外接物和柔之象故爲說而能貞也利貞說之道宜正也卦有剛中之德能貞者也說而能貞是以上順天理下應人心說道之至正至善者也若夫違道以干百姓之譽者苟說之道違道不順天干譽非應人苟取一時之說耳非君子之正道君子之道其說於民如天地之施感於其心而說服无斁故以之先民則民心說隨而忘其勞率之以犯難則民心說服於義而不恤其死說道之大民莫不知勸勸謂信之而勉力順從人君之道以人心說服爲本故聖人贊其大

集說王氏弼曰說而違剛則諂剛而違說則暴剛中而柔外所以說以利貞也剛中故利貞柔外故說亨○劉氏牧曰天之所助者順也人之所助者信也柔外爲順剛中爲信故得順乎天而應乎人○呂氏祖謙曰當適意時而說與處安平時而說皆未足爲難

惟當勞苦患難而說。始見眞說。聖人以此先之。故能使之任勞苦而不辭。赴患難而不畏也。

象曰。麗澤兌。君子以朋友講習。

本義　兩澤相麗。互相滋益。朋友講習。其象如此。程傳　麗澤。二澤相附麗也。兩澤相麗。交相浸潤。互有滋益之象。故君子觀其象。而以朋友講習。朋友講習。互相益也。先儒謂天下之可說。莫若朋友講習。朋友講習。固可說之大者。然當明相益之象。

集說　虞氏翻曰。學以聚之。問以辨之。兌兩口對。故朋友講習也。○孔氏穎達曰。同門曰朋。同志曰友。朋友聚居。講習道義。相說之盛。莫過於此也。○程子曰。天下之說不可極。惟朋友講習。雖過說無害。兌澤有相滋益處。○蘇氏軾曰。取其樂而不流者也。○朱氏震曰。講其所知。習其所行。○蔡氏淵曰。講兌象。習重兌象。○俞氏琰曰。講者講其所未明。講多則義理明矣。習者習其所未熟。習久則踐履熟矣。此朋友講習。所以爲有滋益。而如兩澤之相麗也。若獨學無友。則孤陋而寡聞。故論語以學之不講爲憂。以學而時習爲說。以有朋自遠方來爲樂。

初九。和兌。吉。

本義 以陽爻居說體而處最下。又无係應。故其象占如此。

程傳 初雖陽爻。居說體而在最下。无所係應。是能卑下和順以爲說。而无所偏私者也。以和爲說而无所偏私。說之正也。陽剛則不卑。居下則能巽。處說則能和。无應則不偏。處說如是。所以吉也。

集說 蔡氏淵曰。爻位皆剛。不比於柔。得說之正。和而不流者也。故吉。○吳氏澄曰。六畫唯初不比陰柔。說道之善。故曰和。○趙氏玉泉曰。陽剛則無邪媚之嫌。居下則無上求之念。無應又無私係之累。其說也不諂不瀆。中節而無乖戾。和兌之象。如是則說得其正矣。○來氏知德曰。和與中庸發而皆中節謂之和同。謂其所說者無乖戾之私，皆性情之正、道義之公也。

象曰：和兌之吉，行未疑也。

本義 居卦之初，其說也正，未有所疑也。 程傳 有求而和，則涉於邪諂。初隨時順處，心无所係，无所爲也，以和而已，是以吉也。象又以其處說在下而非中正，故云行未疑也。其行未有可疑，謂未見其有失也。若得中正，則无是言也。說以中正爲本，爻直陳其義，象則推而盡之。 集說 蔡氏淵曰：初未牽於陰，所行未有疑惑。若四比三，有商兌之疑矣。○徐氏幾曰：疑謂係於陰也。卦四陽，惟初與陰無係，故未疑。○鄭氏維嶽曰：以陽剛居兌初，又不與陰比，故信心信理而出行之於外者，未與心疑，使有繫應，便不能自決矣。

九二：孚兌，吉，悔亡。

本義剛中爲孚，居陰爲悔。占者以孚而說，則吉而悔亡矣。程傳二承比陰柔，陰柔小人也，說之則當有悔。二剛中之德，孚信內充，雖比小人，自守不失。君子和而不同，說而不失剛中，故吉而悔亡。非二之剛中，則有悔矣，以自守而亡也。集說王氏宗傳曰：六三陰柔而不正，所謂非道以說者也。而二比之，疑於有悔矣。然二以剛居中，誠實之德充足於內，故雖與三同體，而無失己之嫌，此其悔所以亡也。○龔氏煥曰：九二陽剛得中，當說之時，以孚信爲說者也。己以孚信爲說，人不得而妄說之，所以吉也。

象曰：孚兌之吉，信志也。

程傳心之所存爲志。二剛實居中，孚信存於中也。志存誠信，豈至說小人而自失乎？是以吉也。集說何氏楷曰：初去三遠，不特志可信，而行亦未涉於可疑。二去三近，行雖不免於可疑，而志則可信。

六三來兌凶。

本義 陰柔不中正。爲兌之主。上无所應。而反來就二陽以求說。凶之道也。程傳 六三陰柔不中正之人。說不以道者也。來兌。就之以求說也。比於在下之陽。枉己非道。就以求說。所以凶也。之內爲來。上下俱陽而獨之內者。以同體而陰性下也。失道下行也。集說 王氏宗傳曰。六三居兩兌之間。一兌既盡。一兌復來。故曰來兌。夫以不正之才。居兩兌之間。左右逢迎。惟以容說爲事。此小人之失正者。故於兌爲凶。

案三居內體。故曰來。然非來說於下二陽之謂也。爲說之主。志在於說。凡外物之可說者。皆感之而來也。

象曰。來兌之凶。位不當也。

程傳 自處不中正。无與而妄求說。所以凶也。集說 熊氏良輔曰。六三位不當居上下二兌之間。下

兌方終上兌又來說而又說不得其正者也上六曰引兌蓋與六三相表裏

九四商兌未寧介疾有喜

本義 四上承九五之中正而下比六三之柔邪故不能決而商度所說未能有定然質本陽剛故能介然守正而疾惡柔邪也如此則有喜矣象占如此爲戒深矣 程傳 四上承中正之五而下比柔邪之三雖剛陽而處非正三陰柔陽所說也故不能決而商度未寧謂擬議所從而未決未能有定也兩間謂之介分限也地之界則加田義乃同也故人有節守謂之介若介然守正而疾遠邪惡則有喜也從五正也說三邪也四近君之位若剛介守正疾遠邪惡將得君以行道福慶及物爲有喜也若四者得失未有定繫所從耳 集說 楊氏簡曰九剛四柔近比六三諛佞之小人心知其非而實樂其柔媚故商度所說去取交戰於胸中而未寧

聖人於是勉之曰介然疾惡小人則有喜

案易中疾字皆與喜對故曰无妄之疾勿藥有喜又曰損其疾使遄有喜以此爻例之則疾者謂疾病也喜者謂病去也四比於三故曰介疾言介於邪害之間也若安而溺焉則其爲鴆毒大矣惟能商度所說而不以可說者爲安則雖介疾而有喜矣論語曰君子易事而難說也說之不以道不說也其商兌之謂乎

象曰九四之喜有慶也

程傳所謂喜者若守正而君說之則得行其陽剛之道而福慶及物也

集說郭氏雍曰當兌之時處上下之際不妄從說知所擇者也介然自守故能全兌說之喜喜非獨一身而已終亦有及物之慶也

九五孚于剝有厲

本義剝謂陰能剝陽者也九五陽剛中正然當說之時而居尊位密近上六上六陰柔爲說之主處說之極能妄說以剝陽者也故其占但戒以信於上六則有危也

程傳九五得尊位而處中正盡說道之善矣而聖人復設有厲之戒蓋堯舜之盛未嘗無戒也戒所當戒而已雖聖賢在上天下未嘗無小人然不敢肆其惡也聖人亦說其能勉而革面也彼小人者未嘗不知聖賢之可說也如四凶處堯朝隱惡而順命是也聖人非不知其終惡也取其畏罪而強仁耳五若誠心信小人之假善爲實善而不知其包藏則危道也小人者備小人之不至則害於善聖人爲戒之意深矣剝者消陽之名陰消陽者也蓋指上六故孚于剝則危也以五在說之時而密比於上六故爲之戒雖舜之聖且畏巧言令色安得不戒也說之惑人易入而可懼也如此

集

王氏弼曰比於上六而與相得處尊正之位不說信說乎陽而說信乎陰孚于剝之義也剝之爲義小人道

長之謂○楊氏簡曰九五親信上六柔媚不正之小人故曰孚于剝剝之爲卦小人剝君子又剝喪其國家故謂小人爲剝信小人危厲之道也○胡氏炳文曰說之感人最爲可懼感之者將以剝之也况爲君者易說於所說故雖聖人且畏巧言令色况凡爲君子者乎○錢氏一本曰兌五說體與履五健體不同履五健恐其和之難危在夬兌五說不覺其入之易危在孚故皆有厲之象

案易中凡言厲者皆兼內外而言蓋事可危而吾危之也履五爻及此爻皆以剛中正居尊位而有厲辭夫子又皆以位正當釋之是其危也以剛中正故能危也履卦有危懼之義而九五居尊所謂履帝位而不疚者故能因夬履而常危兌有說義九五居尊又比上六故亦因孚于剝而心有危也此有厲與夬有厲正同皆以九五比近上六所謂其危乃光者也

象曰。孚于剝。位正當也。

本義與履九五同。程傳戒孚于剝者。以五所處之位正當戒也。密比陰柔。有相說之道。故戒在信之也。集說王氏申子曰。謂正當尊位。若孚上之柔說。則消剝於陽必矣。

上六。引兌。

本義上六成說之主。以陰居說之極。引下二陽相與爲說。而不能必其從也。故九五當戒。而此爻不言其吉凶。程傳他卦至極則變。兌爲說。極則愈說。上六成說之主。居說之極。說不知已者也。故說既極矣。又引而長之。然而不至悔咎何也。曰。方言其說不知已。未見其所說善惡也。又下乘九五之中正。无所施其邪說。六三則承乘皆非正。是以有凶。集說劉氏牧曰。執德不固。見誘則從。故稱引兌。○毛氏璞曰。所以爲兌者。

三與上也。三爲内卦。故曰來。上爲外卦。故曰引。案三與上。皆以陰柔爲說主。來兌者。物感我而來。孟子所謂蔽於物。樂記所謂感於物而動者也。引兌者。物引我而去。孟子所謂物交物則引之而已矣。樂記所謂物至而人化物者也。始於來。終於引。此人心動乎欲之淺深也。

象曰。上六引兌。未光也。

程傳 說既極矣。又引而長之。雖說之之心不已。而事理已過。實无所說。事之盛則有光輝。既極而强引之長。其无意味甚矣。豈有光也。未。非必之辭。象中多用。非必能有光輝。謂不能光也。

集說 楊氏啓新曰。來兌引兌。皆小人也。在君子則當來而勿受。引而勿去也。君子以道德相引。其道爲光明。引而爲說。則心術曖昧。

行事邪僻甚矣。豈得為光乎。

總論　龔氏煥曰。兌本以說之見乎外而得名。然六爻之義。皆不取說之徇乎外者。人之所說。苟能不徇乎外。則其見於外者斯得其正而吉矣。○蔣氏悌生曰。當說之時。剛則有節。柔則無度。故此卦初二及四五四爻皆以剛陽而得吉。三上二爻皆以陰柔而致凶。

䷺ 坎下巽上

程傳　渙序卦兌者說也。說而後散之。故受之以渙。說則舒散也。人之氣憂則結聚。說則舒散。故說有散義。渙所以繼兌也。為卦巽上坎下。風行於水上。水遇風則渙散。所以為渙也。

渙亨。王假有廟。利涉大川。利貞。

繫辭下傳
刳木為舟。剡木為楫。舟楫之利。以致不通。致遠以利天下。蓋取諸渙。
序卦傳

渙以九五為主。蓋收拾天下之散。非居尊不能

說而後散之故受之以渙渙者離也

雜卦傳渙離也

本義 渙散也。爲卦下坎上巽。風行水上。離披解散之象。故爲渙。其變則本自漸卦九來居二而得中。六往居三。得九之位而上同於四。故其占可亨。又以祖考之精神既散。故王者當至於廟以聚之。又以巽木坎水。舟楫之象。故利涉大川。其曰利貞。則占者之深戒也。

程傳 渙離散也。人之離散由乎中。人心離則散矣。治乎散亦本於中。能收拾人心。則散可聚也。故卦之義皆主於中。利貞合渙散之道在乎正固也。

案渙與萃對。假廟者。所以聚鬼神之既散也。涉川者。所以聚人力之不齊也。蓋盡誠以感格。則幽明無有不應。秦越而共舟。則心力無有不同。此二者。渙而求聚之大端也。然不以正行之。則必有瀆神犯難之事。故曰利貞。

也然九二居內以固其本六四承五以成其功亦卦義之所重故彖傳曰剛來而不窮柔得位乎外而上同

彖曰。渙亨。剛來而不窮。柔得位乎外而上同。

本義 以卦變釋卦辭。

程傳 渙之能亨者。以卦才如是也。渙之成渙由九來居二。六上居四也。剛陽之來則不窮極於下而處得其中柔之往則得正位於外而上同於五之中巽順於五乃上同也四五君臣之位當渙而比其義相通同五乃從中也當渙之時而守其中則不至於離散故能亨也

集說王氏弼曰二以剛來居內而不窮於險四以柔得位乎外而與上同內剛而無險困之難外順而無違逆之乘是以亨也○孔氏穎達曰此就九二剛德居險六四得位從上釋所以能釋險難而致亨通○馮氏椅曰以二四往來明卦義不窮上同明亨剛來不窮即需剛健不陷義不困窮之象○林氏希元曰柔得位乎外而上同是六四之柔得位乎外卦而上同九五四五同德斯足以濟渙矣故亨本義已定語錄雖謂未穩而未及更改

案剛來而不窮者固其本也柔得位乎外而上同者致其用也固本則保聚有其基致用則聯屬有其具

王假有廟王乃在中也

本義 中，謂廟中。程傳 王假有廟之義，在萃卦詳矣。天下離散之時，王者收合人心，至於有廟，乃是在其中也。在中，謂求得其中，攝其心之謂也。中者，心之象。剛來而不窮，柔得位而上同，卦才之義，皆主於中也。王者拯渙之道，在得其中而已。孟子曰：得其民有道，得其心，斯得民矣。亨帝立廟，民心所歸從也。歸人心之道，无大於此，故云至於有廟。拯渙之道，極於此也。

集說 何氏楷曰：王乃在中者，非在廟中之謂，王者之心，渾然在中，則不薦之孚，直有出於儀文之外者，宜其精神之與祖考相爲感格也。

利涉大川，乘木有功也。

程傳 治渙之道，當濟於險難，而卦有乘木濟川之象。上巽，木也；下坎，水，大川也。利涉險以濟渙也。木在水上，乘木之象。乘木所以涉川也。涉則有濟渙之功，卦有是義，有是象也。

集說 胡氏炳文曰：易以巽言利

涉大川者三。皆以木言。益曰木道乃行。中孚曰乘木舟虛。渙曰乘木有功也。十三卦舟楫之利。獨取諸渙。亦以此也。

案王乃在中。謂九五居中。便含至誠感格之意。乘木有功。謂木在水上。便含濟險有具之意。

象曰。風行水上。渙。先王以享于帝立廟。

本義 皆所以合其散。程傳 風行水上。有渙散之象。先王觀是象。救天下之渙散。至於享帝立廟也。收合人心。无如宗廟。祭祀之報。出於其心。故享帝立廟。人心之所歸也。係人心合離散之道。无大於此。集說 程子曰。萃渙皆享于帝立廟。因其精神之聚而形於此。爲其渙散。故立此以收之。○呂氏大臨曰。風行水上。波瀾必作。振蕩離散不寧之時。王者求以合其散。莫若反其本。享帝立廟。所以明天人之本也。

初六。用拯馬壯。吉。

本義 居卦之初。渙之始也。始渙而拯之。爲力既易。又有壯馬。其吉可知。初六非有濟渙之才。但能順乎九二。故其象占如此。 程傳 六居卦之初。渙之始也。始渙而拯之。又得馬壯。所以吉也。六爻獨初不云渙者。離散之勢。辨之宜早。方始而拯之。則不至於渙也。爲教深矣。馬。人之所託也。託於壯馬。故能拯渙。馬謂二也。二有剛中之才。初陰柔順。兩皆无應。无應則親比相求。初之柔順而託於剛中之才。以拯其渙。如得壯馬以致遠。必有濟矣。故吉也。渙拯於始。爲力則易。時之順也。 集說 王氏宗傳曰。居渙之初。當此之時。順此之勢而亟救之。則用拯之道得矣。故必馬壯而後吉。○胡氏炳文曰。五爻皆言渙。初獨不言者。救之尚早。可不至於渙也。

象曰。初六之吉。順也。

程傳　初之所以吉者。以其能順從剛中之才也。始渙而用拯。能順乎時也。集說　郭氏雍曰。初六難之始也。方難之始而拯之。無不濟矣。天下之事。辨之於早。則順而易舉。故傳曰初六之吉順也。

九二。渙奔其机。悔亡。

本義　九而居二。宜有悔也。然當渙之時。來而不窮。能亡其悔者也。故其象占如此。蓋九奔而二机也。程傳　諸爻皆云渙。謂渙之時也。在渙離之時。而處險中。其有悔可知。若能奔就所安。則得悔亡也。机者。俯憑以為安者也。俯。就下也。奔。急往也。二與初雖非正應。而當渙離之時。兩皆無與。以陰陽親比相求。則相賴者也。故二目初為机。初謂二為馬。二急就於初以為安。則能亡其悔矣。初雖坎體。而不在險中也。或疑初之柔微何足賴。蓋渙之時，合力爲勝。先儒皆以五爲机，非也。方渙離之時，二陽豈能同也？若能同，則成濟渙之功當大，豈止悔亡而已。机謂俯就也。

集說　郭氏雍曰：九二之剛，自外來而得中，得去危就安之義，故有奔其机之象。惟得中就安，故彖傳所以言不窮也。○朱子語類云：九二渙奔其机，以人事言之，是來就安處。

案：聚渙者先固其本，以剛中居內，固本之象也。机者，所以憑而坐也，有所憑依而安居，然後可以動而不窮矣。

彖曰：渙奔其机，得願也。

程傳　渙散之時，以合爲安。二居險中，急就於初，求安也。賴之如机，而亡其悔，乃得所願也。

集說　王氏宗傳曰：當渙之時，以陽剛來居二，二安靜之位也，故有奔其机之象。夫惟安靜，然後能一天下之動。五奠王居於上，而二奔其机於下，各得所安，此所以能合天下之渙也。

六三渙其躬无悔

本義 陰柔而不中正有私於己之象也然居得陽位志在濟時能散其私以得无悔故其占如此大率此上四爻皆因渙以濟渙者也

程傳 三在渙時獨有應與无渙散之悔也然以陰柔之質不中正之才上居无位之地豈能拯時之渙而及人也止於其身可以无悔而已上加渙字在渙之時躬无渙之悔也

集說 王氏申子曰自此以上四爻皆因渙以拯渙者謂渙其所當渙則不當渙者聚矣

案 易中六三應上九少有吉義惟當渙時則有應於上者忘身徇上之象也蹇之二曰王臣蹇蹇匪躬之故亦以當蹇難之時而與五相應此爻之義同之

象曰渙其躬志在外也

程傳志應於上，在外也。與上相應，故其身得免於渙而无悔。悔亡者，本有而得亡；无悔者，本无也。

集說黃氏淳耀曰：外，指天下言。惟躬之渙，所以能濟天下之渙；惟志在天下之渙，所以有躬之渙也。

六四，渙其羣，元吉。渙有丘，匪夷所思。

本義居陰得正，上承九五，當濟渙之任者也。下无應與，爲能散其朋黨之象。占者如是，則大善而吉。又言能散其小羣以成大羣，使所散者聚而若丘，則非常人思慮之所及也。

程傳渙四五二爻義相須，故通言之，彖故曰上同也。四巽順而正，居大臣之位；五剛中而正，居君位。君臣合力，剛柔相濟，以拯天下之渙者也。方渙散之時，用剛則不能使之懷附，用柔則不足爲之依歸。四以巽順之正道，輔剛中正之君，君臣同功，所以能濟渙也。天下渙散而能使之羣聚，可謂大善之吉也。渙有丘，匪夷所思，贊美之辭也。丘，聚之大也。方渙散而

能致其大聚其功甚大其事甚難其用至妙夷平常也非平常之見所能思及也非賢智孰能如是

集說

胡氏瑗曰天下之渙起於衆心乖離人自爲羣六四上承九五當濟渙之任而居陰得正下無私應是大臣秉大公之道使天下之黨盡散則天下之心不至於乖散而兼得以萃聚故得盡善元大之吉也○朱子語類云老蘇云渙之六四曰渙其羣元吉夫羣者聖人之所欲渙以混一天下者也此說雖程傳有所不及如程傳之說則是羣其渙非渙其羣也蓋當人心渙散之時各相朋黨不能混一惟六四能渙小人之私羣成天下之公道此所以元吉也○陳氏琛曰天下之所羣以渙者多由人心叛上而各締其私也私黨既散則公道大行而勢合於一如丘陵之高矣所謂散小羣以成大羣也然此必才識之高邁者乃能之非常人思慮所及也

案孔安國書序云丘聚也則丘字即訓聚渙有丘匪夷所思語氣蓋云常人徒知散之爲散不知散之爲聚也

散中有聚，豈常人思慮之所及乎。世有合羣黨以爲自固之術者，然徒以私相結，以勢相附耳，非眞聚也。及其散也，相背相傾，乃甚於不聚者矣。惟無私者公道足以服人，惟無邪者正理可以動衆，此所謂散中之聚，人臣體國者之所當知也。

象曰：渙其羣元吉，光大也。

程傳　稱元吉者，謂其功德光大也。元吉光大不在五而在四者，二爻之義通言也。於四言其施用，於五言其成功，君臣之分也。

集說　來氏知德曰：凡樹私黨者，皆心之暗昧狹小者也。惟無一豪之私，則光明正大，自能渙其羣矣，故曰光大也。

九五，渙汗其大號，渙王居，无咎。

本義 陽剛中正以居尊位當渙之時能散其號令與其居積則可以濟渙而无咎矣故其象占如此九五巽體有號令之象汗謂如汗之出而不反也渙王居如陸贄所謂散小儲而成大儲之意

程傳 五與四君臣合德以剛中正巽順之道治渙得其道矣惟其浹洽於人心則順從也當使號令洽於民心如人身之汗浹於四體則信服而從矣如是則可以濟天下之渙居王位爲稱而无咎大號大政令也謂新民之大命救渙之大政再云渙者上謂渙之時下謂處渙如是則无咎也在四已言元吉五惟言稱其位也渙之四五通言者渙以離散爲害拯之使合也非君臣同功合力其能濟乎爻義相須時之宜也

集說 胡氏瑗曰汗者膚腠之所出出則宣人之壅滯愈人之疾猶上有教令釋天下之難使天下各得其所者九五居至尊之位爲渙散天之主居得其正履得其中能出其號令布其德澤宣天下壅滯發天下堙鬱使天下之人皆信於上咸有所歸

所以居位而无悔咎○朱子語類云聖人就人身上說一汗字爲象不爲無意蓋人君之號令當出乎人君之中心由中而外由近而遠雖至幽至遠之處無不被而及之亦猶人身之汗出乎中而浹於四體也○俞氏琰曰散人之疾而使之汗者愈汗也散天下之難而使之愈者號令也王居謂王者所居之位○何氏楷曰王者以天下爲一身欲渙周身之汗其必有大號以與天下更始而後可凡大命令之下大政事之布大財用之發以散則爲和風以潤則爲甘雨如人之汗從心而液無不霑透則羣邪之鬱積盡渙而天下之險難亦庶乎可解矣

案凡易中號字皆當作平聲爲呼號之號在常人則是哀痛迫切寫情輸心也在王者則是至誠懇惻發號施令也渙王居渙字當一讀言其大號也如渙汗然足以通上下之壅塞回周身之元氣則雖當渙之時而以王

者居之必得无咎矣

象曰王居无咎正位也

程傳王居謂正位人君之尊位也能如五之爲則居尊位爲稱而无咎也集說熊氏良輔曰天下渙散之時須人君發號施令正位乎上使人心知所歸向而天下一矣故曰王居无咎而象曰正位也此與萃有位之義同本義以渙王居爲渙其居積然當渙散之時必有爲渙之主者所當從小象正位之說

上九渙其血去逖出无咎

本義上九以陽居渙極能出乎渙故其象占如此血謂傷害逖當作惕與小畜六四同言渙其血則去渙其惕則出也程傳渙之諸爻皆无係應亦渙離之象惟上應於三三居險陷之極上若下從於彼則不

能出於渙也。險有傷害畏懼之象，故云血惕。然九以陽剛處渙之外，有出渙之象，又居巽之極，爲能巽順於事理，故云若能使其血去，其惕出，則无咎也。其者，所有也。渙之時，以能合爲功，獨九居渙之極，有係而臨險，故以能出渙遠害爲善也。

集說

王氏弼曰：逖，遠也。最遠於害，不近侵克，散其憂傷，遠出者也。散患於遠害之地，誰將咎之哉。○朱氏震曰：逖，遠也。去逖出，一本作去惕出。然象曰遠害，當從逖矣。○王氏申子曰：以諸爻文法律之，渙其血句也，渙其所傷而免於難。○俞氏琰曰：當依爻傳作渙其血。上居渙終，去坎甚遠，而無傷害，故其象爲渙其血，其占曰无咎。○錢氏一本曰：去不復來，逖不復近，出不復入，其於坎血遠而又遠，何咎之有。

案：萃以聚爲義，故至卦終而猶齎咨涕洟以求萃者，天命之正，人心之安也。渙以離爲義，故至卦終而遂遠害離去以避咎者，亦樂天之智，安土之仁也。古之君子不潔身以亂倫，亦不濡首以蹈禍，各惟其時而已矣。

序卦傳
物不可以終離故

象曰渙其血遠害也

程傳 若如象文爲渙其血乃與屯其膏同也義則不然蓋血字下脫去字血去惕出謂能遠害則无咎也

集說 項氏安世曰上九爻辭血與出韻叶皆三字成句不以血連去字也小畜之血去惕出與此不同此血已散不假更去又惕與逖文義自殊據小象言遠害也則逖義甚明不容作惕矣卦中惟上九一爻去險最遠故其辭如此○又曰散其汗以去滯鬱散其血以遠傷害○陳氏友文曰坎爲血卦逖遠也小象遠害正是以遠釋逖字上雖與三應然超處渙上故渙散其血捨之遠去去坎險之害而得无咎也

䷻ 兌下坎上

程傳 節序卦渙者離也物不可以終離故受之以節物既離散則當節止之節所以次渙也爲卦澤上有

節亦以
九五爲

受之以節
雜卦傳
節止也

水澤之容有限澤上置水滿則不容為有節之象故為節

節亨苦節不可貞

本義 節有限而止也為卦下兌上坎澤上有水其容有限故為節節固自有亨道矣又其體陰陽各半而二五皆陽故其占得亨然至於太甚則苦矣故又戒以不可守以為貞也 程傳 事既有節則能致亨通故節有亨義節貴適中過則苦矣節至於苦豈能常也不可固守以為常不可貞也 集說 孔氏穎達曰節者制度之名節止之義制事有節其道乃亨故曰節亨節須得中為節過苦傷於刻薄物所不堪不可復正故曰苦節不可貞也○薛氏溫其曰節以禮其道乃亨過苦傷陋不可以為正也

彖曰節亨剛柔分而剛得中

主蓋立制度以節天下亦惟居尊有德者能之故彖傳曰當位以節中正以通

本義以卦體釋卦辭。程傳節之道自有亨義。事有節則能亨也。又卦之才剛柔分處。剛得中而不過。亦所以為節。所以能亨也。集說趙氏玉泉曰。統觀全體。而剛柔適均。則剛以濟柔。柔以濟剛。一張一弛。惟其稱也。析觀二體。而二五得中。則不失之過。不失之不及。一損一益。惟其宜也。由是以制數度而隆殺皆中。以議德行而進反皆中。此節之所以亨也。

苦節不可貞。其道窮也。

本義又以理言。程傳節至於極而苦。則不可堅固常守。其道已窮極也。集說孔氏穎達曰。若以苦節為正。則其道困窮。○吳氏應回曰。中節則和。否則不和。稼穡作甘。以得中央之土也。火炎上則苦。亦以焦枯之極也。剛得中而能節。乃為九五之甘。柔失中而過節。則為上六之苦。故物得中則甘。失中則苦。○俞氏琰曰凡物過節則苦味之過正形之過勞心之過思皆謂之苦節而苦則非通行之道故曰其道窮也○黄氏淳耀曰合於中即甘即亨失其中即苦即窮苦與甘反窮與亨反

說以行險當位以節中正以通

本義又以卦德卦體言之當位中正指五又坎為通程傳以卦才言也內兌外坎說以行險也人於所說則不知已遇艱險則思止方說而止為節之義當位以節五居尊當位也在澤上有節也當位而以節主節者也處得中正節而能通也中正則通過則苦矣集說孔氏穎達曰更就二體及四五當位重釋行節得亨之義以明苦節之窮也○林氏希元曰九五陽剛居尊當位以主節於上而所節者得其中正是可以通行於天下

案説以行險先儒説義未明蓋節有阻塞難行之象所謂險也而其所以亨者則以其有安適之善而無拘迫之苦所謂説也當位以位言中正以德言當位則有節天下之權中正則能通天下之志此三句當依孔氏爲總申彖辭之義説則不苦而通則不窮矣蓋上文既以全卦之善言之此又專主九五及卦德以中之正與漸卦同例

天地節而四時成節以制度不傷財不害民

本義極言節道 程傳推言節之道天地有節故能成四時无節則失序也聖人立制度以爲節故能不傷財害民人欲之无窮也苟非節以制度則侈肆至於傷財害民矣 集説孔氏穎達曰天地以氣序爲節使寒暑往來各以其序則四時功成也王者以制度爲節使用之有道役之有時則不傷財不害民也○

吳氏曰愼曰革曰天地革而四時成此曰天地節而四時成限止之謂節改易之謂革節淺而革深節先而革後四時舉其大者言之天地之化刻刻相節時時相革

象曰澤上有水節君子以制數度議德行

程傳澤之容水有限過則盈溢是有節故爲節也君子觀節之象以制立數度凡物之大小輕重高下文質皆有數度所以爲節也數多寡度法制議德行者存諸中爲德發於外爲行人之德行當議則中節議謂商度求中節也

集說侯氏行果曰澤上有水以隄防爲節○張氏浚曰數度之制因乎人德行之議自於已記曰君子議道自已而置法以民一蓋已之所不能行與其所不可行而強於人誰其從之一言盡節之道中而已中必自身始也○朱氏震曰澤之容水固有限量虛則納之滿則泄之水以澤爲節也○郭氏雍曰澤无

繫辭下傳
不出戶庭无咎子曰亂之所生也則言語以爲階君不密則失臣臣不密則失身幾事不密

水則爲不足澤上有水則爲有餘不足則爲困有餘則當節理之常也在人之節則制數度所以節於外議德行所以節於內也爲國爲家至於一身其內外制節皆一也

附錄 孔氏穎達曰數度謂尊卑禮命之多少德行謂人才堪任之優劣君子象節以制其禮數等差皆使有度議人之德行任用皆使得宜

案議德行諸儒皆謂一身之德行獨孔氏謂在人之德行於議字尤切且得愛爵祿慎名器之意

初九不出戶庭无咎

本義 戶庭戶外之庭也陽剛得正居節之初未可以行能節而止者也故其象占如此

程傳 戶庭戶外之庭門庭門內之庭初以陽在下上復有應非能節者也又當節之初故戒之謹守至於不出戶庭則无咎也初能固守終或渝之不謹於初安能有卒故於節之初爲戒甚嚴也

集說 王氏申子曰陽剛在下居

則害成是以君子
愼密而不出也

得其正。當節之初。知其時未可行。故謹言謹行。至於不出戶外之庭。是知節而能止者。故无咎。○徐氏在漢曰。坎變下一畫爲兌。象止坎下流。戶以節人之出入。澤以節水之出入。初不出戶庭。以極其愼密。爲不出此其所以无咎。

象曰。不出戶庭。知通塞也。

程傳。爻辭於節之初。戒之謹守。故云不出戶庭則无咎也。象恐人之泥於言也。故復明之云。雖當謹守。不出戶庭。又必知時之通塞也。通則行。塞則止。義當出則出矣。尾生之信。水至不去。不知通塞也。故君子貞而不諒。繫辭所解。獨以言者。在人所節。唯言與行。節於言則行可知。言當在先也。

集說 王氏申子曰。時有通塞。通則行。塞則止。當止即止。其知通塞之君子乎。繫辭專以愼密言語說之。兌體故也。○吳氏曰。愼。曰節。兼通

塞言猶艮之兼行止言也初九不出戶庭知塞也而兼言知通者見其非一於止者也二失時極則但知塞而不知通矣

九二不出門庭凶

本義門庭門內之庭也九二當可行之時而失剛不正上无應與知節而不知通故其象占如此 程傳二雖剛中之質然處陰居說而承柔處陰不正也居說失剛也承柔近邪也節之道當以剛中正二失其剛中之德與九五剛中正異矣不出門庭不之於外也謂不從於五也二五非陰陽正應故不相從若以剛中之道相合則可以成節之功惟其失德失時是以凶也不合於五乃不正之節也以剛中正爲節如懲忿窒慾損過益有餘是也不正之節如嗇節於用懦節於行是也 集說 朱子語類云戶庭是初爻之象門庭是第

二爻之象○錢氏志立曰澤所以鍾水也水始至則增其防以瀦之初九是也水漸盛則啟其竇以洩之九二是也二與初同道則失其節矣

案節卦六爻皆以澤水二體取義澤者止水者行節雖以止爲義然必可以通行而不窮乃爲節之亨也初二兩爻一在澤底一在澤中在澤底者水之方瀦不出宜也在澤中則當有蓄洩之道不可閉塞而不出也兌本坎體中爻其主也有坎之德可以流行而變兌則爲下流之塞二適當之故六爻之失時未有如二者也時應塞而塞則爲愼密不出雖足不窺戶可也時不應塞而塞則爲絕物自廢所謂出門同人者安在哉

象曰不出門庭凶失時極也

程傳不能上從九五剛中正之道成節之功乃係於私暱之陰柔是失時之至極所以凶也失時失其所

宜也。集說蘇氏軾曰水之始至澤當塞而不當通既至當通而不當塞故初九以不出戶庭爲无咎言當塞也九二以不出門庭爲凶言當通也至是而不通則失時而至於極○郭氏雍曰初爲不當有事之地而二以剛中居有爲之位其道不可同也故初以不出戶庭爲知塞而二以不出門庭爲不知通知塞故无咎不知通則有失時之凶矣

六三不節若則嗟若无咎

本義陰柔而不中正以當節時非能節者故其象占如此程傳六三不中正乘剛而臨險固宜有咎然柔順而和說若能自節而順於義則可以无過不然則凶咎必至可傷嗟也故不節若則嗟若已所自致无所歸咎也集說張子曰處非其位失節也然能嗟其不節則亦无咎矣○又曰王弼於此无咎又別立一

例只舊例亦可推行但能嗟其不節有補過之心則亦无咎也○李氏彥章曰臨之六三失臨之道而既憂之節之六三失節之道而嗟若皆得无咎易之補過爲善者也○鄭氏汝諧曰進乘二陽處澤之溢過乎中而不節者三也知其不節而能傷嗟以自悔其誰咎之哉下體之極極則當變故發此義○豐氏寅初曰處兌之極水溢澤上說於驕侈不知謹節以致窮困然其心痛悔形於悲歎能悔則有改過之幾是猶可以无咎也

象曰不節之嗟又誰咎也

本義 此无咎與諸爻異言无所歸咎也

程傳 節則可以免過而不能自節以致可嗟將誰咎乎

集說 沈氏一貫曰王介甫程沙隨謂能嗟怨自治亦无咎嗟與戚嗟若之嗟同又誰咎與出門同人之象同○何氏楷曰諸卦爻辭言无咎者九十有九多補過之辭解三爻傳又誰咎語雖與此同然爻辭未嘗有无

咎

字。

六四安節，亨。

本義柔順得正，上承九五，自然有節者也，故其象占如此。程傳四順承九五剛中正之道，是以中正爲節也。以陰居陰，安於正也；當位，爲有節之象。下應於初，四坎體水也，水上溢爲无節，就下有節也。如四之義，非強節之，安於節者也，故能致亨。節以安爲善，強守而不安，則不能常，豈能亨也。集說俞氏琰曰：六三失位而處兌澤之極，是乃溢而不節；六四當位而順承九五之君，故爲安節。

案：六四以柔正承五，故曰安節。安與勉對，蓋凡其制節謹度，皆循乎成法而安行，非勉強以爲節者也。於象居坎之下，水之下流也，柔正爲水流平地，安瀾之象。

象曰：安節之亨，承上道也。

程傳：四能安節之義，非一，象獨舉其重者。上承九五剛中正之道以爲節，足以亨矣。餘善亦不出於中正也。

集説：錢氏一本曰：中正之通在五，四以近承，不以徒止爲功，更以通行爲道，故曰承上道也。

案：節曰亨，爲九五中正以通也，而亨於四言之者，五者水之源也，四者水之流也。水之通在流，承上之源而布之者也。

九五，甘節，吉，往有尚。

本義：所謂當位以節，中正以通者也，故其象占如此。程傳：九五剛中正，居尊位，以節中正以通者也。在已則安行，天下則説從，節之主，所謂當位之甘美者也。其吉可知，以此而行，其功大矣，故往則有可嘉尚也。集說王氏弼曰：當位居中，爲節之主，不失其中，不傷財，不害民之謂也。爲節而不苦，非甘而何？術斯以往，往有尚也。○朱子語類云：甘便對那苦，甘節與禮之用和爲貴相似。○趙氏汝楳曰：鹹苦酸辛，味之偏；甘，味之中也。甘受和，和者節味之偏而適其中。行之以甘，人不吾病，而事以成，節之吉也。

案：水之止者苦，積澤爲鹵是也；其流者甘，山下出泉是也。五爲坎主，水之源也；在井爲洌，取其不泥也；在節爲甘，取其不苦也。

象曰：甘節之吉，居位中也。

程傳既居尊位，又得中道，所以吉而有功。節以中爲貴，得中則正矣，正不能盡中也。集說俞氏琰曰：節貴乎中，當節而不節，則六三有不節之嗟；過於節，則上六有苦節之凶。惟九五甘節而吉者，蓋居位之中，當

位以節無過無不及也

上六苦節貞凶悔亡

本義 居節之極故爲苦節既處過極故雖得正而不免於凶然禮奢寧儉故雖有悔而終得亡之也 程傳 上六居節之極節之苦者也居儉之極亦爲苦義固守則凶悔則凶亡悔損過從中之謂也節之悔亡與他卦之悔亡辭同而義異也

集說 干氏寶曰彖稱苦節不可貞在此文也故曰貞凶○孔氏穎達曰上六處節之極過節之中節不能甘以至於苦故曰苦節也若以苦節施人則是正道之凶若以苦節脩身則儉約無妄可得亡悔○呂氏大臨曰上六居節之極其節已甚苦節者也用過乎節物所不堪守是不變物窮必乖故曰貞凶禮奢寧儉未害乎義故曰悔亡○胡氏炳文曰五位中故爲甘上位極故爲苦彖曰節亨○五以之

曰苦節不可貞上以之○來氏知德曰無甘節之吉故貞凶無不節之嗟故悔亡

象曰苦節貞凶其道窮也

程傳 節既苦而貞固守之則凶蓋節之道至於窮極矣 集說 吳氏曰愼曰爻言苦節貞凶彖言苦節不可貞惟其貞凶是以不可貞也故彖象傳皆以其道窮也釋之

總論 丘氏富國曰彖傳當位以節故節之六爻以當位爲善不當位爲不善若以兩爻相比者觀之則又各相比而相反初與二比初不出戶庭則无咎二不出門庭則凶二反乎初者也三與四比四柔得正則爲安節三柔不正則爲不節三反乎四者也四與五比五得中則爲節之甘上過中則爲節之苦上反乎五者也○陸氏振奇曰觀下卦通塞二字上卦甘苦二字可以知節道矣通處味甘塞處味苦塞極必潰故三受焉甘失

序卦傳
節而信之故受之
以中孚
雜卦傳
中孚信也

反苦故上受焉

案下卦爲澤爲止故初二皆曰不出三則澤之止而溢也上卦爲水爲流故四曰安而五曰甘上則水之流而竭也通塞甘苦皆從澤水取義陸氏之說得之矣

䷼ 兌下巽上

程傳中孚序卦節而信之故受之以中孚節者爲之制節使不得過越也信而後能行上能信守之下則信從之節而信之也中孚所以次節也爲卦澤上有風風行澤上而感於水中爲中孚之象感謂感而動也內外皆實而中虛爲中孚之象又二五皆陽中實亦爲孚義在二體則中實在全體則中虛中虛信之本中實信之質

中孚豚魚吉利涉大川利貞

本義 孚信也爲卦二陰在内四陽在外而二五之陽皆得其中以一卦言之爲中虚以二體言之爲中實皆孚信之象也又下説以應上上巽以順下亦爲孚義豚魚无知之物又木在澤上外實内虛皆舟楫之象至信可感豚魚涉險難而不可以失其貞故占者能致豚魚之應則吉而利涉大川又必利於貞也

程傳 豚躁魚冥物之難感者也孚信能感於豚魚則无不至矣所以吉也忠信可以蹈水火況涉川乎守信之道在乎堅正故利於貞也

集說 孔氏穎達曰信發於中謂之中孚魚者蟲之幽隱豚者獸之微賤內有誠信則雖微隱之物信皆及矣既有誠信光被萬物以斯涉難何往不通故曰利涉大川信而不正凶邪之道故利在貞也○蘇氏軾曰中孚信也而謂之中孚者如羽蟲之孚有諸中而後能化也内無陽不生故必剛得中然後

中實則九二九五主卦之主也至於孚乃化邦乃居尊者之事故卦之主在五

中孚之成卦以中虛則六三六四成卦之主也然孚之取義以

爲中孚也○朱子語類問中孚孚字與信字恐亦有別曰伊川云存於中爲孚見於事爲信說得極好因舉字說孚字從爪從子如鳥抱子之象今之乳字一邊從孚蓋中所抱者實有物也中間實有物所以人自信之○問中虛信之本中實信之質如何曰只看虛實字便見本質之異中虛是無事時虛而無物故曰中虛自中虛中發出來皆是實理所以曰中實○又云一念之間中無私主便謂之虛事皆不妄便謂之實不是兩件事○胡氏炳文曰豚魚至愚無知惟信足以感之大川至險不測惟信足以濟之然信而或失其正則如盜賊相羣男女相私士夫死黨小人出肺肝相示而遂背之其爲孚也人爲之僞非天理之正故又戒以利貞○蔡氏淸曰豚魚吉承中孚云也中孚便有以孚於物矣不然乃爲豚魚之吉而不爲中孚者之吉矣豚魚是承中孚故彖傳曰豚魚吉信及豚魚也○吳氏曰愼曰中孚豚魚吉卦辭連卦名爲義猶同人于野履虎尾艮其背之例

言人中心能孚信於豚魚則無所不感矣故吉也

彖曰。中孚。柔在內而剛得中。說而巽。孚乃化邦也。

本義以卦體卦德釋卦名義。**程傳**二柔在內中虛爲誠之象二剛得上下體之中中實爲孚之象。卦所以爲中孚也說而巽以二體言卦之用也上巽下說爲上至誠以順巽於下下有孚以說從其上如是其孚乃能化於邦國也若人不說從或違拂事理豈能化天下乎。**集說**張子曰孚者覆乳之象也夫覆乳者必剛外而柔內雖柔內非陽則不生故剛得中而爲孚也。○王氏宗傳曰以成卦觀之在二體則爲中實在全體則爲中虛蓋中不虛則有所累有所累害於信者也中不實則無所主無所主則又失其信矣故曰中孚。

案柔在內而剛得中。其義甚精非柔在內則中不虛矣非剛得中則中又不實矣地至虛也然惟陰中有陽故受天氣而生物月至虛也然惟水陰根陽故受日光而發照物之雌牝受陽精而胎化者亦然此卦之名所以取於乳卵者此也老子亦曰髣兮髴其中有物窈兮冥其中有精真精之中其中有信蓋見及此也○又案无妄天德也天德實實則虛矣故曰无妄言其虛也中孚地德也地德虛虛則實矣故曰中孚言其實也惟无妄之主於虛也故六爻之義皆貴乎無謀望作爲之私反是則有妄矣惟中孚之主於實也故六爻之義皆貴乎有誠心實德之積反是則非孚矣二卦之義實相表裏

豚魚吉信及豚魚也利涉大川乘木舟虛也

本義　以卦象言信能及於豚魚信道至矣所以吉也以

程傳　中孚涉險難其利如乘木濟川而以虛

舟也舟虛則无沉覆之患卦虛中爲虛舟之象集說王氏弼曰用中孚以涉難若乘木舟虛也○鄭氏湘卿曰仁及草木言草木難仁也誠動金石言金石難誠也信及豚魚言豚魚難信也○蔡氏淸曰木在澤上旣爲乘木之象外實內虛又爲舟虛之象○吳氏曰愼曰豚魚吉蓋信及豚魚者之吉非豚魚吉也故在卦辭不可以豚魚吉三字爲句當以中孚豚魚爲讀彖傳信及豚魚卽中孚豚魚也

中孚以利貞乃應乎天也

本義信而正則應乎天矣程傳中孚而貞則應乎天矣天之道孚貞而已集說蘇氏軾曰天道不容僞

象曰澤上有風中孚君子以議獄緩死

本義 風感水受中孚之象議獄緩死中孚之意 程傳 澤上有風感於澤中水體虛故風能入之人心虛故物能感之風之動乎澤猶物之感於中故爲中孚之象君子觀其象以議獄與緩死君子之於議獄盡其忠而已於決死極於惻而已故誠意常求於緩緩寬也於天下之事无所不盡其忠而議獄緩死最其大者也

集說 楊氏萬里曰風無形而能鼓幽潛誠無象而能感人物中孚之感莫大於好生不殺議獄者求其入中之出緩死者求其死中又緩之生也○項氏安世曰獄之將決則議之其既決則又緩之然後盡於人心王聽之司寇聽之三公聽之議獄也旬而職聽二旬而職聽三月而上之緩死也故獄成而孚輸而孚在我者盡故其在人者無憾也○徐氏幾曰象言刑獄五卦噬嗑豐以其有離之明震之威也賁次噬嗑旅次豐離明不易震皆反爲艮矣蓋明貴無時不然威則有時當止至於中孚則全體似離互體有震艮而又兌以議之巽以緩之聖

人。即象垂教。其忠厚惻怛之意。見於謹刑如此。案風之入物也。不獨平地草木為之披拂。巖谷竅穴為之吹吁。即積水重陰之下。亦因之而凍解冰釋焉。此所以為至誠無所不入之象也。民之有獄。猶地之有重陰也。王者體察天下之情隱。至於議獄緩死。然後其至誠無所不入矣。

初九。虞吉。有他不燕。

本義　當中孚之初。上應六四。能度其可信而信之。則吉。復有他焉。則失其所以度之之正。而不得其所安矣。戒占者之辭也。

程傳　九當中孚之初。故戒在審其所信。虞。度也。度其可信而後從也。雖有至信。若不得其所。則有悔咎。故虞度而後信則吉也。既得所信。則當誠一。若有他則不得其燕安矣。燕。安裕也。有他。志不

定也人志不定則惑而不安初與四爲正應四巽體而居正无不善也爻以謀始之義大故不取相應之義若用應則非虞也

集說　荀氏爽曰虞安也初應於四宜自安虞無意於四則吉故曰虞吉也有意於四則不安故曰有他不燕也

○項氏安世曰中孚六爻皆不取外應孚在其中無待於外也初九安處於下不假他求何吉如之苟變其志動而求孚於四則失其安也

案荀氏項氏說於易例卦義皆合蓋易例初九應六四義無所取如屯之磐桓賁之賁趾皆不取應四爲義頤之朶頤則反以應四爲累惟損益之初則適當益上報上之卦時義不同也此卦之義主於中有實德不願乎外故六爻無應者吉有應者凶初之虞吉者謂其有以自守自安也禮有虞祭亦安之義也燕亦安也虞則燕不虞則不燕矣有他不燕正與大過九四有他吝同九四下應初六爲有他初九上應六四亦爲有他也

繫辭上傳
鳴鶴在陰其子和
之我有好爵吾與
爾靡之子曰君子

象曰初九虞吉志未變也。

程傳當信之始志未有所存而虞度所信則得其正是以吉也蓋其志未有變動志有所從則是變動虞之不得其正矣在初言求所信之道也

案志未變言其實心不失也志變則有他矣

九二鳴鶴在陰其子和之我有好爵吾與爾靡之。

本義九二中孚之實而九五亦以中孚之實應之故有鶴鳴子和我爵爾靡之象鶴在陰謂九居二好爵謂得中靡與縻同言懿德人之所好故好爵雖我之所獨有而彼亦繫戀之也。程傳二剛實於中孚之至

居其室出其言善則千里之外應之况其邇者乎居其室出其言不善則千里之外違之况其邇者乎言出乎身加乎民行發乎邇見乎遠言行君子之樞機樞機之發榮辱之主也言行君子之所以動天地也可不愼乎

者也孚至則能感通鶴鳴於幽隱之處不聞也而其子相應和中心之願相通也好爵我有而彼亦係慕說好爵之意同也有孚於中物无不應誠同故也至誠无遠近幽深之閒故繫辭云善則千里之外應之不善則千里違之言誠通也至誠感通之理知道者爲能識之

集說

孔氏穎達曰九二體剛處於卦內又在三四重陰之下而履不失中是不徇於外自任其眞者也處於幽昧而行不失信則聲聞於外爲同類之所應焉如鶴之鳴於幽遠則爲其子所和也靡散也不私權利惟德是與若我有好爵願與爾賢者分散而共之故曰我有好爵吾與爾靡之○王氏安石曰君子之言行至誠而善則雖在幽遠爲己類者亦以至誠從而應之中孚之至也○蘇氏軾曰中孚必正而一靜而久而初九六四六三上九有應而相求皆非所謂正而一靜而久者也惟九二端慤無求而物自應焉○張氏浚曰二處二陰下爲在陰其子和之謂初○鄭氏汝諧曰二獨無應若

未信於人而爻之最吉莫二若也。自耀者其實喪，自晦者其德章。無心於感物而物無不感者，至誠之道也。二以剛履柔，其居得中，且伏於二陰之下，蓋靜晦而無求者。無求而物自應，故鶴鳴在陰而其子和之者，感以天也。

案易例凡言子言童者，皆初之象，故張氏以其子和之爲初者近是。好爵謂旨酒也。靡謂醉也。九二有剛中之實德，無應於上，而初與之同德，故有鶴鳴子和好爵爾靡之象。言父子，明不出戶庭也。言爾我，明不踰同類也。詩云鶴鳴于九皋，聲聞于天，則居爽塏之地而聲及遠矣。處於陰而子和，則不求遠聞可知。又曰我有旨酒，嘉賓式燕以衎，則同樂者衆矣。吾與爾靡，則惟二人同心而已。君子之實德實行，不務於遠而脩於邇，故繫辭傳兩言況其邇者乎，然後推廣而極言之。

象曰其子和之中心願也。

程傳中心願謂誠意所願也故通而相應集說朱氏震曰荀子所謂同焉者合類焉者應也○程氏敬承曰鶴之鳴由中而發子之和亦根心而應故曰中心願願出於中乃孚之至也

六三得敵或鼓或罷或泣或歌。

本義敵謂上九信之窮者六三陰柔不中正以居說極而與之爲應故不能自主而其象如此程傳敵對敵也謂所交孚者正應上九是也三四皆以虛中爲成孚之主然所處則異四得位居正故亡匹以從上三不中失正故得敵以累志以柔說之質既有所係惟所信是從或鼓張或罷廢或悲泣或歌樂動息憂樂皆繫乎所信也惟係所信故未知吉凶然非明達君子之所爲也集說劉氏牧曰人惟信不足故言行之間

變動不常如此。李氏簡曰六三之得敵以其有私係之心也案諸爻獨三上有應有應者動於外也非中孚也人心動於外則憂樂皆係於物鼓罷泣歌喻其不能坦然自安蓋初九虞燕之反也

象曰或鼓或罷位不當也

程傳居不當位故无所主唯所信是從所處得正則所信有方矣 集說俞氏琰曰六三居不當位心無所主故或鼓或罷而不定若初九則不如是也

六四月幾望馬匹亡无咎

本義六四居陰得正位近於君爲月幾望之象馬匹謂初與己爲匹四乃絶之而上以信於五故爲馬匹

亡之象占者如是則无咎也

程傳四爲成孚之主居近君之位處得其正而上信之至當孚之任者也如月之幾望盛之至也已望則敵矣臣而敵君禍敗必至故以幾望爲至盛馬匹亡四與初爲正應匹也古者駕車用四馬不能備純色則兩服兩驂各一色又小大必相稱故兩馬爲匹謂對也馬者行物也初上應四而四亦進從五皆上行故以馬爲象孚道在一四既從五若復下係於初則不一而害於孚爲有咎矣故馬匹亡則无咎也上從五而不繫於初是亡其匹也係初則不進不能成孚之功也

集說郭氏雍曰匹亦敵之類也得敵匹亡其道相反也彖傳言柔在內而爻則其道相反蓋卦爻取義有不得而同者也

案易中六四應初九而義有取焉者皆上不遇九五者也如六四遇九五則以從上爲義而應非所論易例皆然而此爻尤明蓋孚不容於有二況居大臣之位者乎月幾望者陰受陽光承五之象也馬匹亡者無有私羣

遠初之象也。自坤卦牝馬以得主爲義，而其下曰東北喪朋，東北者近君之位也。中孚之四當之矣。

象曰：馬匹亡，絶類上也。

程傳絶其類而上從五也。類謂應也。集說胡氏炳文曰：坤以喪朋爲有慶，中孚之四以絶類爲无咎。

○趙氏玉泉曰：馬匹亡者，四有柔正之德，故能絶初之黨類，而上以信於五也。

案三與四，皆卦所謂中虛者也。其居內以成中虛之象同，其得應而有匹敵者亦同。然三心繫於敵，而四志絶乎匹者，三不正而四正也。又六四承九五者多吉，六三應上九者多凶，易例如此。

九五：有孚攣如，无咎。

本義九五剛健中正，中孚之實，而居尊位，爲孚之主者也。下應九二，與之同德，故其象占如此。程傳五居君位，人君之道，當以至誠感通天下，使天下之心信之，固結如拘攣然，則爲无咎也。人君之孚，不能使天下固結如是，則億兆之心安能保其不離乎。

集說

王氏弼曰：處中誠以相交之時，居尊位以爲羣物之主，信何可舍，故有孚攣如，乃得无咎。○胡氏瑗曰：居尊而有中正之德，是有至誠至信之心發之於內，而交於下，以攣天下之心，上下至內外，皆以誠信相通，是得爲君之道，何咎之有。○郭氏雍曰：孚之道無不通，亦無不感，可以通天下之志，至於固結攣如，是以无咎。九五君位，足以感通天下，又無私應之累，故直曰有孚攣如而巳。○胡氏柄文曰：六爻不言孚，惟九五言之，九五孚之主也，袞此爻是象所謂孚乃化邦者也。人君之孚，與在下者不同，居下位者，中有實德，不遷於外而巳，人君則以孚天下爲實德，故必誠信固結於天下，然後爲无咎也。此交義與小畜之九五同，其爲臣者，月幾望之義亦同，但

彼主於君臣相畜而此主於君臣相孚爾要之富以其鄰者卽孚乃化邦之說而君子征凶者亦卽馬匹亡之意也

象曰有孚攣如位正當也

程傳五居君位之尊由中正之道能使天下信之如拘攣之固乃稱其位人君之道當如是也集說孔氏穎達曰以其正當尊位故戒以繫信乃得无咎

上九翰音登于天貞凶

本義居信之極而不知變雖得其貞亦凶道也故其象占如此雞曰翰音乃巽之象居巽之極爲登于天雞非登天之物而欲登天信非所信而不知變亦猶是也程傳翰音者音飛而實不從處信之終信終則

衰忠篤內喪華美外颺故云翰音登天正亦滅矣陽性上進風體飛颺九居中孚之時處於最上孚於上進而不知止者也其極至於羽翰之音登聞于天貞固於此而不知變凶可知矣夫子曰好信不好學其敝也賊固守而不通之謂也

集說

王氏弼曰翰高飛也飛音者音飛而實不從之謂也居卦之上處信之終信終則衰忠篤內喪華美外揚故曰翰音登于天也○胡氏瑗曰翰者鳥羽之高飛也上九在一卦之上居窮極之地是無純誠之心篤實之道徒務虛聲外飾以矯僞爲尚如鳥之飛登于天徒聞其虛聲而已○蘇氏軾曰翰音飛且鳴者也處外而居上非中孚之道飛而求顯鳴而求信者也故曰翰音登于天九二在陰而子和上九飛鳴而登天其道蓋相反也○朱氏震曰巽爲雞剛其翰也柔其毛也翰羽翮也雞振其羽翮而後出於聲翰音也○鄭氏汝諧曰翰音登天者聲聞過情君子恥之○章氏潢曰二居兌澤故曰在陰上爲巽風故曰于

天孚於中也則鳴鶴自有子和孚於外也則翰音徒登于天然則中孚可以人僞爲之哉

象曰。翰音登于天。何可長也。

程傳守孚至於窮極而不知變。豈可長久也。固守而不通如是則凶也

集說孔氏穎達曰虛聲無實何可久長○侯氏行果曰窮上失位信不由中有聲無實虛華外揚是翰音登天也虛音登天何可久也○胡氏瑗曰上九徒以虛聲外飾無純誠篤實之行以此而往愈久愈凶故聖人戒之曰何可長如此蓋欲人攺過反誠以信實爲本也○項氏安世曰上九巽極而躁不正不中內不足而求孚於外聲聞過情其涸也可立而待愈久愈凶何可長也

䷽ 艮下震上

繫辭下傳

斷木爲杵掘地爲臼臼杵之利萬民以濟蓋取諸小過

序卦傳

有其信者必行之故受之以小過

雜卦傳

小過過也

程傳小過序卦有其信者必行之故受之以小過人之所信則必行行則過也小過所以繼中孚也爲卦山上有雷雷震於高其聲過常故爲小過又陰居尊位陽失位而不中小者過其常也蓋爲小者過又爲小事過又爲過之小

小過亨利貞可小事不可大事飛鳥遺之音不宜上宜下大吉

本義小謂陰也爲卦四陰在外二陽在內陰多於陽小者過也既過於陽可以亨矣然必利於守貞則又不可以不戒也卦之二五皆以柔而得中故可小事三四皆以剛失位而不中故不可大事卦體內實外虛如鳥之飛其聲下而不上故能致飛鳥遺音之應則宜下而大吉亦不可大事之類也 程傳過者過其常也

若矯枉而過正過所以就正也事有時而當然有待過而後能亨者故小過自有亨義利貞者過之道利於貞也不失時宜之謂正過所以求就中也所過者小事也事之大者豈可過也於大過論之詳矣飛鳥遺之音謂過之不遠也不宜上宜下謂宜順也順則大吉過以就之蓋順理也過而順理其吉必大

集說

王氏弼曰飛鳥遺其音聲哀以求處上愈無所適下則得安愈上則愈窮莫若飛鳥也○孔氏穎達曰過之小事謂之小過即行過乎恭喪過乎哀之例是也褚氏云謂小人之行小有過差君子爲過厚之行以矯之如晏子狐裘之比也過爲小事道乃可通故曰小過亨利貞者矯世厲俗利在歸正也可小事不可大事者小有過差惟可矯以小事不可正以大事飛鳥遺之音不宜上宜下大吉者飛鳥聲哀以求處過上則愈無所適過下則不失其安譬君子處過差之時爲過矯之行順則執卑守下逆則犯君陵上故以順逆類鳥之上下也○呂氏大臨曰

小過以二五為主以其柔而得中當過之時而不過也

小過過於小者也君子之道皆以濟其不及然後可以會於中大過以濟其大不及小過以濟其小不及者濟所以亨也飛鳥不宜上宜下上窮而下有止也過奢過慢則凶不宜上也過恭過儉則吉宜下也○朱子語類云小過是過於慈惠之類大過則是剛嚴果毅底氣象小過是小事過又是過於小如行過乎恭喪過乎哀用過乎儉皆是過於小退後一步自貶底意思○俞氏琰曰小過之時可過者小事而巳大事則不可過也○林氏希元曰小過不當以人類言當以事類言觀大象本義曰三者之過皆小者之過可過於小而不可過於大可以小過而不可以甚過又曰象所謂可小事而宜下其意可見矣小過亨者小事過而亨也曰利貞深戒占者之辭可小事不可大事不宜上宜下又是申利貞之意○陸氏銓曰君子雖行貴得中事期當可然勢有極重時須損餘以補鈌事必矯枉而後平卽夫子所謂寧儉寧戚之意理所當過卽是時中

案大過者大事過也小過者小事過也大事謂關繫天下國家之事小事謂日用常行之事道雖貴中而有時而過者過所以爲中也當過而過然後可以通行故有亨道而利於正也可小事不可大事是申小過之義言此卦之義可以施於小事不可施於大事不宜上宜下又是申利貞之義飛鳥遺之音者卦有飛鳥之象卦示以兆如飛鳥之遺以音也上下二字是借鳥飛之上下以切人事飛鳥相呼云不宜上宜下在飛鳥則上無止戾下有棲宿在人事則高亢者失正而遠於理卑約者得正而近乎情是以大吉也

彖曰小過小者過而亨也

本義以卦體釋卦名義與其辭**程傳**陽大陰小陰得位剛失位而不中是小者過也故爲小事過過之小小者與小事有時而當過過之亦小故爲小過事固有待過而後能亨者過之所以能亨也**集說**

孔氏穎達曰順時矯俗雖過而通○朱氏震曰小過小者過也蓋事有失之於偏矯其失必待小有所過然後偏者反於中謂之過者比之常理則過也過反於中則其用不窮而亨矣故曰小者過而亨也○王氏宗傳曰言以過故亨也天下固有越常救失之事如象所謂過乎恭過乎哀過乎儉是也不有所過安能亨哉故曰小過者過而亨也

案此釋義與遯而亨也同遯非得已之事然必遯而後亨小過亦非得已之事然必過而後亨故其釋義同也

過以利貞與時行也。

程傳過而利於貞謂與時行也時當過而過乃非過也時之宜也乃所謂正也

集說蘇氏軾曰彖之所謂利貞卽象之所謂過乎恭儉與哀者時當然也○朱氏震曰君子制事以天下之正理所以小過者時而

已故曰過以利貞與時行也○蔡氏淵曰與時行謂隨小過之時而用其正也○龔氏煥曰道貴得中過非所尚然隨時之宜施當其可則過也乃所以為中也故曰過以利貞與時行也與時行而不失其貞則過非過矣

柔得中是以小事吉也

本義以二五言

剛失位而不中是以不可大事也

本義以三四言○程傳小過之道於小事有過則吉者而彖以卦才言吉義柔得中二五居中也陰柔得位能致小事吉耳不能濟大事也剛失位而不中是以不可大事大事非剛陽之才不能濟三不中四失位是以不可大事小過之時自不可大事而卦才又不堪大事與時合也

集說孔氏穎達曰柔順之人能

行小事。柔而得中。是行小中時。故曰小事吉也。剛健之人。能行大事。失位不中。是行大不中時。故曰不可大事也。○朱氏震曰。於小事有過而不失其正則吉。柔得中也。作大事非剛得位得中不能濟。失位則無所用其剛。不中則才過乎剛。是以小過之時不可作大事也。○胡氏炳文曰。矯天下之枉者。以過爲正。然剛過而中爲大過。柔得中爲小過。是則事有當過者。而皆不可外乎中也。

案任大事貴剛。取其強毅可以遺大投艱也。處小事貴柔。取其畏慎爲能矜細勤小也。二者皆因乎時。得中者適乎時之謂也。此卦柔得中。剛失位而不中。則有行小事適時。而行大事則非其時之象。

有飛鳥之象焉。飛鳥遺之音。不宜上宜下大吉。上逆而下順也。

本義以卦體言。

程傳有飛鳥之象焉此一句不類象體蓋解者之辭誤入象中中剛外柔飛鳥之象卦有此象故就飛鳥爲義事有時而當過所以從宜然豈可甚過也如過恭過哀過儉大過則不可所以在小過也所過當如飛鳥之遺音鳥飛迅疾聲出而身已過然豈能相遠也事之當過者亦如是身不能甚遠於聲事不可遠過其常在得宜耳不宜上宜下更就鳥音取宜順之義過之道當如飛鳥之遺音夫聲逆而上則難順而下則易故在高則大山上有雷所以爲過也過之道順行則吉如飛鳥之遺音宜順也所以過者爲順乎宜也能順乎宜所以大吉

集說王氏弼曰施過於不順凶莫大焉施過於順過更變而爲吉也○胡氏瑗曰四陰在外二陽在內是內實外虛故有飛鳥之象也飛鳥翔空無所依著愈上則愈窮是上則逆也下附物則身可安是下則順也猶君子之人過行其事以矯世勵俗必下附人情亦宜下而不宜上也○朱氏震曰上

逆也故不宜上宜下順也故宜下小過之時事有時而當過所以從宜不可過越也已甚不然必凶也○俞氏琰曰遡風而上爲逆隨風而下爲順○方氏時化曰聖人因此卦有飛鳥之象遂即象以戒之曰飛鳥有遺音云遺音如何言不宜上宜下大吉云耳夫鳥上飛則逆下飛則順其大致也今自謂宜下而不宜上焉實爲二陽諷也○吳氏曰愼曰以卦體言陰乘陽爲逆承陽爲順四陰分居上下有逆順之象

栥四陽居中則有棟梁之象四陰居外則有羽毛之象君子之任大事則爲天下之棟梁脩細行則爲天下之羽儀此二卦取象之意也然以其陰陽皆過多也故謂之大過小過事固有過以爲中者無嫌於過也然必過而不失其中乃歸於無過故棟則惡其太剛而折太重而橈故宜隆於上不可橈於下也羽則惡其柔而無立輕而不戢故宜就於下不可颺於上也大過之彖曰剛過而中不橈乎下斯爲剛之中矣小過之彖曰柔得中不宜

上宜下斯爲柔之中矣

象曰：山上有雷，小過。君子以行過乎恭，喪過乎哀，用過乎儉。

本義　山上有雷，其聲小過。三者之過，皆小者之過。可過於小，而不可過於大；可以小過，而不可甚過。彖所謂「可小事」而「宜下」者也。

程傳　雷震於山上，其聲過常，故爲小過。天下之事，有時當過，而不可過甚，故爲小過。君子觀小過之象，事之宜過者則勉之，行過乎恭，喪過乎哀，用過乎儉是也。當過而過，乃其宜也；不當過而過，則過矣。

集說　孔氏穎達曰：小人過差，失在慢易奢侈，故君子矯之，以行過乎恭，喪過乎哀，用過乎儉也。○張子曰：過恭、哀、儉，皆宜下之義。○鼂氏說之曰：時有舉趾高之莫敖，故正考父矯之以循牆；時有短喪之宰予。故高柴矯之以泣血。時有三歸反坫之管仲。故晏子矯之以敝裘。雖非中行。亦足以矯時厲俗。○趙氏彥肅曰。恭哀儉多不及。過之而後中。○楊氏啓新曰。過恭過哀過儉。此豈不爲高世絶俗之行而過乎人。但其所過者。以收斂卑下爲過。故但可言小過而不可言大過也。

案雷出地則聲方發達而大。及至山上則聲漸收斂而微。故有平地風雷大作而高山之上不覺者。此小過之義也。

初六飛鳥以凶。

本義 初六陰柔。上應九四。又居過時。上而不下者也。飛鳥遺音。不宜上宜下。故其象占如此。郭璞洞林占得此者。或致羽蟲之孽。

程傳 初六陰柔在下。小人之象。又上應於四。四復動體。小人躁易而上有應助

於所當過必至過甚況不當過而過乎其過如飛鳥之迅疾所以凶也躁疾如是所以過之速且遠救止莫及也

集說 孔氏穎達曰小過之義上逆下順而初應在上卦進而之逆同於飛鳥無所錯足故曰飛鳥以凶○胡氏瑗曰小過之時不宜上位在下而志愈上故獲凶也○項氏安世曰初上二爻陰過而不得中是以凶也以卦象觀之二爻皆當鳥翅之末初六在艮之下當止而反飛以飛致凶故曰飛鳥以凶上六居震之極其飛已高則麗於網罟故曰飛鳥離之凶○龔氏煥曰大過卦辭以棟爲象而三四兩爻亦以棟言小過卦辭以鳥爲象而初上兩爻亦以鳥言大過陽過於中而三四又陽之中也小過陰過於外初上又陰之外也○胡氏炳文曰大過有棟橈象棟之用在中故於三四言之小過有飛鳥象鳥之用在翼故於初上言之然初二五上皆翼也獨初上言之何耶鳥飛不在翼而在翰初上其翰也

案大過象棟者兩爻小過象飛鳥者亦兩爻然大過宜隆不宜橈則四居上吉三居下凶宜矣小過之鳥宜下不宜上初居下應吉而反凶者何也蓋屋之中棟惟一而已四之象獨當之鳥之翼則有兩初與上之象皆當之也初於時則未過於位則處下如鳥之正當棲宿者乃不能自禁而飛其凶也豈非自取乎

象曰飛鳥以凶不可如何也

程傳其過之疾如飛鳥之迅豈容救止也凶其宜矣不可如何无所用其力也集說何氏楷曰以凶者自納於凶也孽由己作可如何哉

六二過其祖遇其妣不及其君遇其臣无咎

本義六二柔順中正進則過三四而遇六五是過陽而反遇陰也如此則不及六五而自得其分是不及

君而適遇其臣也皆過而不過守正得中之意无咎之道也故其象占如此

程傳

陽之在上者父之象尊於父者祖之象四在三上故爲祖二與五居相應之地同有柔中之德志不從於三四故過四而遇五是過其祖也五陰而尊祖妣之象與二同德相應在他卦則陰陽相求過之時必過其常故異也无所不過故二從五亦戒其過不及其君遇其臣謂上進而不陵及於君適當臣道則无咎也遇當也過臣之分則其咎可知

集說

王氏宗傳曰六二或過或不及皆適當其時與分而不徇於中焉此在過之道爲無過也故曰无咎

○俞氏琰曰遇妣而過於祖雖過之君子不以爲過也遇臣則不可過於君故曰不及其君遇其臣彖言可小事不可大事不宜上宜下而六二柔順中正故其象如此其占无咎

○張氏振淵曰祖妣只作陰陽象陽亢而陰順也過祖遇妣是去陽而就陰去亢而從順如此則不陵及於君適當臣道之常矣不及其君遇其臣宜下

宜順也○吳氏曰愼曰六二中正而爻辭以過不及言之蓋當過而過當不及而不及此權之所以取中而卒無過不及之偏矣

案古者重昭穆故孫則祔於祖孫婦則祔於祖姑晉之王母此爻之妣皆謂祖姑也兩陰相應故取妣婦相配之象凡易之義陰陽有應者則爲君臣爲夫婦取其耦配也無應者則或爲父子或爲等夷或爲嫡媵或爲妣婦取其同類也此爻二五皆柔有妣婦之配無君臣之交故取遇妣不及其君爲義孫行而附於祖列疑其過矣然禮所當然是適得其分也無應於君者不敢仰干於君之象然守柔居下是臣節不失也以人事類之則事之可過者過而得其恭順之體事之必不可過者不及而安於名分之常夫子之言麻冕拜下意正如此也小過之義主於過恭過儉妻道也臣道也二當其位而有中正之德故能權衡於過不及而得其中於六爻爲

最善

象曰不及其君臣不可過也

本義所以不及君而還遇臣者以臣不可過故也 程傳過之時事无不過其常故於上進則戒及其君臣不可過臣之分也 集說胡氏炳文曰小者有時而可過臣之於君不可過也

九三弗過防之從或戕之凶

本義小過之時事每當過然後得中九三以剛居正衆陰所欲害者也而自恃其剛不肯過爲之備故其象占如此若占者能過防之則可以免矣 程傳小過陰過陽失位之時三獨居正然在下无所能爲而爲陰所忌惡故有當過者在過防於小人若弗過防之則或從而戕害之矣如是則凶也三於陰過之時以陽居

剛過於剛也。既戒之過防，則過剛亦在所戒矣。防小人之道，正己爲先。三不失正，故无必凶之義。能過防則免矣。三居下之上，居上爲下，皆如是也。

集說　楊氏啟新曰：言當過於防，而九三不知時也。

衆小過者，小事過也。小事過者，敬小愼微之義也。九三過剛，違於斯義矣，故爲不過於周防，而或遇戕害之象。傳曰：君子能勤小物，故無大患。此爻之意也。

象曰：從或戕之，凶如何也。

程傳　陰過之時，必害於陽。小人道盛，必害君子。當過爲之防，防之不至，則爲其所戕矣。故曰凶如何也，言其甚也。

九四：无咎，弗過遇之，往厲必戒，勿用永貞。

本義當過之時以剛處柔過乎恭矣无咎之道也弗過遇之言弗過於剛而適合其宜也往則過矣故有厲而當戒陽性堅剛故又戒以勿用永貞言當隨時之宜不可固守也或曰弗過遇之若以六二爻例則當如此說若依九三爻例則過遇當如過防之義未詳孰是當闕以俟知者

程傳 四當小過之時以剛處柔剛不過也是以无咎既弗過則合其宜矣故云遇之謂得其道也若往則有危必當戒懼也往去柔而以剛進也勿用永貞陽性堅剛故戒以隨宜不可固守也方陰過之時陽剛失位則君子當隨時順處不可固守其常也四居高位而无上下之交雖比五應初方陰過之時彼豈肯從陽也故往則有厲

集說 朱子語類云過遇猶言加意待之也與九三弗過防之文體正同

案象傳三四皆剛失位而不中然九三純剛故凶九四居柔故有无咎之義然質本剛也故又戒以當過遇之

爲善遇者。合人情。就事理。過遇。朱子所謂加意待之者是也。若不能過遇之。則往而有危。所當以爲戒。而不可固執而不變者。是小過之時義也

象曰。弗過遇之。位不當也。往厲必戒。終不可長也。

本義 爻義未明。此亦當闕。

程傳 位不當。謂處柔。九四當過之時。不過剛而反居柔。乃得其宜。故曰遇之。遇其宜也。以九居四。位不當也。居柔乃遇其宜也。當陰過之時。陽退縮自保足矣。終豈能長而盛也。故往則有危。必當戒也。長。上聲。作平聲。則大失易意。以夬與剝觀之可見。與夬之象文同而音異也。

集說 錢氏一本曰。三四皆失位。故特明其位不當。三防四遇。亦皆宜下。三從或戕。四往必戒。亦皆不宜上。

案位不當即所謂剛失位而不中者惟剛失位而不中故戒以當過遇之不然則有危矣豈可長執此而不知變乎

六五密雲不雨自我西郊公弋取彼在穴

本義以陰居尊又當陰過之時不能有爲而弋取六二以爲助故有此象在穴陰物也兩陰相得其不能濟大事 **程傳**五以陰柔居尊位雖欲過爲豈能成功如密雲而不能成雨所以不能成雨自西郊故也陰不能成雨小畜卦中已解公弋取彼在穴弋射取之也射止是射弋有取義穴山中之空中虛乃空也在穴指六二也五與二本非相應乃弋而取之五當位故云公謂公上也同類相取雖得之兩陰豈能濟大事乎猶密雲之不能成雨也

集說張子曰小過有飛鳥之象故因曰取彼在穴○胡氏瑗曰弋者所以射高

也穴者所以隱伏而在下也公以弋繳而取穴中之物猶聖賢雖過行其事意在矯下也○姚氏舜牧曰時值小過宜下不宜上陰至於五過甚矣其所居者尊位也挾勢自亢澤不下究雲雖密而不雨自我西郊故耳當此之時欲沛膏澤於生民必須下求巖穴之士以爲輔乃可也故又戒之以求助抑之以下賢○錢氏志立曰小過所惡者飛鳥也鳥在穴而不飛所謂不宜上而宜下者也故公弋取以爲助

案小過有飛鳥之象而所惡者飛蓋飛則上而不下違乎不宜上宜下之義也雲亦飛物也下而降則爲雨密雲不雨是猶飛而未下也五在上體又居尊位而不當小過之時上而未下者也故取密雲不雨爲象雲而不雨則膏澤不下於民矣以其虛中也故能降心以從道抑志以下交如弋鳥然不弋其飛者而弋其在穴者如此則台乎宜下之義而雲之飛者不崇朝而爲雨之潤矣此爻變鳥之象而爲雲者以居尊位故也

象曰密雲不雨已上也

本義已上太高也

程傳陽降陰升合則和而成雨陰已在上雲雖密豈能成雨乎陰過不能成大之義也

集說龔氏煥曰密雲不雨小畜謂其尚往者陰不足以畜陽而陽尚往也小過謂其已上者陰過乎陽而陰已上也一爲陽之過一爲陰之過皆陰陽不和之象所以不能爲雨也

案兩卦密雲不雨龔氏謂皆陰陽不和之象是已然小畜所謂尚往者亦是陰氣上行與此爻已上同非兩義也但小畜卦義喻在下者則尚往者當積厚而自雨此爻之義喻在上者則已上者當下交而乃雨意義不同爾

上六弗遇過之飛鳥離之凶是謂災眚

本義 六以陰居動體之上，處陰過之極，過之已高而甚遠者也，故其象占如此。或曰遇過恐亦只當作過遇，義同九四，未知是否。

程傳 六陰而動體，處過之極，不與理遇，動皆過之，其違理過常，如飛鳥之迅速，所以凶也。離，過之遠也。是謂災眚，是當有災眚也。災者天殃，眚者人爲。既過之極，豈惟人眚，天災亦至，其凶可知。天理人事皆然也。

集說 王氏弼曰：小人之過，遂至上極，過而不知限，至於亢也。過至於亢，將何所遇？飛而不已，將何所託？災自己致，復何言哉。○孔氏穎達曰：飛以小人之身過而弗遇，必遭羅網，其猶鳥飛而無託，必離繒繳，故曰飛鳥離之凶也。過亢離凶，是謂自災而致眚。○胡氏瑗曰：上六過之而不已，若鳥之高翔，不知所止，以至窮極而離於凶禍，不能反於下以圖其所安，猶人之不近人情，亢已而行，故外來之災，自招之損，皆有之也。○余氏芭舒曰：飛鳥離之，如鴻則離之之離。○俞氏琰曰：彖辭言不宜上而上，乃震動之體，動極而忘返，如

飛鳥離於矰繳不亦凶乎是天災也亦人眚也故曰飛鳥離之凶是謂災眚

案復之上曰迷復凶有災眚此曰飛鳥離之凶是謂災眚辭意不同凶由已作災眚外至迷復則因凶而致災眚者也此則凶即其災眚也蓋時當過極不能自守而徇俗以至於此與初六當時未過而自飛以致凶者稍別

象曰弗遇過之已亢也

程傳居過之終弗遇於理而過之過已亢極其凶宜也

集說孔氏穎達曰釋所以弗遇過之以其已在亢極之地故也○趙氏汝楳曰已上未爲極已亢則極矣○俞氏琰曰六五曰已上謂其已過也上六又過甚故曰已亢

序卦傳
有過物者必濟故

總論項氏安世曰坎離者乾坤之用也故上經終於坎離下經終於既未濟頤中孚肖離大小過肖坎故上經以頤大過附坎離下經以中孚小過附既未濟二陽函四陰則謂之頤四陽函二陰則謂之中孚二陰函四陽則謂之大過四陰函二陽則謂之小過離之爲麗坎之爲陷意亦類此○吳氏曰愼曰以二陽言九三過剛居上不能自下故或戕之九四居柔能下故无咎五上皆以陰乘陽上象傳所謂上逆者也曰已上曰已亢然上凶而五不然者以其柔中也六二柔順中正而承乎陽所謂下順者也故无咎初以柔居下而凶者位雖卑而志則上而不下是以與上六同爲飛鳥之象也

䷾ 離下坎上

程傳既濟序卦有過物者必濟故受之以既濟能過於物必可以濟故小過之後受之以既濟也爲卦水

既濟以
六二爲

受之以既濟

雜卦傳

既濟定也

在火上水火相交則爲用矣各當其用故爲既濟天下萬事已濟之時也

既濟亨小利貞初吉終亂

本義既濟事之既成也爲卦水火相交各得其用六爻之位各得其正故爲既濟亨小當爲小亨大抵此卦及六爻占辭皆有警戒之意時當然也

程傳既濟之時大者既已亨矣小者尚有未亨也雖既濟之時不能无小未亨也小字在下語當然也若言小亨則爲亨之小也利貞處既濟之時利在貞固以守之也初吉方濟之時也終亂濟極則反也

集說孔氏穎達曰人皆不能居安思危慎終如始故戒以今日既濟之初雖皆獲吉若不進德脩業至於終極則危亂及之○谷氏家杰曰不曰小亨而曰亨小言所亨者其小事也○吳氏曰慎曰剛柔正則體立水火交則用行體立用行所以爲既濟也○

上爲既濟則初吉而終亂六二居內體正初吉之時也故彖傳曰初吉柔得中也

案天地交為泰不交則為否水火交為既濟不交則為未濟以治亂之運推之泰否其兩端也既未濟其交際也既濟當在泰之後否之先未濟當在泰之先而否之後泰猶夏也否猶冬也未濟猶春也既濟猶秋也故先天之圖乾坤居南北是其兩端也離坎居東西是其交際也既濟之義不如泰者為其泰而將否也未濟之義優於否者為其否而將泰也是以既濟彖辭曰初吉終亂即泰城復于隍之戒未濟彖辭曰汔濟濡其尾无攸利即否其亡其亡之心

彖曰既濟亨小者亨也

本義濟下疑脫小字

集說陸氏銓曰國家當極盛時縱有好處都只是尋常事所以說小者亨

案亨小之義陸氏說善既濟之時自然事事亨通然特其小者爾聖人之制治保邦也制度之立綱紀之脩以

爲小而精神之運心術之動以爲大故屯難之時而大亨者以其動乎險中不敢安寧也既濟之時而亨小者以其已安已治四達不悖也彖所以言初吉終亂者以此象所以言思患豫防者亦以此

利貞剛柔正而位當也

本義以卦體言 程傳既濟之時大者固已亨矣唯有小者未亨也時既濟矣固宜貞固以守之卦才剛柔正當其位當位者其常也乃正固之義利於如是之貞也陰陽各得正位所以爲既濟也 集說俞氏琰曰三剛三柔皆正而位皆當六十四卦之中獨此一卦而已故特贊之也

初吉柔得中也

本義指六二 程傳二以柔順文明而得中故能成既濟之功二居下體方濟之初也而又善處是

以吉也。**集說**梁氏寅曰：既濟柔得中在下卦，則初吉而終亂，以文明已過而坎險繼之也。未濟柔得中在上卦，則始未濟而終亨，以出乎坎險而正當文明也。

案凡易義以剛中爲善，而既、未濟皆善柔中者，既濟以內卦爲主，至外卦則向乎未濟矣；未濟亦以內卦爲主，至外卦則向乎既濟矣。亦猶泰之善在二，而否之善在五。

終止則亂，其道窮也。

程傳天下之事，不進則退，无一定之理。濟之終，不進而止矣，无常止也，衰亂至矣。蓋其道已窮極也。九五之才，非不善也，時極道窮，理當必變也。聖人至此奈何？曰：唯聖人爲能通其變於未窮，不使至於極也，堯舜是也，故有終而无亂。**集說**侯氏行果曰：由止故物亂而窮也。乾鑿度曰：既濟、未濟者，所以明戒愼，全王道也。○胡氏瑗曰：天下久治，則人苟安，萬務易墮，禍患不警。故持盈守成之道，當須至兢至慎，然後可以久濟，苟止於逸樂，不自省懼，以爲終安，亂斯至矣。此聖人深戒之之辭。○張氏清子曰：卦曰終亂，而彖曰終止則亂，非終之能亂也，於其終而有止心，此亂之所由生也。○俞氏琰曰：人之常情，處無事則止心生，止則怠，怠則有患而不爲之防，此所以亂也。當知終止則亂，不止則不亂也。

象曰：水在火上，既濟。君子以思患而豫防之。

程傳：水火既交，各得其用，爲既濟。時當既濟，唯慮患害之生，故思而豫防，使不至於患也。自古天下既濟而致禍亂者，蓋不能思患而豫防也。

集說：王氏申子曰：既濟雖非有患之時，患每生於既濟之後，君子思此而豫防之，則可以保其初吉，而無終亂之憂矣。○龔氏煥曰：水上火下，雖相爲用，然水決則火滅，火炎則水涸。相交之中。相害之機伏焉。故君子思患而豫防之。能防在乎豫。能豫在乎思。

初九。曳其輪。濡其尾。无咎。

本義 輪在下。尾在後。初之象也。曳輪則車不前。濡尾則狐不濟。既濟之初。謹戒如是。无咎之道。占者如是則則无咎矣。

程傳 初以陽居下。上應於四。又火體。其進之志銳也。然時既濟矣。進不已則及於悔咎。故曳其輪。濡其尾。乃得无咎。輪所以行。倒曳之使不進也。獸之涉水。必揭其尾。濡其尾則不能濟。方既濟之初。能止其進。乃得无咎。不知已則至於咎也。

集說 李氏簡曰。既濟之初。以濡尾而曳輪。見其用力之難也。雖濡其尾。於義何咎。

案爻之文意。李氏得之。蓋曳輪者。有心於曳之也。濡尾者。非有心於濡之也。當濟之時。衆皆競濟。故有濡尾之

患惟能曳其輪則雖濡其尾而可及止也觀夫子象傳可知

象曰曳其輪義无咎也

程傳既濟之初而能止其進則不至於極其義自无咎也集說徐氏在漢曰初當方濟之始而曳其濟險之輪控制在我則義無不濟此所以濡其尾而无咎象故歸重於曳其輪也

六二婦喪其茀勿逐七日得

本義二以文明中正之德上應九五剛陽中正之君宜得行其志而九五居既濟之時不能下賢以行其道故二有婦喪其茀之象茀婦車之蔽言失其所以行也然中正之道不可終廢時過則行矣故又有勿逐而自得之戒程傳二以文明中正之德上應九五剛陽中正之君宜得行其志也然五既得尊位時已既濟

无復進而有爲矣。則於在下賢才。豈有求用之意。故二不得遂其行也。自古既濟而能用人者鮮矣。以唐太宗之用言。尚怠於終。況其下者乎。於斯時也。則剛中反爲中滿。坎離乃爲相戾矣。人能識時知變。則可以言易矣二。陰也。以婦言。茀。婦人出門以自蔽者也。喪其茀。則不可行矣。二不爲五之求用。則不得行。如婦之喪茀也。然中正之道。豈可廢也。時過則行矣。逐者從物也。從物則失其素守。故戒勿逐也。自守不失。則七日當復得也。卦有六位。七則變矣。七日得。謂時變也。雖不爲上所用。中正之道。无終廢之理。不得行於今。必行於異時也。聖人之勸戒深矣。

集說

胡氏炳文曰。喪特失其在外者。逐則失其在我者矣

案初二居下位。故皆取君子欲濟時而未得濟爲義。輪者。車之所以行路也。茀者。車之所以蔽門也。初之時。未可以行也。故曰曳其輪。二可以行矣。而不苟於行。苟喪其茀亦不行也。夫義路也。禮門也。義不可則不行。禮不

備則亦不苟於行也。二有應而曰喪其茀者，既未濟卦義以上下體之交爲濟，二猶居下體之中故也。

象曰：七日得，以中道也。

程傳：中正之道，雖不爲時所用，然无終不行之理。故喪茀七日當復得，謂自守其中，異時必行也。不失其中，則正矣。

集說：何氏楷曰：二居下卦之中，以中感中，得其正應，故終必相孚也。

九三：高宗伐鬼方，三年克之，小人勿用。

本義：既濟之時，以剛居剛，高宗伐鬼方之象也。三年克之，言其久而後克，戒占者不可輕動之意。小人勿用，占法與師上六同。

程傳：九三當既濟之時，以剛居剛，用剛之至也。既濟而用剛如是，乃高宗伐鬼方之事。高宗必商之高宗。天下之事既濟，而遠伐暴亂也。威武可及，而以救民爲心，乃王者之事也。惟聖賢之君則可若驕威武，忿不服，貪土地，則殘民肆欲也，故戒不可用小人。小人爲之，則以貪忿私意也。非貪忿，則莫肯爲也。三年克之，見其勞憊之甚。聖人因九三當既濟而用剛，發此義以示人，爲法爲戒，豈淺見所能及也。

集說 沈氏該曰：既濟初吉，銳於始也。終止則亂，怠於終也。中興之業既就，遠方之伐既成，而使小人預於其閒，貪功逞欲，憊民不息，則必以亂終，不可不戒。是以小人勿用也。○龔氏煥曰：三言克鬼方，則事已濟矣。三年言其濟之難，小人勿用，欲保其濟也。

案：既、未濟皆以高宗言者，高宗商中興之君，振衰撥亂，自未濟而既濟者也。既濟於三言之者，卦爲既濟，至於內卦之終，則已濟矣，故曰克之者，已然之辭也。未濟至於四言之者，卦爲未濟，則至外卦之初，方圖濟也，故曰震用者，方然之辭也。既濟之後，則當思患而豫防之，故小人勿用，與師之戒同。

象曰三年克之憊也

程傳言憊以見其事之至難在高宗爲之則可无高宗之心則貪忿以殃民也

案言憊以見成功之非易如人之疾病而以毒藥攻去之者其元氣亦耗傷矣苟無休養之方以復元氣則又大病之根也

六四繻有衣袽終日戒

本義既濟之時以柔居柔能豫備而戒懼者也故其象如此程子曰繻當作濡衣袽所以塞舟之罅漏

程傳四在濟卦而水體故取舟爲義四近君之位當其任者也當既濟之時以防患慮變爲急繻當作濡謂滲漏也舟有罅漏則塞以衣袽有衣袽以備濡漏又終日戒懼不怠慮患當如是也不言吉方免於患也既

濟之時免患則足矣豈復有加也。集說蘇氏軾曰衣袽所以備舟隙也卦以濟為事故取於舟。郭氏忠孝曰既濟思患豫防而四又居多懼之地是以有繻有衣袽之戒勿以既濟而忘未濟之難也終日者言無息時也。胡氏炳文曰乘舟者不可以無繻而忘衣袽亦不可謂衣袽已備遂恝然不知戒水浸至而不知則雖有衣袽不及施矣備患之具不失於尋常而慮患之念又不忘於頃刻此處既濟之道。張氏清子曰六四出離入坎此濟道將革之時也濟道將革則罅漏必生四坎體也故取漏舟為戒終日戒者自朝至夕不忘戒備常若坐敝舟而水驟至焉斯可以免覆溺之患

象曰終日戒有所疑也

程傳終日戒懼常疑患之將至也處既濟之時當畏慎如是也。集說李氏簡曰終日戒謂備患之心

無時可忘也。

九五東鄰殺牛不如西鄰之禴祭實受其福。

本義東陽西陰。言九五居尊而時已過。不如六二之在下而始得時也。又當文王與紂之事。故其象占如此。彖辭初吉終亂。亦此意也。程傳五中實孚也。二虛中誠也。故皆取祭祀為義。東鄰。陽也。謂五。西鄰。陰也。謂二。殺牛。盛祭也。禴。薄祭也。盛不如薄者。時不同也。二五皆有孚誠中正之德。二在濟下。尚有進也。故受福。五處濟極。无所進矣。以至誠中正守之。苟未至於反耳。理无極而終不反者也。已至於極。雖善處。无如之何矣。故爻象惟言其時也。集說楊氏簡曰。既濟盛極則衰至。君子當思患豫防。持盈以虛。保益以損。六四已有終日之戒矣。而況於五乎。西鄰之時。守以損約。故終受福。○潘氏士藻曰。五以陽剛中正。當物大豐盛之時。故借東鄰祭禮以示警懼。夫祭時為大。時苟得矣。則明德馨而黍稷可薦。明信昭而沼毛可羞。是以東鄰殺牛。不如西鄰之禴祭。實受其福在於合時。不在物豐也。東西者。彼此之詞。不以五與二對言。○姚氏舜牧曰。人君當既濟時。享治平之盛。驕奢易萌。而誠敬必不足。故聖人借兩鄰以為訓。若曰東鄰殺牛。何其盛也。西鄰禴祭。何其薄也。然神無常享。享於克誠。彼殺牛者。反不如禴祭者之實受其福。信乎享神者在誠不在物。保治者以實不以文。此蓋教之以祈天保命之道。

案潘氏姚氏之說。皆是當受報收功。極熾而豐之時。而能行恭敬撙節退讓。明禮之事。此其所以受福也。與泰三于食有福同。皆就本爻設戒爾。若以西鄰為六二。則受福為六二受福。易無此例。

象曰。東鄰殺牛。不如西鄰之時也。實受其福。吉

大來也。

程傳 五之才德非不善。不如二之時也。二在下有進之時。故中正而孚。則其吉大來。所謂受福也。吉大來者。在既濟之時爲大來也。亨小。初吉。是也。

集說 朱氏震曰。盛不如薄者。時也。五既濟無所進。盈則當虛。故曰不如西鄰之禴祭。理無極而不反者。既濟極矣。五以中正守之。能未至於反而已。○王氏申子曰。言人君處既濟如未濟。而後有受福之實。不然。雖極其豐盛而濟道衰矣。○張氏淸子曰。既濟之後。唯恐過盛。以祭言之。於斯時也。豐不如約。故東鄰不如西鄰。牛不如禴。蓋祭而得其時。雖禴之薄。實足以受其福。而吉之大來可知矣。

上六。濡其首。厲。

本義 既濟之極，險體之上，而以陰柔處之，爲狐涉水而濡其首之象。占者不戒，危之道也。程傳 既濟之極，固不安而危也。又陰柔處之，而在險體之上，坎爲水，濟亦取水義，故言其窮至於濡首，危可知也。既濟之終，而小人處之，其敗壞可立而待也。集說 胡氏瑗曰：物盛則衰，治極必亂，理之常也。上六處既濟之終，其道窮極，至於衰亂，如涉險而濡溺其首，是危厲之極也。皆由治不思亂，安不慮危，以至窮極而反於未濟也。○薛氏溫其曰：濡其尾者，有後顧之義。濡其首者，不慮前也，恃以爲濟，遂至陷沒，沒而至首，其危可知。歷險而不虞患，故曰亂者有其治者也。既濟終亂，其義見矣。○朱氏震曰：以畫卦言之，初爲始，爲本，上爲終，爲末。以成卦言之，上爲首，爲前，初爲尾，爲後。

象曰：濡其首厲，何可久也。

序卦傳
物不可窮也，故受之以未濟，終焉。
雜卦傳
未濟，男之窮也。

程傳：既濟之窮，危至於濡首，其能長久乎？集說：胡氏瑗曰：既濟之終，反於未濟，至於濡沒其首，故當翻然而警惕，然而改，何可久如此乎。案：厲未至於凶，特可危爾。知其危而反之，則不至於濡首矣。凡易言何可長、何可久者，自屯上至此爻，皆惕以改悟而不可迷溺之意。

䷿ 坎下離上

程傳：未濟，序卦：物不可窮也，故受之以未濟，終焉。既濟矣，物之窮也。物窮而不變，則无不已之理。易者，變易而不窮也，故既濟之後，受之以未濟而終焉。未濟則未窮也，未窮則有生生之義。為卦離上坎下，火在水上，不相為用，故為未濟。

未濟以六五為主，蓋未濟則始亂而終治，六五未濟。亨。小狐汔濟。濡其尾。无攸利。

本義 未濟事未成之時也。水火不交。不相爲用。卦之六爻皆失其位。故爲未濟。汔。幾也。幾濟而濡尾。猶未濟也。占者如此。何所利哉。

程傳 未濟之時。有亨之理。而卦才復有致亨之道。惟在慎處。狐能度水。濡尾則不能濟。其老者多疑畏。故履冰而聽。懼其陷也。小者則未能畏慎。故勇於濟。汔當爲仡。壯勇之狀。書曰仡仡勇夫。小狐果於濟。則濡其尾而不能濟也。未濟之時。求濟之道。當致慎則能亨。若如小狐之果。則不能濟也。既不能濟。无所利矣。

集說 胡氏炳文曰。天地不交爲否。否不曰亨。否不通也。水火不交爲未濟。非不濟也。未焉爾。故曰未濟亨。

案小狐當從程傳之解。汔濟當從本義之解。要之是戒人敬慎之意。自始濟以至於將濟。不可一息而忘敬慎。

居外體正開治之時也故彖傳曰未濟亨柔得中也

也。

彖曰：未濟亨，柔得中也。

本義：指六五言。程傳：以卦才言也。所以能亨者，以柔得中也。五以柔居尊位，居剛而應剛，得柔之中也。剛柔得中，處未濟之時，可以亨也。集說：蔡氏淵曰：既濟之後必亂，故主在下卦而亨取二；未濟之後必濟，故主在上卦而亨取五。

小狐汔濟，未出中也。濡其尾，无攸利，不續終也。雖不當位，剛柔應也。

程傳：據二而言也。二以剛陽居險中，將濟者也。又上應於五。險非可安之地，五有當從之理，故果於濟如小狐也。既果於濟，故有濡尾之患，未能出於險中也。其進銳者，其退速。始雖勇於濟，不能繼續而終之，无所往而利也。雖陰陽不當位，然剛柔皆相應，當未濟而有與，若能重慎，則有可濟之理。二以汔濟，故濡尾也。卦之諸爻皆不得位，故爲未濟。雜卦云：未濟男之窮也，謂三陽皆失位也。斯義也，聞之成都隱者。集說 朱子語類云：小狐汔濟，汔字訓幾，與井卦同。既曰幾，便是未出坎中。○郭氏鵬海曰：既濟之吉，以柔得中。未濟之亨，亦以柔得中。則敬慎勝也。既濟之亂，以終止。未濟之无攸利，以不續終。則克終難也。既濟之貞，以剛柔正。未濟之可濟，以剛柔應，則交濟之功也。既曰柔得中，而又有不續終之戒，可見濟事無可輕忽之時。既曰不當位，又著剛柔之應，可見得人無不可濟之事。○吳氏曰：慎曰既濟曰終止則亂，此曰无攸利，不續終也。蓋事之既濟而生亂，與未濟而無終者，皆一念之息爲之。君子是以貴自強不息。

象曰。火在水上未濟。君子以愼辨物居方

本義 水火異物各居其所。故君子觀象而審辨之。程傳 水火不交。不相濟爲用。故爲未濟。火在水上非其處也。君子觀其處不當之象。以愼處於事物。辨其所當。各居其方。謂止於其所也。集說 朱氏震曰。火上水下。各居其所。未濟也。君子觀此愼辨萬物。有辨然後有交。有未濟乃有旣濟。而未濟含旣濟之象。○何氏楷曰。愼辨物者。物以羣分也。愼居方者。方以類聚也。

初六。濡其尾。吝。

本義 以陰居下。當未濟之初。未能自進。故其象占如此。程傳 六以陰柔在下處險而應四。處險則不安其居。有應則志行於上。然己既陰柔。而四非中正之才。不能援之以濟也。獸之濟水。必揭其尾。尾濡則不能濟。濡其尾。言不能濟也。不度其才力而進。終不能濟。可羞吝也。 集說張氏振淵曰。卦辭所謂小狐。正指此爻。新進喜事。急於求濟。而反不能濟。可吝孰甚焉。

象曰。濡其尾。亦不知極也。

本義極字未詳。考上下韻亦不叶。或恐是敬字。今且闕之。 程傳不度其才力而進。至於濡尾。是不知之極也。 集說張氏振淵曰。事必敬始。而後可善其用於終。初所以致尾之濡。不是時不可爲。心不知敬慎故也。

九二。曳其輪。貞吉。

本義以九二應六五。而居柔得中。爲能自止而不進。得爲下之正也。故其象占如此。 程傳在他卦九居二爲居柔得中无過剛之義也。於未濟聖人深取卦象以爲戒，明事上恭順之道。未濟者，君道艱難之時也。五以柔處君位，而二乃剛陽之才，而居相應之地，當用者也。剛有陵柔之義，水有勝火之象，方艱難之時，所賴者才臣耳，尤當盡恭順之道，故戒曳其輪則得正而吉也。倒曳其輪，殺其勢，緩其進，戒用剛之過也。剛過則好犯上而順不足，唐之郭子儀、李晟當艱危未濟之時，能極其恭順，所以爲得正而能保其終吉也。於六五則言其貞吉光輝，盡君道之善；於九二則戒其恭順，盡臣道之正，盡上下之道也。

集說 潘氏夢旂曰：九二剛中，力足以濟者也，然身在坎中，未可以大用，故曳其車輪，不敢輕進，待時而動，乃爲吉也。不量時度力而勇於赴難，適以敗事矣。

案：既濟之時，初二兩爻猶未敢輕濟，況未濟乎？故此爻曳輪之戒，與既濟同，而差一位者，時不同也。觀此初二兩爻濡其尾則吝。而曳其輪則吉可知。既濟之初。所謂濡其尾者。非自止不進之謂也。

象曰。九二貞吉。中以行正也。

本義 九居二。本非正。以中故得正也。程傳 九二得正而吉者。以曳輪而得中道乃正也。

案 程子言正未必中。中無不正。故凡九二六五皆非正也。而多言貞吉者。以其中也。惟此象傳釋義最明

六三。未濟征凶。利涉大川。

本義 陰柔不中正。居未濟之時。以征則凶。然以柔乘剛將出乎坎。有利涉之象。故其占如此。蓋行者可以水浮而不可以陸走也。或疑利字上當有不字。程傳 未濟征凶。謂居險无出險之用而行則凶也。必出險而後可征。三以陰柔不中正之才而居險不足以濟未有可濟之道出險之用而征所以凶也。然未濟有可濟

之道。險終有出險之理。上有剛陽之應。若能涉險而往從之。則濟矣。故利涉大川也。然三之陰柔。豈能出險而往。非時不可。才不能也。

集說 趙氏汝楳曰。三居未濟之終。過此則近於濟矣。故特表以卦名也。○胡氏炳文曰。六三居坎上。可以出險。陰柔非能濟者。故明言未濟征凶。

案此爻之義最爲難明。蓋上下卦之交。有濟之義。既濟之三剛也。故能濟。未濟之三柔也。故未能濟。傳曰其柔危其剛勝邪。於此兩爻見之矣。又既未濟兩卦爻辭。未有舉卦名者。獨此爻曰未濟。蓋他爻之既濟未濟者時也。順時以處之而已。此爻時可濟矣。而未能濟。是未濟在己而不在時。故言未濟。見其失時也。無濟之才。故於征則凶。有畏慎之心。故於涉大川則利。蓋涉大川不可以輕進。未濟無傷也。聖人之戒失時。而又欲人審於趨時也如此。

象曰。未濟征凶。位不當也。

程傳 三征則凶者。以位不當也。謂陰柔不中正无濟險之才也。若能涉險以從應則利矣。集說 吳氏澄曰。未濟諸爻皆位不當。而獨於六三言之。以未濟由六三故也。○俞氏琰曰。六爻皆位不當。而獨於六三曰位不當。以六三才弱而處下體之上也。

九四。貞吉悔亡。震用伐鬼方。三年有賞于大國。

本義 以九居四。不正而有悔也。能勉而貞。則悔亡矣。然以不貞之資。欲勉而貞。非極其陽剛用力之久不能也。故爲伐鬼方三年而受賞之象。程傳 九四陽剛。居大臣之位。上有虛中明順之主。又已出於險。未濟已過中矣。有可濟之道也。濟天下之艱難。非剛健之才不能也。九雖陽而居四。故戒以貞固則吉而悔亡。不貞則不能濟有悔者也。震動之極也。古之人用力之甚者伐鬼方也。故以爲義。力勤而遠伐，至於三年，然後成功。而行大國之賞，必如是乃能濟也。濟天下之道，當貞固如是。四居柔，故設此戒。

集説 俞氏琰曰：震用伐鬼方者，震動而使之驚畏也。詩時邁云：薄言震之，莫不震疊。與此震同。

案：此伐鬼方，亦與既濟同，而差一位也。三年克之，是已克也。震用伐鬼方，是方伐也。三年有賞于大國，言三年之間，賞勞師旅者不絕，非謂事定而論賞也。與師之王三錫命同，不與師之大君有命同。○又案：三四非君位，而以高宗之事言者，蓋易中有論時者，則不論其位。如泰之論平陂之運，而利於艱貞；革之論變革之道，而宜於改命。皆以上下卦之交時義論之也。

象曰：貞吉悔亡，志行也。

程傳如四之才與時合。而加以貞固則能行其志吉。而悔亡。鬼方之伐貞之至也。集說俞氏琰曰爻以六三爲未濟則九四其濟矣是以其志行也。

六五貞吉无悔君子之光。有孚吉

本義以六居五亦非正也然文明之主居中應剛虛心以求下之助故得貞而吉且无悔又有光輝之盛信實而不妄吉而又吉也 程傳五文明之主居剛而應剛其處得中虛其心而陽爲之輔雖以柔居尊處之至正至善无不足也既得貞正故吉而无悔貞其固有非戒也以此而濟无不濟也五文明之主故稱其光君子德輝之盛而功實稱之。有孚也上云吉以貞也柔而能貞德之吉也下云吉以功也既光而有孚時可濟也 集說楊氏萬里曰六五逢未濟之世而光輝何也日之在夏曀之益熱火之在夜宿之彌熾六五變未濟爲既濟。文明之盛。又何疑焉。

案易卦有悔亡无悔者。必先悔亡而後无悔。蓋无悔之義進於悔亡也。其四五兩爻相連言之者。則咸大壯及此卦是也。此卦自下卦而上卦。事已過中。向乎濟之時也。以高宗論之。四其奮伐荆楚之時。而五其嘉靖殷邦之候乎。凡自晦而明。自剝而生。自亂而治者。其光輝必倍於常時。觀之雨後之日光。焚餘之山色。可見矣。

象曰。君子之光。其暉吉也。

本義暉者。光之散也。程傳光盛則有暉。暉。光之散也。君子積充而光盛。至於有暉。善之至也。故重云吉。

集說張氏振淵曰。光而言暉。昭其盛也。貞吉之吉。吉在五。暉吉之吉。吉在天下。

上九。有孚于飲酒。无咎。濡其首。有孚失是。

本義以剛明居未濟之極時將可以有爲而自信自養以俟命无咎之道也若縱而不反如狐之涉水而濡其首則過於自信而失其義矣 程傳九以剛在上剛之極也居明之上明之極也剛極而能明則不爲躁而爲決明能燭理剛能斷義居未濟之極非得濟之位无可濟之理則當樂天順命而已若否終則有傾時之變也未濟則无極而自濟之理故止爲未濟之極至誠安於義命而自樂則可无咎飲酒自樂也不樂其處則忿躁隕穫入於凶咎矣若從樂而耽肆過禮至濡其首亦非能安其處也有孚自信於中也失是失其宜也如是則於有孚爲失也人之處患難知其无可奈何而放意不反者豈安於義命者哉 集說劉氏牧曰既濟以柔居上止則亂也故濡其首厲未濟以剛居上窮則通矣故有孚于飲酒无咎○石氏介曰上九以剛明之德是內有孚也在未濟之終終又反於既濟故得飲酒自樂若樂而不知節復濡其首則雖有孚必失於

此此戒之之辭也○丘氏富國曰既言飲酒之无咎復言飲酒濡首之失何耶蓋飲酒可也耽飲而至於濡首則昔之有孚者今失於是矣○李氏簡曰未濟之終甫及既濟而復以濡首戒之懼以終始其要无咎此之謂易之道也

象曰飲酒濡首亦不知節也

程傳飲酒至於濡首不知節之甚也所以至如是不能安義命也能安則不失其常矣

集說

孔氏穎達曰釋飲酒所以致濡首之難以其不知止節故也

案既濟之上象所謂終亂未濟之上則象所謂汔濟者也緣尾之象在初故此不用濡尾之義但戒以不可濡首而失其節則猶之不續終之意也

總論鄭氏汝諧曰既濟初吉終亂未濟則初亂終吉以卦之體言之既濟則出明而之險未濟則出險而之明以卦之義言之濟於始者必亂於終亂於始者必濟於終天之道物之理固然也○丘氏富國曰內三爻坎險也初言濡尾之吝二言曳輪之貞三有征凶位不當之戒皆未濟之事也外三爻離明也四言伐鬼方有賞五言君子之光有孚上言飲酒无咎則未濟為既濟矣○萬氏善曰泰之變為既濟否之變為未濟蓋既濟自泰而趨否者也未濟自否而趨泰者也故既濟爻辭無吉者以其趨於否也未濟爻辭多吉以其趨於泰也否泰者治亂對待之理既未濟者否泰變更之漸也○吳氏曰愼曰易之為義不易也交易也變易也乾坤之純不易者也既濟未濟交易變易者也以是始終易之大義